인간, 컴퓨터, 언어

인간, 컴퓨터, 언어

길이만 · 시정곤 · 최숙희

도서출판 역락

머리말

　어린 시절 즐겨보던 만화영화에는 인간과 이야기하고 인간처럼 행동하는 멋있는 로봇이 자주 등장하곤 했는데, 그러한 로봇을 하나 갖는 것이 그 당시 모든 어린이의 꿈이었다. 그렇다면 그러한 꿈은 만화영화나 동화 속에서나 가능한 것일까? 오늘날 어린 시절의 꿈같은 이야기는 하나씩 실현되어 가고 있으며, 그 가능성을 열어주는 것이 바로 컴퓨터의 등장이다. 21세기 정보화 시대를 살아가는 오늘날 '문맹'이라는 단어보다는 '컴맹'이라는 단어가 우리에게 더 익숙하게 느껴지는 것은 아마도 컴퓨터가 우리 생활에 얼마나 밀접히 연관되어 있는가를 대변해주는 것이리라. 어린이들은 전자오락기계로, 학생들은 워드프로세서로, 그리고 일반인들은 신속한 업무처리와 광범위한 정보를 다루기 위해서 필수적인 사무용품으로 컴퓨터를 사용하고 있다.

　시간이 흐를수록 컴퓨터의 계산능력은 향상되어 일처리 속도는 놀랄 만큼 빨라지게 되고, 급기야는 인간의 계산능력을 넘어서고 있다. 그러나 인간의 지능은 단순히 계산능력만이 아님은 주지의 사실이다. 인간의 지능적 특징 중 가장 커다란 부분은 이성적 능력이며, 이는 논리적 추론 능력을 말한다. 이러한 연역적인 논리적 추론 능력은 인간의 언어에서 가장 잘 나타난다. 오래 전부터 인간은 서로간의 의사소통 수단으로 언어를 사용하여 왔으며 컴퓨터의 출현 이후로는 컴퓨터와 인간의 의사소통 수단으로서 다양한 종류의 컴퓨터 언어가 나름대로 개발되어 왔다. 그리고 더욱 발전된 미래의 컴퓨터는 인간의 대리자로서 훌륭히 기능할 것이라는 가설이 등장하고 있다.

　예를 들어 우리가 '배고파 죽겠다!'라는 말을 했다고 가정하자. 미래의

컴퓨터는 이 말을 '말하는 사람이 배가 고파 곧 죽을 것이다.'라는 직설적인 의미로 해석하지 않고, '말하는 사람이 몹시 배가 고파 무엇인가 먹을 것이 필요하다. 따라서 먹을 것을 갖다 주어야 한다.'라는 은유적 의미로 해석할 수 있을 것이다. 더 나아가 이 컴퓨터가 움직이는 로봇이라면, 짧은 시간 안에 맛있는 음식을 준비하여 여러분 앞에 갖다 놓을 수도 있을 것이다. 이러한 상상은 우리가 예상하는 것보다도 훨씬 가까운 장래에 가능할지도 모른다. 만약 인간의 연역적인 논리적 추론을 컴퓨터가 계산적으로 구현해 낼 수 있다면, 그것은 곧 인간의 지능을 닮은, 인간과 대화할 수 있는 똑똑한 컴퓨터의 탄생이 가능하다는 것을 암시해 주는 것이다.

이 책은 이러한 가능성을 타진해 보기 위해 마련한 것이다. 인간의 언어나 컴퓨터의 언어에 대해 개별적인 연구는 많이 이루어졌으나 언어라는 공통된 범주 안에서 인간의 언어와 컴퓨터의 언어를 함께 고찰해 본 연구는 찾아보기 힘들다. 이 책에서는 학제간의 공동연구를 통하여 두 언어를 체계적으로 비교·분석하고, 이를 통해 두 언어의 상호소통의 가능성을 탐구해보고자 했다.

이 책은 총 4장으로 이루어져 있다. 먼저 1장에서는 언어에 대한 총체적 이해를 시도했다. 언어의 상징성과 이를 토대로 생겨난 논리학, 그리고 이를 다시 이용한 컴퓨터 언어에 이르기까지 언어의 상징성에 대해 전반적으로 검토해 봤다. 2장에서는 언어의 발전과정을 탐구했는데, 먼저 자연언어가 처음 생겨 진화되어 온 과정을 알아보고, 컴퓨터 언어의 발전과정도 함께 알아보았다. 독자들은 두 언어의 발전과정에서 나타난 공통점과 차이점을 음미하면서 오늘날 두 언어의 참 모습을 좀더 쉽게 이해할 수 있을 것이다. 3장에서는 자연언어와 컴퓨터 언어의 체계와 구조에 대해 알아보았다. 이것은 두 언어를 공시적인 측면에서 구조적으로 파악해보고자 하는 취지에서 마련되었다. 마치 높은 산에 올라가 아래를 내려다보듯이 두 언어의 전체 구조에 대해 조망하고자 한 것이다. 자연언어의 체계에서는 분야별 이론별 소개와 흐름을 조망하고, 컴퓨터 언어의 체계에서는 문맥자유문법을 바탕으로 하는 컴퓨터 언어의 특성을 살펴보았다. 1장부터 3장까지가 두 언어의 속성을 올바로 이해하는 측면이었다면, 4장은 이러한 속성을 통해 두 언어가 어떻게 합치될 수 있는지에 대해 논의한 것이다. 특히 컴퓨터를 이용한 자연언어처리에 대해 중점적으로 알아보았다. 인간처럼 의사소통을 할 수 있는 컴퓨터 언어를 구현하고자 하는 인지공학의 여러 시도에 대해 살펴보고, 그 문제와 한계는 어디에 있는지 검토해 보았다. 독자들은 인간을 닮은 컴퓨터를 만들어낸다는 것이 얼마나 힘들고 어려운 작업인가를 몸소 느낄 수 있을 것이다.

이 책이 구상된 것은 꽤 여러 해 전의 일이다. 언어와 관련된 여러 분야의 연구자들이 모여 함께 관심사를 논의해 보자는 취지에서 카이스트에 학제적 연구모임이 만들어졌고, 이를 토대로 1997년에 <컴퓨터 언어는 자연언어로 진화할 수 있는가?>라는 주제로 대우학술재단의 과제를 수행한 것이 이 책의 모태가 되었다. 그렇게 보면 이 책이 나오기까지 햇수로 10년이 걸린 셈이다. 처음에는 길이만, 박영예, 박우석, 시정곤, 최숙희 등이 연구를 시작하다가, 부득이한 사정으로 두 분이 빠지면서, 최종적으로 이 책의 저자 세 명이 마무리를 하게 되었다. 마무리는 셋이 했지만 공동연구의 정신은 이 책의 곳곳에 스며들어 있음을 안다. 이 자리를 빌어 두 분께

감사의 마음을 전하고 싶다.

각 분야의 전문가들이 하나의 주제를 가지고 함께 연구한다는 것이 쉬운 작업은 아니었다. 동일한 대상을 바라보는 관점이 다르고, 접근하는 방법이 다르기 때문에 하나의 일치된 의견을 얻기까지가 무척 어렵고 힘든 과정이었다. 그렇지만 저자들은 독자들이 매끄럽고 부드럽게 이 책을 접할 수 있도록 하나의 목소리를 만들려고 노력했다. 이를 위해 초고를 여러 번 깁고 다듬었으며, 심지어 그 과정에서 책의 전체 구성을 완전히 새롭게 바꾸기도 했다. 책이 나오기까지 오랜 시간이 걸린 것은 저자들의 게으름이 첫째 이유이겠으나 이러한 이유도 한몫했음을 덧붙이고 싶다.

이 책은 먼저 언어학이나 전산학, 그리고 전산언어학이나 국어정보학을 연구하는 전공자에게 도움이 될 것이다. 또 인공지능이나 로봇 등을 연구하는 연구자에게도 언어와 관련된 실마리를 제공할 수도 있을 것이다. 나아가 인간과 컴퓨터, 그리고 언어에 대해 관심을 가진 일반 독자에게도 인간과 컴퓨터의 미래를 상상해 볼 수 있는 좋은 계기가 될 것이다. 독자 여러분의 격려와 질정을 부탁드린다.

끝으로 부족한 내용을 더 좋은 책으로 만들어 주신 도서출판 역락의 이대현 사장님과 편집부 여러분께 감사드리며, 인간과 대화할 수 있는 컴퓨터가 우리 눈앞에 나타날 날을 고대해 본다.

2006년 11월 말
저자가 다 함께 씀

차 례

제1장 언어란 무엇인가?

1. 언어의 정의

언어의 본질에 대한 논의는 예전부터 끊임없이 계속되고 있으나 그 개념을 정의하기는 매우 어렵다. 흔히들 언어는 의사소통의 수단이라고 하는데, 이 말은 한편으로는 맞고 또 다른 한편으로는 그르다. 우리는 의사소통의 가장 중요한 수단으로 언어를 사용하고 있다는 측면에서는 사실이지만, 그렇다고 해서 의사소통의 도구라는 것이 언어 전체의 정의라고 보기는 어렵기 때문이다. 키스하는 곳이 곧 입의 정의가 될 수 없듯이, 언어를 정의할 때 사물과 사물의 기능을 혼동해서는 안 되는 이유가 바로 여기에 있다.

또한 우리는 언어를 의사소통 이외에도 다양한 경우에 사용한다. 예를 들면, 정보를 저장하고 다시 끄집어내는 것은 물론이고, 혼자 생각하면서 중얼거리는 것에 이르기까지 언어는 다양한 방법으로 사고의 기능을 돕고 있다. 이런 까닭에 훔볼트(Humboldt)는 언어를 의사소통의 수단이라기보다는 사고와 자기표현의 수단이라고 말했으며, 촘스키(Chomsky)도 언어는 인간 사고의 본질과 특성까지도 반영한다고 본 것이다.[1]

이처럼 언어의 정의는 학파나 학자에 따라 매우 다양하고 언어의 여러 특질 중에서 어느 것을 가장 본질적으로 보는가에 따라서 언어학적 관점이 달라지기도 한다. 그럼에도 불구하고 우리는 다음과 같은 언어의 보편적 속성들을 발견할 수 있다.[2]

① **언어기호의 자의성** : 언어는 인간이 상호간에 의사를 전달하는 기호체계의 하나이다. 언어기호는 소리(형태)와 의미를 이어주는 자의적인 기호로, 어떤 것이든지 소리(형태)와 의미(개념)의 양면성을 지니고 있으며 이 관계는 임의적이다.

② **언어의 사회성** : 언어기호는 소리와 의미가 자의적으로 결합되지만, 사회적으로 통용되면 그것은 언어공동체의 의식속에 자리잡게 된다. 특히 스위스의 언어학자 소쉬르(Saussure)는 사회적 규약으로서의 언어와 그것의 개인적 실현에 주목하여 랑그(langue)와 빠롤(parole)을 구별하였는데, 이것은 촘스키의 언어능력(linguistic competence)과 언어수행(linguistic performance)의 구별과 비교된다.

③ **언어의 분절** : 인간언어는 일정한 수의 요소들로 분절이 가능하며 특히 이중분절(double articulation)의 특성을 가지고 있어 동물의 울음소리와는 다르다.

④ **언어의 생산성** : 인간은 유한한 수의 요소들을 결합시켜 무한한 수의 문장들을 생성해 낼 수 있다. 촘스키의 변형생성문법은 언어의 창조성을 형식화하는 것을 목표로 삼고 있다.

⑤ **언어의 체계** : 언어란 일정한 원리에 의해서 조직된 체계이다. 언어기호는 각각 개별적으로 존재하는 것이 아니라, 다른 언어기호들과 함께 상호관계를 맺고 있다.

⑥ **언어의 변화** : 언어는 끊임없이 변화한다. 언어는 유기체와 같아서 생성되고, 성장하고, 사멸하는 변화를 겪는다.

이러한 관점에서 보면 언어란 인간의 의사표현 및 의사소통의 가장 근본적인 수단이라고 할 수 있다. 다시 말해서, 언어는 인간의 생각을 표현으로 현실화시키는 수단이다. 그러나 문제는 모든 개념을 언어로 표현할 수는 없다는 것이다. 그렇다면 인간의 생각, 개념, 그림 등을 어떻게 언어로 표현할 수 있을까? 그 열쇠는 논리화가 가지고 있다. 다시 말해 인간의 생각, 그림, 개념 등을 논리적으로 재구성할 수 있을 때 언어로 표현이 가능하다는 것이다. 인간의 언어를 컴퓨터에 접목시킬 때에도 바로 논리적

재구성이 전제 조건이 된다. 다음 절에서는 이러한 언어의 논리적 절차에 대해 검토해 보기로 한다. 이를 위해 먼저 언어와 상징에 대해 알아보고, 언어와 사고, 언어와 논리의 상관성에 대해 살펴본 다음, 언어와 정보처리의 관계에 대해서 구체적으로 검토해 보기로 한다.

2. 언어와 상징

언어는 의미전달을 위해서 상징체계가 필요하며 상징체계는 소리와 의미로 구성되어 있다. 언어학자 소쉬르는 상징의 의미는 그 상징이 지칭하는 대상이 아니라 심적인 실체(mental entity)라고 주장한다. 그는 기호나 상징은 단어와 같은 형태, 즉 상징자인 기표(signifier)로 구성되어 있고, 이 상징자는 한 개념 즉 피상징자인 기의(signified)와 심적으로 연합되어 있다고 본다. 예를 들어 우리말의 '나무'는 그 소리가 /나무/인데 바로 이것이 기표가 되고(그래서 이를 청각영상이라고도 한다), 여기에 대응하는 의미 [木]이 바로 기의가 된다. 이때 /나무/와 [木]의 관계는 자의적인 관계이다. 즉, 필연적인 관계가 아니라 우연한 관계라는 말이다. 소쉬르는 언어는 사회적 산물이어서 기표와 기의(즉, 단어와 개념)간의 관계는 사회적 용인을 전제로 한다고 보았다.[3]

이와 같은 심적 과정들은 수많은 지각, 관념, 심상, 가설, 기억 등을 우리 마음 속에서 처리한다. 이런 실체들은 모두 심적 표상(mental representation)이거나 상징들인데, 그 중에서도 언어는 대표적인 상징이라고 할 수 있다. 그렇다면 이런 상징들은 어떻게 작용하는 것일까?

상징체계를 조사해 보면, 상징들은 독립된 실체라 하더라도 그것들은 어떤 체계 내에서 나타난다. 즉, 'ㄱ, ㄴ'은 한국어라는 체계 내에서 의미가 있는 것이고, 'a, b'는 영어라는 체계 내에서 의미가 있는 것과 같다. 가장 단순한

[그림 1-1] 다양한 상징체계

체계는 적은 수의 상징들로 이루어져 있고 상징들 각각은 그 자체의 독특한 해석을 갖고 있다. 이런 상징을 해석한다는 것은 상징이 의미하는 실체를 인출하는 과정을 요구한다. 예를 들어 +, −, ×, ÷와 같은 사칙연산은 셈이라는 단순한 체계에서 각각 자기만의 의미를 가지고 있으며, 그 진정한 의미는 우리가 셈을 할 때 이들을 끄집어내어 활용함으로써 이루어지는 것이다.

반면 가장 풍부한 상징체계는 무한히 많은 수의 가능한 상징들을 지닌다. 예를 들어 설계도는 선, 점과 같은 원초적인 상징요소의 집합으로 만들어진다. 이러한 점에서 숫자들이 만들어내는 수학공식이나 오선지와 음표가 만들어내는 음악표기법, 지도 등도 모두 여기에 속한다. 그러나 무엇보다도 상징의 무한체계를 잘 보여주는 것은 단어들이 조합되어 문장을 만들어내는 알파벳 기술인 언어체계이다.[4]

이처럼 의사소통 체계인 언어가 상징적이라고 한다면, 인간의 언어뿐 아니라 동물의 언어도 상징적이라고 할 수 있다. 그렇다고 해서 이 두 의사소통 체계를 같은 범주로 묶기는 쉽지 않다. 언어가 의사소통 기능 이외에도 많은 특성이 있지만 의사소통의 기능만보더라도 인간언어와 동물의 언어는 많은 차이를 나타내기 때문이다.

동물의 의사소통에 대한 연구는 여러 동물들을 대상으로 광범위하게 이루어지고 있지만, 말러(Marler)[5]가 지적하듯이 동물의 의사소통 체계를 제대로 해석하기는 상당히 어렵다. 그러나 지금까지 발표된 연구 업적만으로도 인간과 동물의 차이뿐만 아니라 인간언어의 본질에 대한 새로운 검토가 어느 정도 가능하다. 여기서는 대표적으로 꿀벌의 춤과 돌고래의 신호체계를 비교 분석해 본다. 이를 통해 우리는 동물의 신호체계는 물론이고 인간의 언어특성에 대해서도 간접적인 실마리를 찾을 수 있을 것이다.

꿀벌은 자기의 위치를 바로잡으려는 정립의 능력과 일정한 모양으로 춤을 추어서 꿀의 위치를 가르쳐 주는 의사소통의 두 가지 능력을 갖고 있는데, 그 중에서 꿀벌의 정교한 언어는 신비스러운 일로 생각된다.

독일 동물학자 폰 프리슈(Von Frisch)의 연구에 의하면 꿀벌은 의사소통을 위해 춤을 춘다고 한다. 꿀벌의 의사소통 능력이 집중적으로 연구되면서 최근에는 꿀벌이 춤을 통해서 뿐만 아니라, 전달자의 몸에 묻어 있는 꽃 냄새에 의해서도 정보가 전달된다는 것이 밝혀지고 있다.

[그림 1-2] 꿀벌의 춤추기

꿀벌의 언어는 원형춤과 꼬리흔들기춤으로 구성되어 있다.[6] 기본형인 원형춤은 전달자가 벌집 근처에서 꿀을 찾았을 때 춘다. 꿀벌이 새로운 꿀을 발견하면 그 벌은 즉시 집으로 날아와 다른 벌들 앞에서 자기가 먹은 꿀을 토해 놓고 원형춤을 추게 된다. 폰 프리슈[7]에 따르면 꿀의 질이 고급일 경우에는 더 오랫동안 더 활기차게 춤을 추고 더 많은 벌들이 참여한다. 또한 꼬리흔들기춤은 새로 찾은 꿀의 위치가 벌집에서 멀리 떨어져 있는 경우에 춘다. 꼬리흔들기춤은 직선운동과 반원운동으로 나뉘어 있는데, 직선을 축으로 삼아 반원을 좌우 교대로 그려 나가면서 춘다. 꼬리흔들기춤의 직선운동은 거리에 대한 정보를 나타내고 윙윙 소리는 음식물과의 거리를 나타낸다고 한다. 또한 춤이 수직선에서 얼마나 기울어지느냐에 따라 음식물의 방향을 나타낸다고 하니 꿀벌의 춤이 갖는 의사소통의 기능은 우리의 상상을 초월한다. 꿀벌의 춤과 인간언어의 유사성을 생각해 보면, 꿀벌의 언어는 정보전달 능력에 있어서 인간언어만큼 우수하지만 그것은 자의적이고 상징적이어서 하나의 신호체계에 지나지 않는다는 것을 알 수 있다. 결국 꿀에 대한 정보만을 전달하는 데 지나지 않아 그것은 인간언어와는 달리 하나의 폐쇄된 표현체계에 불과하다.[8]

　이번에는 돌고래의 의사소통 체계를 검토해보자. 돌고래에게도 나름대로의 언어가 있다고 추측된다. 왜냐하면 과학적인 근거로 돌고래는 큰 두뇌와 높은 지능지수를 갖고 있기 때문이다. 또한 돌고래는 우수한 청음능력과 발성능력을 가지고 있어서 돌고래도 일종의 언어를 가질 수 있으리라고 추측할 수 있다. 물론 돌고래의 신호체계에 대한 연구나 실험은 바다 속에서 행해져야 하므로 밝혀진 것은 많지 않으나 지금까지의 연구 결과 돌고래의 신호체계는 의사소통을 위한 신호체계가 아니라는 것이다. 돌고래의 여러 소리는 정보를 주고받는 것이 아니라 단지 동물의 특성인 본능적인 욕구나 감정에 따라 소리를 내고 있다는 것이 밝혀졌다.[9] 결국 돌고래의 신호체계는 인간 언어와는 달리 아무런 체계가 없고 일종의 본능적 반응체계에 지나지 않는 것이다. 결국 촘스키의 주장대로 언어는 오직 인간만이 배울 수 있고 문법적 능력은 인간에게 고유한 것이라는 언어의 본질을 확인할 수 있다.[10]

2.1. 의사소통과 상징

　인간의 행동에 대한 탐구는 끊임없이 이루어졌으며 여러 해결안이 제시되기도 했지만, 아직도 완전하게 해결된 것은 거의 없다. 그것은 인간을 연구대상으로 삼기가 그만큼 어렵다는 말일 것이다. 사물을 연구할 때는 분해와 분석이 가능하지만, 인간은 그것이 불가능하기 때문이다. 이만큼 인간이라는 존재는 특별하고 본질적으로 불가사의한 것인지도 모른다.

　인간 행동 중에서 가장 관심을 끄는 것은 다른 동물들과 공통된 속성 외에도 인간만이 갖는 속성이다. 인간은 생물학적 진화의 과정을 통하여 다른 동물들처럼 재생산을 하지만, 인간의 행동은 다른 동물들과는 다른 면이 많다. 인간의 독특성은 인간의 지능, 두뇌의 인지능력, 복잡성 등의 결과인데, 그 중에서도 가장 특이한 것은 언어를 사용한다는 것이다.

앞서 언급한 대로 우리는 의사소통만 되면 그것을 언어라고 부르는 경우가 많다. 이것은 인간행위 중의 하나인 언어의 역할을 잘못 이해하는 것이다. 우리는 일반적으로 사물 자체와 사물의 사용을 혼동하고 있다. 사용 주체를 기준으로 언어를 분류하면 인간만이 그 주체가 되므로 인간 이외의 다른 동물이 사용하는 의사소통 체계는 언어가 아니게 된다. 동물들은 단순 의사소통 이외의 어떤 다른 기능도 갖고 있지 않다. 언어는 의사소통 기능 이외에도 정보를 저장하고 사고 과정을 수행하는 방식과 같은 여러 가지 기능과 능력을 갖고 있다.

언어는 의미를 전달하기 위해서 상징을 사용하는데 동물에게서 사용되는 상징들은 대개 아이콘화된다. 즉 메시지와 표현하는 형태 사이의 관계가 1차원적이거나 투명한 것들이다. 예를 들어 머리를 숙이는 것은 복종을 의미하고, 숨을 들이마시거나 머리나 깃털을 뻗쳐서 몸집을 팽창시키는 것은 침략공격이나 지배의 의사표시이다. 또한 소리도 일관성을 띠고 있다. 고음의 찍찍거리는 소리는 지배를 의미하며, 짧고 빠른 소리는 경계를 의미한다. 또한 꿀벌의 춤은 그것이 지시하는 방향과 위치에 식량이 얼마나 풍부한지와 관련이 있다. 동물의 의사소통 체계는 복합적으로 다른 의미를 추가하지는 못하고 또 상징 상호간에 어떤 체계적인 관계가 없다. 그러나 언어가 되려면 그 단위 조합의 자유로움과 관계문의 문맥의 자유로움이 있으며 상호간에 체계적인 관계가 있어야 한다.

대부분의 언어 상징들은 자의적이고 임의적이라는 특징이 있다. 이 상징들은 그 상징글자나 기호나 소리가 나타내는 대상이나 행동과 아무런 연관성이 없다. 인간의 수화가 아이콘화되었을 것이라고 생각하지만 반드시 그런 것은 아니다. 아이콘으로 시작된 수화도 얼마 지나면 아이콘의 특성은 곧 상실되고 만다.

더 나아가 언어의 상징들은 정연한 기술체계를 이룬다. 언어의 상징들은 하위집합(subset)과 상위집합(superset)의 관계를 형성한다. 그러나 인간 이외의 다른 동물에게는 이런 의미에서의 언어가 없다. 인간의 몸짓 언어나 원숭이의 울음소리 또는 몸짓도 세상을 기술하지는 못한다. 바로 언어만이 우리 인간이 느끼고 경험하는 전 세계를 묘사하고 설명할 수 있을 뿐이다. 설명할 수 없는 것을 의사소통할 수는 없다. 왜냐하면 그것을 의사소통할 상징이 없을 것이기 때문이다.[11]

2.2. 상징과 사고

사고는 언어 없이도 가능하지만 인간 이외의 어느 동물도 사고한다는 말은 들어보지 못했다. 어떤 사람들은 인간이 언어로 사고하는 것이 아니라 이미지로 사고를 하는 것이며, 그것을 원하면 언제든지 언어로 해석할 수 있다고 주장하기도 한다. 그러나 그것을 어떻게 입증할 수 있는가? 만약 당신도 그러한 주장에 동조한다고 가정해 보자. 이미지로 사고한다고 했을 때, 사실적인 표현은 어느 정도 가능할지 모르나 추상적인 표현을 나타낼 때는 어려움에 봉착하고 만다. 언어가 없다면 우리가 지닐 수 있는 것보다 지닐 수 없는 생각이나 느낌이 더 많을 것이다. 따라서 우리가 하나의 세계를 그림으로 그린 다음 거기에 언어로 옷을 입힌다는 것은 사실이 아니다. 오히려 그 반대로 우리가 의사소통을 위하여 사용하는 세계를 언어가 그림으로 형상화시켜 준다고 보는 것이 더 나을 것이다.

그럼 좀더 구체적인 예를 들어 보자. 우리가 '고양이' 하면 머릿속에 떠오르는 무언가가 있는데, 그것은 '고양이'라는 말에 해당하는 실체의 속성을 나타내는 모든 상징들의 집합이라고 할 수 있다. 그리고 우리는 그것을

'고양이'라고 부른다. 물론 그 상징과 소리는 앞서 언급했듯이 임의적이며 자의적이다. 그럼 이제는 상징을 불러내는 과정을 알아보자. 시각적이든 청각적이든 '고양이'란 자극이 우리 머릿속으로 들어오면 '고양이'의 상징 집합에 연결하게 된다. 그러나 이때 자극이 마음속의 '고양이'에 관련된 모든 속성과 다 연결되는 것은 아니다. 그보다는 오관을 통하여 들어오는 정보의 복잡성을 간소화시켜서 이들을 범주별로 분류하고 이렇게 정제된 정보들이 상징과 연결을 하여 최종적인 일치작업을 수행하게 된다. 이를 그림으로 보이면 다음과 같다. 여기서 [그림 1-3]보다는 [그림 1-4]와 같은 그림이 우리가 염두에 두는 과정과 유사하다.[12]

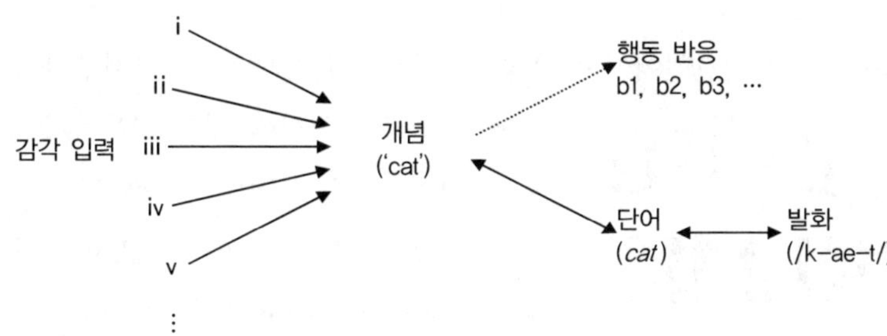

[그림 1-3] 사고와 말 / 단어의 관계(과거)

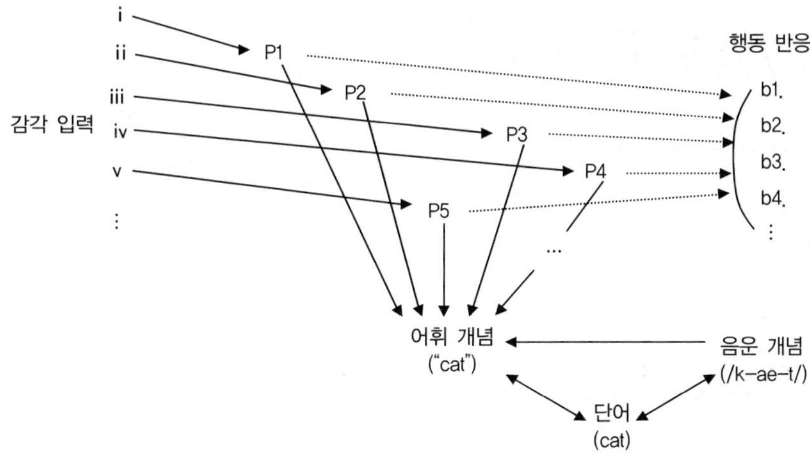

[그림 1-4] 사고와 말 / 단어의 관계(현재)

과거의 절차는 '고양이'라는 자극이 오관을 통해 들어오면 자극의 모든 정보가 모여서 [CAT]라는 개념과 부합되고, 이 개념이 단어 '고양이'와 음성기호 [고양이]'와 각각 연결이 되어 우리가 '고양이'라고 발음하게 된다는 것이다. 그러나 현재의 절차에서는 자극들이 각각 범주별로 행동과 연결되고 그 범주의 속성들이 모여서(즉, 정보를 조금씩 모아서) '고양이'라는 개념으로 이어지며, 이 개념이 다시 단어 '고양이'와 음성기호 [고양이]'와 각각 연결이 되어 우리가 '고양이'라고 발음하게 된다고 가정한다.

2.3. 컴퓨터언어의 상징

지금까지 인간언어에서 상징의 역할을 살펴보았는데 이제부터 컴퓨터언어에서 상징의 역할에 대해 알아보자. 모든 사물은 각기 다른 상징의 조합으로 표시된다고 말할 수 있다. 우리는 이렇게 표시된 형태를 표상(representation)이라고 부르는데, 예를 들면, 수는 추상적인 실체이고 수를 표시하는 상징인 숫자는 기호인 것이다. 수는 일반적으로 십진 숫자로 쓰이지만, 모르스부호는 단지 두 가지 상징인 단음과 장음을 갖는 이진법을 사용한다. 숫자에도 이진법적인 표시가 있는데 두 종류의 기본적인 상징인 0과 1만을 사용하여 쓴다. 이진 숫자로 인해 수는 단지 두 개의 내적 신호를 갖는 장치로 표상될 수 있다. 따라서 이진법의 기본 체계는 특정 전압이 있느냐(1) 없느냐(0)에 의해 컴퓨터에서 표상될 수 있고, 숫자는 그러한 전압의 배열로 표상될 수 있다.

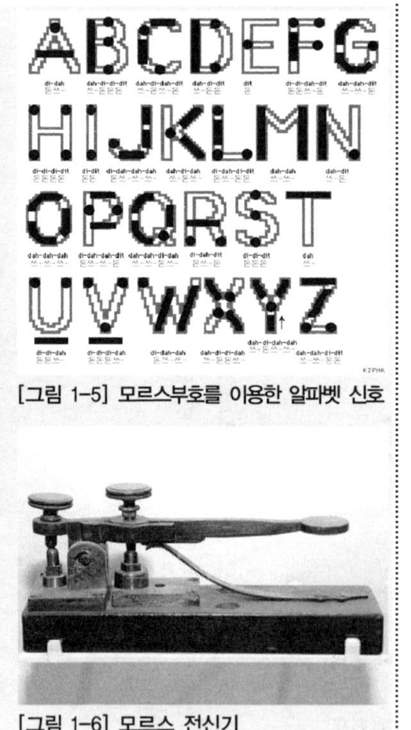

[그림 1-5] 모르스부호를 이용한 알파벳 신호

[그림 1-6] 모르스 전신기

숫자나 알파벳과 같은 외적 상징체계는 서로 다른 영역들을 상징화하는 데 이용된다. 예를 들어, 이진법의 숫자 1100은 12를 나타내거나 모르스 부호 〈Z〉를 대신하기도 하며, 또 다른 많은 명칭들을 대신할 수도 있다. 이때 가장 단순한 연결은 각 상징을 하나의 참조대상 임의로 짝짓는 것이다. 예를 들어, 호텔방에 숫자로 번호를 매기는 경우를 가정할 수 있다. 이때 임의적인 짝짓기보다는 규칙이나 관습 등에 따라 상징에 해석을 붙이는 것이 일반적으로 편리하다.[13]

컴퓨터는 추상적인 수를 가지고 작업하는 것이 아니라 수를 나타내는 상징인 숫자를 가지고 작업한다. 우리가 이진 숫자를 입력하면 컴퓨터는 이진 숫자를 조작하여 이진 숫자를 출력한다. 컴퓨터가 처리한 숫자는 프린트되거나 문자로 전환되어 모니터에 나타난다.

또한 숫자는 아주 다양한 영역들을 상징화하는 데 사용될 수 있고, 따라서 컴퓨터는 시각장면과 문서 등의 자료를 다룰 수 있다. 그러나 컴퓨터는 숫자와 외부세계를 관련시키는 어떤 원리도 갖지 않는다. 컴퓨터의 조작과 결과의 의미 해석은 그것을 사용하는 사람에게 달려 있다는 점이 컴퓨터의 한계라고 할 수도 있다.

그러나 컴퓨터가 세계와 관련시켜 상징을 해석할 수는 없지만 컴퓨터는 두 개의 상징적인 능력을 가지고 있다. 첫째, 컴퓨터는 상징을 변형시키거나 기존의 상징으로부터 새로운 상징을 구성할 수 있다. 둘째, 컴퓨터는 상징으로 된 명령 프로그램을 저장할 수 있고 그것들을 하나씩 수행할 수 있다. 상징으로 된 명령은 이진 숫자이고, 일련의 이런 명령 집합이 기계 조작을 제어한다.

이와 같이 언어의 상징체계는 자연언어에서는 물론 컴퓨터언어에서도 같은 방식으로 사용되고 있다. 따라서 인지과학에서는 마음 즉 정신은 하나의 상징체계라고 주장한다. 마음은 상징을 구성할 수 있고, 다양한 인지 과정 속에서 그것을 조작할 수 있다는 것이다. 마음은 그런 상징을 세상의 어떤 것과 관련시킬 수가 있지만 상징은 어떤 대상과 반드시 대응될 필요는 없다. 여기서 세상을 표상(representation)하는 것이 심적 상징이고, 이것은 지각에 의해 이루어진다. 표상은 우리가 세상을 살아가기 위해 필요로 하는 정보를 분명하게 해 주는 것이다. 즉 표상은 무엇이 어디에 있는지, 우리의 행위를 지배하는 과정이 무엇인지를 제공해 준다.[14]

3. 언어와 사고

언어는 사고와는 어떤 관련이 있을까? 사고가 언어에 의해 결정되는 것일까 아니면 사고가 언어를 결정하는 것일까? 이러한 의문은 과거 수많은 철학자들의 관심거리였으며, 오늘날에도 예외는 아니지만, 이에 대한 명확한 답을 구하기에는 더 많은 시간을 필요로 한다. 다만 한 가지 얻은 수확이라면 어느 한 쪽이 다른 한 쪽에 일방적으로 영향을 미친다기보다는 이들이 서로 밀접한 관계를 갖고 있다는 점에 의견의 일치를 보았다는 것이다.

3.1. 동물의 사고와 인간의 사고

많은 철학자, 심리학자, 그리고 과학자들은 인간이 도대체 어떻게 사고를 하는 것일까에 지속적인 관심을 가져 왔다. 그리고 인간의 사고를 밝히기 위해 먼저 동물들을 실험하기 시작했고, 구체적으로 원숭이의 연구를 통해 동물들도 사고를 할 수 있음을 밝히기도 했다. 여기서 인간의 사고를 탐구하기 전에 동물의 사고는 인간의 사고와 어떻게 다른 것인가를 살펴보기로 한다. 이러한 비교가 인간의 사고의 특징을 더 잘 보여줄 수 있기 때문이다.

심리학자인 비커톤(Bickerton)은 인간과 동물의 사고에는 질적인 차이가 있는데 동물은 단지 온라인사고(on-line thinking)만을 할 수 있는 두뇌 조직을 갖고 있는 반면에, 인간은 온라인사고와 오프라인사고(off-line thinking)

를 모두 할 수 있는 두뇌의 구조를 갖고 있다고 주장한다.[15] 온라인사고는 외부 환경에 드러난 객관적인 대상에 대한 감각적인 인식을 통해 신경적으로 반응을 나타내는 것을 말한다. 예를 들어 동물들이 외부로부터 자신을 보호하고, 먹이를 찾아내고 또 짝을 찾아 번식을 하는 모든 행위들은 온라인사고의 결과라고 할 수 있다. 따라서 온라인사고는 과거나 미래 또는 거리상으로 멀리 떨어져 있는 대상에 대해서는 인식과 반응이 수행되기 어렵다는 한계를 지니고 있다.

반면에 오프라인사고는 온라인사고와 동시에 발생하는 것이지만 외부 환경의 객관적인 대상에 대해 즉각적인 반응을 수행하는 사고가 아니라 오래 지속되는 반응을 수행하는 것이다. 오프라인사고는 시간이나 장소에 구애받지 않고 인간의 마음 속에서 발생한다는 특징이 있다. 예를 들어 인간이 정보를 수집하고 조합하여 일정한 유형을 만들어 낸다든지, 또는 논리적인 계산 능력을 보인다든지 하는 창조적인 사고를 하는 것은 모두 인간만이 지니고 있는 오프라인사고의 결과이다.

3.2. 표상과 추론

그렇다면 인간의 사고가 이처럼 동물의 사고와 질적인 차이를 보이는 이유는 무엇일까? 그것은 외부 환경의 대상을 인식하는 데 있어서 동물에 비해 인간은 좀더 추상적인 형태의 사고를 할 수 있기 때문이다. 그러면 인간은 어떻게 대상을 두뇌 속에 인식하여 사고할 수 있을까? 이에 대해 인지과학자 핀커(Pinker)는 기존의 지식으로부터 새로운 지식을 추론하는 것이 인간의 사고라고 정의하고, 사고 과정은 개념을 표상(representation)하는 것으로부터 시작된다고 설명하고 있다.[16] 표상이라고 하는 것은 개념을 의미하는 상징물로 나타내는 것인데, 좀더 쉽게 말한다면 다음과 같은 예를 들 수 있다. '소크라테스는 인간이다. 모든 인간은 죽는다'라는 기존 지식으로부터 우리는 '소크라테스는 죽는다'라는 지식을 추론해낼 수 있다. 이런 추론은 다음과 같은 사고과정으로 인해 가능하다는 것이다. 다음은 개념을 표상으로 나타낸 것이다.

```
Socrates is a man.
Every man is mortal.
```

이 경우 소크라테스라는 사람의 개념을 'Socrates'라는 표상으로 나타냈고 사람이라는 개념을 상징하기 위하여 'man'이라는 표상으로 나타냈다. 이것은 영어 독자의 이해를 쉽게 하기 위하여 영어로 된 단어를 표상으로 사용한 것으로 한국어로는 '소크라테스'와 '사람'으로 표상이 된다고 할 수 있다. 그러므로 표상은 어떤 형태의 기호나 상징물로도 나타낼 수 있는 것이다. 예를 들어 그래픽 디자이너는 그림으로 위의 명제를 표상할 수도 있을 것이다. 디자이너들이 일관성 있게 사용해온 일련의 그래픽 심볼을 이용하여 위 명제들을 하나의 상징물로 표상할 수 있다는 것이다. 마찬가지로 수학자는 수학적인 기호를 이용하여 수학자에게 익숙한 표상으로 나타낼 수 있을 것이다.

3.3. 사고의 법칙과 논리의 법칙

위에 제시된 두 개의 명제에 대한 인식을 바탕으로 추론 과정을 발생시키기 위해서는 '프로세서'가 필요하다고 한다. 인간의 두뇌 속에 있는 프로세서는 각 표상에 반응하여 표상을 변형하거나 또는 새로운 표상을 만드는 일을 하게 된다. 이런 역할을 프로세서의 반사작용이라고 일컫는다. 몇 번의 반사작용을 거쳐 프로세서는 다음과 같은 명제를 추론하여 새로운 표상으로 나타내게 될 것이다.

```
Socrates is a man.
Every man is mortal.


Socrates is mortal.
```

물론 프로세서가 반사작용을 하는 데는 나름대로의 정해진 법칙이 있다. 예를 들어 'X가 Y고 모든 Y가 Z이면, X는 Z이다'라는 논리적인 법칙에 따라 각 표상들간의 관계를 추론해내는 것이다. 핀커는 인간의 사고라는 것이 결국 외부 환경에 있는 대상의 개념을 표상하는 것이며 이를 위해 상징을 이용하는 것이고, 개념들 사이의 논리적 관계를 표상하기 위해 상징의 배열을 사용하는 것이라고 설명한다. 더 나아가 그는 인간이 어떤 특정 언어(예 : 영어, 중국어, 아파치어 등과 같은 자연언어)로 생각하는 것이 아니라 사고 언어(혹은 정신어)로 생각한다고 주장한다.

이와 유사한 주장은 포더(Foder)에서도 찾아볼 수 있다. 그는 촘스키가 선천적인 보편문법을 이야기할 때 인간의 사고의 법칙을 언급했다. 그에 따르면 인간의 사고는 반드시 표상되는데 그 사고의 표상법칙으로 '사고의 법칙'이 존재한다는 것이다. 그리고 사고의 법칙은 바로 언어적이며 특히 통사론적 법칙을 따른다는 것이 그의 주된 가정이다. 즉, 포더의 말에 따르면 사고는 사고의 언어를 소유하고 있는 셈이다.

포더의 이러한 주장은 촘스키의 논의를 뒷받침하기 위해 나온 이론이다. 촘스키는 1972년에 '정신에서 언어가 생성된다'는 가설을 세운 바 있는데, 포더의 주장은 이러한 가설을 사고의 언어로 한 단계 끌어올린 것이라 할 수 있다. 그러나 포더의 말대로 인간의 사고가 표상될 때 그 법칙이 자연언어로 이루어지는가 하는 질문은 여전히 의문으로 남아 있다.

사고의 표상법칙의 하나로 제기되는 것이 앞서 언급한 추리와 논리이다. 논리를 다루는 기호논리학(symbolic logic)도 일종의 언어학이며, 나름대로의 문법도 갖고 있다. 그러나 기호논리학의 핵심은 추론(inference)의 법칙이며, 논증(argumental proof)의 성격을 띤다는 점이다. 인간의 사고의 핵심적 특성 중 하나가 추론하는 것이라면, 그 추론의 과정을 표현하는 문법이 바로 기호논리학이라고 할 수 있다.[17]

그렇다면 자연언어를 사용하는 문장의 법칙을 가지고 사고의 추론 논증이 가능할까? 그것은 아직까지는 부정적인 것 같다. 왜냐하면 자연언어에는 법칙에서 벗어나는 예외가 너무 많기 때문이다. 언어마다 존재하는 불규칙동사들을 보면 쉽게 알 수 있다. 그리고 인간의 사고에서 시간의 개념은 일관성이 있고 분명하지만, 실제 언어에는 분명한 법칙적 일관성이 없다는 점도 자연언어의 불완전성을 잘 나타내 주고 있는 것이다. 이 밖에도 자연언어의 의미의 모호성과 중의성 문제도 빼놓을 수 없는 문제이다. 한마디로 자연언어를 완벽하게 설명할 수 있는 법칙을 만들어 낸다는 것은 현재로선 불가능하다고 말하는 편이 옳을 것이다. 우리가 우주를 하나의 법칙으로 논리 정연하게 설명할 수 없듯이 말이다.

이러한 한계 때문에 현대 언어학과 논리학에서는 인간의 자연언어구조를 형식적 논리의 법칙으로 분석하는 시도가 이루어지고 있다. 이것은 달리 보면 자연언어를 중의성이 없는 표현의 형식적 체계로 변경하려는 노력이라고 할 수 있다. 바로 이러한 이유 때문에 형식언어가 탄생한 것이다. 심리언어학자 피아제(Piaget)도 이러한 자연언어의 불규칙성을 지적하면서 이를 극복하기 위해 논리학이나 수학이 필요하다고 역설한 바 있다. 그리고 그 대안이 바로 형식언어이며, 이를 이용하면 인간의 자연언어를 보다 더 분명하게 설명할 수 있게 된다고 하였다. 이러한 형식화는 자연언어가 나타내는 인간의 사고를 보다 분명한 논리의 법칙으로 환원시켜 주는 역할을 할 것이다.

4. 언어와 논리

4.1. 형식언어를 이용한 논리의 표현

우리는 앞에서 사고의 법칙이 바로 논리하고 말했다. 그리고 이러한 논리를 표시하기 위한 기본적인 수단은 바로 형식언어라고 했다. 즉, 사고는 언어의 표상과 관계가 있고, 표상을 설명하기 위해서는 논리가 필요하고, 논리를 이해하기 위해서 다시 형식언어를 도입한 것이다.

형식언어는 기호논리체계의 언어로서 자연언어 대신에 기호를 사용하여 하나의 체계를 이룬 것이라고 말할 수 있다. 그렇다면 이렇게 기호를 빌린 이유는 무엇일까? 그것은 역설적으로 자연언어의 다양성을 대변해 주고 있다고 볼 수 있다. 즉 자연언어의 다양한 성질을 가지고 하나의 체계를 만들어 내기는 실로 불가능하기 때문에 기호를 빌린 것이 아닐까.

형식언어의 종류에는 어떤 것들이 있을까? 형식언어의 대표적인 유형들은 명제논리, 술어논리, 양황논리, 양상논리 등을 꼽을 수 있겠다. 명제논리는 단일문이 복합문을 이룰 때 나타나는 형식과 체계를 기호언어로 나타낸 것으로 가장 간단한 기호언어로 불린다. 다음으로 술어논리는 한 문장을 주어, 술어로 분석하여 술어를 중심으로 문장의 적형문과 진리치를 다루는 기호언어이다. 그리고 이런 명제논리나 술어논리로 다루기 힘든 집합 표현을 위해서 양화논리와 양상논리가 필요한데, 전자는 전칭양화사($\forall$)나 존재양화사($\exists$)의 양화기호를 이용한 기호언어이며, 후자는 가능성에 대한 언어표현을 대상언어의 일부로 도입하여 M, N(가능기호 $\diamondsuit$, 필연기호 $\square$)을 이용한 기호언어이다.

자연언어에 비해 형식언어는 그 체계가 미약하고 극히 제한된 체계 안에서만 적용된다는 단점이 있으나, 체계적으로 만들어진 언어이기 때문에 자연언어보다는 훨씬 정확하고 규칙적이라는 장점 또한 가지고 있다.[18] 다음에서는 형식언어의 네 가지 종류를 좀더 자세히 살펴보기로 한다.

■ 명제논리

논리구조의 개념 가운데 가장 핵심적인 것이라면 그것은 모든 문장이 하나의 단일문(simple sentence)이 될 수 있다는 점이다. 이때 문장을 원자문(atomic sentence)이라고도 부르는데, 이 단일문들은 다시 여러 가지 방법을 통해 복합문(compound sentence, 또는 분자문 molecular sentence)을 형성하게 된다. 명제논리란 바로 이러한 단일문들이 복합문을 만드는 규칙을 형식화한 것이라고 할 수 있다. 예를 들어 단문이 결합하거나 서로 어떠한 형태로 관련을 짓게 되는가를 규칙으로 만드는 것이다. 이에 입각하면 모든 문장은 단일문이거나 단일문으로 구성된 복합문이 되는 셈이다.

그렇다면 이러한 단일문 사이의 논리적 관계인 명제논리는 어떻게 이루어지는가? 그것은 이들 문장(또는 명제)을 연결해 주는 한 부류의 단어에 의해 결정되는데, 이를 연결어라고 한다. 문장 연결어는 전통적인 문법범주에서는 접속사로 불리던 것이다. 예를 들어 *and, or, therefore, because, before, as, but, even though, if* 등과 같은 단어들을 쉽게 떠올릴 수 있다. 다음의 예에서 이들의 기능을 쉽게 발견할 수 있다.[19]

(1) Bill is a syndicalist <u>even though</u> he reads Burke.
(2) Bill is a syndicalist <u>and</u> he reads Burke.
(3) Bill is a syndicalist <u>or</u> he reads Burke.

위의 예들은 접속어를 제외하고는 모두 같은 두 문장으로 이루어져 있다. 그러나 어떤 연결어가 선택되느냐에 따라 그 의미는 확연히 달라진다. 이와 같이 접속어, 즉 문장의 연결어가 명제논리의 핵심이 된다. 우리는 중·고등학교 시절에 $p \wedge q$, $p \vee q$와 같은 집합기호를 배운 적이 있다. 이때 p와 q는 변항(variable)으로 이 자리에 어느 것이 와도 별 상관이 없기 때문에(결과에 영향을 미치지 않기 때문에) 대체기호를 편의상 사용하는 것이다. 명제논리에서는 이때 p, q가 하나의 문장이 된다. 그것은 앞서 말한 대로 명제논리에서는 문장의 내적구조에 관심이 없고 다만 문장 사이의 논리적 관계에만 관심을 두기 때문이다. 그럼 이제 변항을 이용하여 앞의 세 문장을 다음과 같이 간략하게 표현할 수 있다.

> (1)′ p even though q
> (2)′ p and q
> (3)′ p or q

전통적으로 명제논리에서는 자연언어의 네 가지 문장 연결어에만 관심을 기울여 왔는데, 예를 들어 *and, or, if···then, if and only if*, 그리고 부정을 나타내는 *not* 등이 그것이다. 이를 연접(conjugation ; and), 이접(disjuction ; or), 함의(implication ; if···then), 등치(equivalence ; if and only if), 부정(negation ; not)이라고 하며, 각각 &, V, →, ≡, ∼으로 표시한다.

▪️ 술어논리

명제논리가 문장들 사이에 적용되는 것이었다면 술어논리는 이와는 달리 한 문장 내에 적용되는 논리관계를 말한다. 먼저 다음의 예를 보자.[20]

> (4) Bruce is a moose.

이 문장은 한 개체에 대해 어떤 상황을 말하고 있다. 다시 말해, 그 개체는 Bruce이고 그는 큰사슴(moose)이라는 의미를 지니고 있다는 것을 말하고 있는 것이다. 그런 문장을 보통 서술문(predicate sentence)이라고 부르는데, 술어논리에서는 이것을 다음과 같이 형식화할 수 있다.

> (5) M(b)

위의 예에서 b는 *Bruce*라는 개체를 말하고, M은 *moose*라는 속성을 말한다. 이를 다시 술어명사(predicate term)와 개체명사(individual term)로 나타내면 다음과 같다.

(6) P(t)

이 기호체계를 이용하면 다음과 같이 문장의 다양한 유형을 표시할 수 있다.

(7) P(t)　　　　　　　1항술어
　　P(t1, t2)　　　　　2항술어
　　P(t1, t2, t3)　　　3항술어
　　P(t1, t2⋯tn)　　　n항술어

이때 논항(argument)은 문법용어에서 주어와 목적어를 지칭하는 데 사용되는 용어로, 술어논리에서는 위의 괄호 안에 있는 개체명사가 그 술어의 논항이다. 그리고 논항의 수에 따라 1항술어, 2항술어 등이 결정된다.

■ 양화논리

앞에서 문장의 주어와 목적어를 지칭하는 데 논항이라는 개념이 사용된다고 했었다. 일반적으로 논항을 꾸며주는 것은 *the*와 같은 한정사(definite)이며 그 결과 한정명사구를 이루지만, 이밖에도 논항을 꾸며주는 다양한 유형들이 있다.

(8) a. a book
　　b. some dog
　　c. every boy
　　d. each girl

즉, 위의 (8a, b)와 같은 비한정명사구가 있는가 하면, (8c, d)와 같은 수량을 나타내는 양화명사구도 존재하기 때문이다. 이들은 어떤 특정한 개체를 한정한다고 볼 수 없다. 다음과 같은 문장의 의미에서 이러한 비한정성을 보다 명확히 알 수 있다.

(9) Every student reads a book.

위의 문장에서 만약 *a book*이 어떤 특정한 책, 예를 들어 『삼국지』를 의미한다면 모든 학생들이 같은 책 『삼국지』를 읽고 있을 경우에만 이 문장의 명제는 참이 된다. 그러나 한편으로는 학생들이 각기 다른 책을 읽고 있을 때, 즉 한 학생은 『삼국지』를, 다른 학생은 『전쟁과 평화』를, 또 다른 학생은 『토지』를 각각 읽고 있을 때도 이 문장의 명제가 참이 될 수 있다. 따라서 이때 문장의 의미는 비한정 명사구 *a book*과 양화명사구 *every student*를 어떻게 해석하느냐에 따라 달라진다고 할 수 있다.

이러한 비한정 명사구가 포함된 문장을 올바로 번역하기 위해서 도입된 논리언어가 바로 양화논리어이다. 양화논리어에는 몇 가지 양화사들이 존재하는데, 이에 대해 보다 구체적으로 살펴보자.

(10) a. Someone liked Mary.
    b. For some entity, that entity liked Mary.

위의 예에서 (10a)의 직관적 의미는 (10b)와 같은 형식적 문장으로 바꾸어 쓸 수 있다. 이때 (10b)의 의미는 '어떤 개체에 대하여 말하며, 그 개체는 *Mary*라는 개체를 좋아하였다' 정도가 될 것이다. 여기서 개체를 변항 x로 바꾸면 다음과 같은 형식이 된다.

(11) For some x, x liked Mary.

이때 *x liked Mary*는 다시 $(like'(Mary'))(x)$와 같은 함수로 표현할 수 있다. 그러나 이 명제함수에서 x는 그 어떤 개체와도 결속되지 않은 변항이므로 전체 명제의 진리치를 나타낼 수가 없다. 따라서 진리치를 나타내기 위해서는 변항을 결속할 어떤 연산자가 필요한데, 존재양화사(existential quantifier)가 바로 그 역할을 담당하게 된다. 존재양화사는 ∃라는 기호로 표시하며, '적어도 하나'라는 의미를 갖는다.

(12) ∃x [(like′(Mary′))(x)]

존재양화사 이외에 전칭양화사(universal quantifier)라는 것이 있는데, 이것은 '모든 (all, every)'의 의미를 지닌 명사구를 번역하는 데 사용되며, ∀라는 기호로 나타낸다. 전칭양화사는 존재양화사처럼 그것이 결속하는 변항을 포함하고 있는 명제함수 앞에 놓인다.

(13) a. Everyone liked Mary.
    b. For all x, x liked Mary.
    c. ∀x [(like′(Mary′))(x)]

이와 같은 양화논리는 비한정명사구와 양화명사구에 대한 전통적 의미분석에서 시작되었으며, 오늘날 언어공학이나 자연언어처리에서도 *everyone, all students, someone, a dog* 등과 같은 명사구의 해석을 위해 이용되고 있다.

■ 양상논리

명제논리와 술어논리는 한 번에 하나만의 가능세계에 관해 이야기하는 데 제한되지만, 실제 자연언어 문장에는 둘 이상의 가능세계 사이의 관계에 대해 이야기하는 경우가 많다. 다음의 예를 보자.[21]

(14) It is possible that it will rain tomorrow.

이 문장을 발화하는 사람은 내일 날씨에 대해 단지 여러 가능성을 생각하고 있을 뿐, 어떤 확정적 판단을 내리지 못하고 있다. 다시 말해 내일의 날씨는 화자에게는 여러 가능세계 가운데 하나에 불과한 것이다. 다음의 문장도 이와 같은 가능세계와 관련된 것이다.

(15) It is certain that it will rain tomorrow.

위 문장의 의미는 가능세계 가운데 어느 경우가 실현될지라도 비가 올 것이라는 것을 뜻한다. 즉, 모든 가능세계에서 비가 올 것이라는 말이다. 이렇게 생각하면 가능한(possible), 확실한(certain)의 의미를 다음과 같이 다시 정의할 수 있다.

(16) a. 가능한=어떤 가능세계에서 참인
     b. 확실한=모든 가능세계에서 참인

그렇다면 '필연적(necessary)'이라는 뜻은 '확실한' 것과 어떤 차이가 있을까? '필연적'이라는 말은 논리적으로 가능한 모든 세계에서 참인 것을 말한다. 이와 같이 가능세계에 대한 가능성과 확실성, 그리고 필연성을 논리적으로 다루는 것이 바로 양상논리(modal logic)이다. 한편 이러한 개념이 들어간 문장은 양상동사(modal verb)를 이용해 다음과 같이 바꿔 쓸 수 있다.

(17) It may rain tomorrow.

양상의 개념은 *possibly, certainly*와 같은 문장부사에 의해서도 표현될 수 있는데, 논리학에서는 이러한 가능성과 필연성의 개념을 양상연산자(modal operator)인 M과 N으로 나타내기도 한다.[22] 따라서 Mp는 'it is possible that p'를 의미하며, Np는 'it is necessary that p'를 의미한다.

4.2. 형식언어와 컴퓨터언어

4.1에서는 인간의 언어와 논리성에 대해 살펴보았다면, 이 절에서는 컴퓨터와 논리성의 문제를 검토해 보고자 한다. 이것은 논리적인 측면에서 컴퓨터 시스템이 어떠한 일을 수행하는가에 대한 문제라고도 할 수 있다. 컴퓨터 시스템의 구조는 중앙처리장치(central processing unit)와 메모리(memory)로 이루어져 있고, 이 둘을 버스(bus)라는 통로로 연결한 형태이다. 여기서 어떤 문제를 해결하고자 할 때는 항상 순차적인 해결방법을 택하게 된다. 즉 초기조건에서 시작하여 현 상태에서 다음 상태로 넘어가는 과정을 되풀이하는 것이라 할 수 있다. 이러한 과정을 그림으로 보인 것이 상태전이도표(state transition diagram)이며, 이를 형식적으로 나타낸 것이 바로 '유한오토마타'이다. 그러면 이제 유한오토마타의 개념을 좀더 구체적으로 알아보자.

■ 유한오토마타(Finite Automata : FA)

유한오토마타는 상태의 유한한 집합과 주어진 입력기호에 따라 결정되는 상태와 상태간의 전이의 집합으로 표시된다. 단, 여기서 각각의 입력기호에 대하여 각 상태로부터 다른 상태(자기 자신도 가능)로의 전이는 오직 하나만 존재한다. 유한오토마타는 상태 전이 도표(State Transition Diagram)를 통하여 그림으로 쉽게 표현이 가능한데, 상태전이도표는 방향성 있는 그래프(Directed graph)의 일종으로 동그라미와 화살표로 구성되어 있다. 동그라미는 상태를 나타내고 화살표는 이벤트에 의한 상태의 전이를 나타낸다. 다음의 [그림 1-7]을 통해 좀더 구체적으로 알아보자.

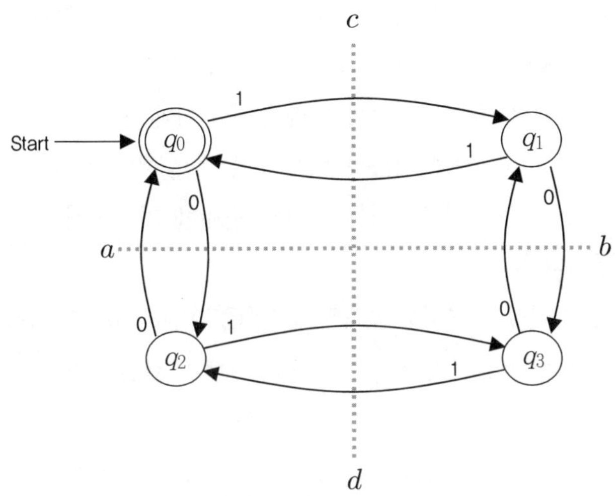

[그림 1-7] 상태전이도표의 예

위의 도표에서 그래프의 마디(node or vertex)들은 FA의 각 상태에 대응한다. 여기서 초기 상태 q_0는 출발(start)이라고 표시되어진 화살표에 의해 표시되어 있다. 여기서 출발한 전이는 이중 원으로 표시되어진 q_0로 다시 돌아오게 된다. 그래서 q_0가 최종 상태가 되는 것이다. 이때 FA는 0의 수와 1의 수들이 둘 다 짝수인 경우에 0과 1의 문자열(string)을 인식하게 된다.

문자열(String) : 단일 엔터티(entity)로 처리되는 문자 또는 문자 바이트 그룹을 말한다. 컴퓨터 프로그램은 문자열을 사용하여 데이터나 명령을 저장하고 전송하는데, 프로그래밍 언어는 2674 : gstmn과 같은 문자열을 470924와 같은 수치와 구별하여 처리한다.

이를 도표를 통해 좀더 구체적으로 설명하면 다음과 같다. 주어진 입력이 인식되기 위해서는 오토마타의 상태가 초기상태 q_0에서 시작하여 다시 q_0로 돌아와야 한다고 할 수 있다. 여기서 이벤트 0는 수평 a-b선을 통과하게 되지만 이벤트 1은 이 수평선을 통과하게 하지 않는다. 따라서 지금까지 발생한 이벤트 중에서 0의 개수가 짝수인 경우에 오토마톤은 수평선 a-b선 위에 존재하게 되며, 반면에 지금까지 발생한 이벤트 중에서 1의 개수가 짝수인 경우에 수직 c-d선의 왼쪽에 존재하게 된다. 따라서 0과 1의 개수가 모두 짝수인 경우에만 오토마톤은 상태 q_0에 머물게 되는 것이다. 오토마타(FA)는 오직 0과 1이라는 등가의 수만을 기록하기 위하여 상태를 이용하는 것이다.

이와 같은 유한오토마타를 형식적으로 $(Q, \Sigma, \delta, q_0, F)$ 5개로 구성된 집합으로 표시하는데, 여기서 Q는 유한한 상태의 집합, Σ는 유한 입력 알파벳, δ는 Q와 Σ 공간에서 Q 공간으로 사상하는 전이함수, q_0는 초기상태, 그리고 F는 Q의 부분집합으로서 최종상태의 집합이다. 만약 유한오토마타에서 F에 속한 어떤 p에 대하여 문자열 $\delta(q_0, x) = p$이면 문자열 x가 $M = (Q, \Sigma, \delta, q_0, F)$인 어떤 FA에 의해서 받아들여진다(accepted)고 말한다. M에 의하여 받아들여진 언어($L(M)$으로 표시됨)는 $\delta(q_0, x)$가 F에 속하는 것을 만족하는 x의 집합이다. 그리고 어떤 유한오토마타에 의해 받아들여지는 언어를 정규집합(regular set) 혹은 정규라고 한다.

여기서 예를 들어, [표 1-1]의 도표를 고려해 보자. 공식적인 기호로서 이 유한오토마타는 $M = (Q, \Sigma, \delta, q_0, F)$로 표시되며, $Q = \{q_0, q_1, q_2, q_3\}$, $\Sigma = \{0, 1\}$, $F = \{q_0\}$이다. 유한오토마타의 입력 문자열이 110101로 주어졌다면, $\delta(q_0, 1) = q_1$이고 $\delta(q_1, 1) = q_0$이므로 $\delta(q_0, 11) = \delta(q_0, 1), 1) = \delta(q_1, 1) = q_0$이다. 11은 $L(M)$ 안에 있지만 우리는 110101에 관심이 있다. 계속해서 $\delta(q_0, 0) = q_2$라고 하자. 그러면 $\delta(q_0, 110) = \delta((q_0, 11), 0) = \delta(q_0, 0) = q_2$이다. 이런 식으로 계속해 나가면 $\delta(q_0, 1101) = q_3$, $\delta(q_0, 11010) = q_1$으로 되어, 결국 $\delta(q_0, 110101) = q_0$가 된다. 이를 정리해보면, 문자열 110101에 대응하는 모든 상태들의 순서는 $q_0 q_1 q_0 q_2 q_3 q_1 q_0$가 된다. 따라서 110101은 $L(M)$ 안에 있다. 우리가 언급한 것과 같이 $L(M)$은 짝수의 0과 짝수의 1을 가진 문자열이다.

[표 1-1] 그림 1-7의 유한오토마타에 대한 $\delta(q, a)$

상 태	입 력	
	0	1
q_0	q_2	q_1
q_1	q_3	q_0
q_2	q_0	q_2
q_3	q_1	q_2

그러면 컴퓨터 시스템의 수행을 형식적으로 기술한 유한오토마타가 수행할 수 있는 명령문 즉, 이것의 집합인 언어는 어떠한 것인가? 이것을 위해 이제부터 정규언어에 대하여 알아보고자 한다.

 기계 언어(Machine Language) : 컴퓨터는 인간의 언어를 이해하지 못하기 때문에 컴퓨터가 이해할 수 있는 언어로 바꾸어 주어야 한다. 그래야 프로그램이 실행될 수 있다. 2진 코드 기계 명령어가 바로 이것인데, 이를 기계 언어라고 한다. 기계 언어는 컴퓨터에게 수행할 작업 및 위치를 지시한다.

■ 정규언어

정규언어는 정규식(regular expression)으로 이루어진 언어를 말한다. 그리고 여기에서 컴퓨터 시스템 즉, 유한오토마타에서 받아들여지는 언어들은 정규식이라 불리는 간단한 표현식에 의해서 쉽게 표현될 수 있다. 먼저 정규식을 정의하기 전에 문자열의 표현과 관련된 몇 가지 연산자들을 알아보자.

알파벳 Σ를 기호들의 유한한 집합이라고 하고, 언어 L, L_1과 L_2를 Σ에 속한 기호로 이루어진 문자열의 집합들이라고 하자. L_1L_2라 표현되는 L_1와 L_2의 연결(concatenation)은 집합 $\{xy \mid x$는 L_1의 원소이고 y는 L_2의 원소$\}$이다. 다시 말하면, L_1L_2에 속하는 문자열들이 모든 가능한 조합으로 문자열 L_1을 선택하고 L_2에 속하는 문자열을 뒤따르게 하는 것에 의해서 형성된다. $L^0=\{\varepsilon\}$와 $L^i=LL^{i-1}(i\leq1)$을 정의하자. L^*로 표현되는 L의 크린닫힘(Kleene closure) 혹은 간단히 닫힘(closure)은 집합 $L^*=\bigcup_{i=0}^{\infty}L^i$이고, L^+라 표현되는 L의 양닫힘(positive closure)는 집합 $L^+=\bigcup_{i=1}^{\infty}L^i$이다. 다시 말하면, L^*는 L로부터의 임의의 수의 단어들을 연결하여 형성된 단어들을 나타낸다. L^+는 L^*와 마찬가지이지만 연결이 ε으로 정의된 빈입력(empty input)의 경우가 배제된다. L^+는 L이 ε을 포함하고 있을 때에만 ε을 포함하고 있음은 주의하자. 예를 들어, $L_1=\{10, 1\}$, $L_2=\{011, 11\}$일 때, $L_1L_2=\{10011, 1011, 111\}$이다.

또한, $\{10, 111\}^*=\{\varepsilon, 10, 11, 1010, 1011, 1110, 111, \cdots\}$이다. 그리고 만일 Σ가 알파벳이라면, 앞에서 언급한 바와 같이 Σ^*은 Σ에 속한 기호들의 모든 문자열을 나타낸다. 이러한 크린닫힘를 이용하여 알파벳 Σ에 대한 정규식과 이들 정규식이 나타내고 있는 집합들은 귀환적으로(recursively) 다음과 같이 정의된다.

1) $\varnothing$은 정규식이고 공집합을 나타낸다.
2) ε은 정규식이고 집합 $\{\varepsilon\}$을 나타낸다.
3) Σ에 속하는 각각의 a에 대하여, a는 정규식이고 집합 $\{a\}$을 나타낸다.
4) 만일 r과 s가 각각 언어 R과 S를 나타내는 정규식이라면, (r+s), (rs), (r*)는 각각 집합 $(R \cup S)$, RS, R^*를 나타내는 정규식이다.

만일 *가 연결이나 +보다 높은 우선순위를 가지고 있고, 연결이 +보다 높은 우선순위를 가지고 있다고 가정한다면, 정규식을 쓸 때에 괄호를 생략할 수 있다. 예를 들어서, $((0(1^*))+0)$은 01^*+0로 쓸 수 있다. 또한 rr^*같은 표현은 r^+와 같이 간략히 표현할 수 있다. 정규식 r과 r에 의해 표시되는 언어를 구별할 필요가 있을 때, 우리는 r에 의해 표시되는 언어를 $L(r)$로 사용한다. 혼란이 야기되지 않을 때에는 r을 정규식으로도 사용하고 정규식에 의해 표시되는 언어로도 사용한다.

예를 들어, 00은 $\{00\}$을 나타내는 정규식이다. $(0+1)^*$는 0과 1로 구성되는 모든 문자열을 나타낸다. 그래서 $(0+1)^*00(0+1)^*$은 적어도 두 개의 연속적인 0을 가지고 0과 1로서 나타나는 모든 문자열을 표시한다. 정규식 $(1+10)^*$은 1로 시작하고 두 개의 연속적인 0을 가지지 않는 0과 1로 나타나는 모든 문자열을 표시한다. 증명으로서, $(1+10)^i$가 두 개의 연속적인 0을 가지지 않음은 i에 관한 쉬운 귀납법이다. 또한 1로 시작하고 연속적인 0을 가지지 않는 주어진 어떤 문자열에 대하여, 그 문자열을 1과 10으로 나눌 수 있다. 일례로, 1101011은 1-10-10-1-1로 구분된다. 이렇게 구분되는 것은 그러한 문자열의 어떤 것도 $(1+10)^i$에 속한다는 것을 보여준다. 정규식 $(0+\varepsilon)(1+10)^*$은 두 개의 연속적인 0을 가지지 않더라도 0과 1로서 구성되는 모든 문자열을 표시한다.

또 다른 예제를 들어보면, $(0+1)^*011$은 011로 끝나는 0과 1로서 구성되는 모든 문자열을 표시한다. 또한 $0^*1^*2^*$는 임의의 개수의 0, 임의의 개수의 1, 그리고 임의의 개수의 2로서 구성되는 것을 표시한다. 이에 대응하는 유한오토마타는 [그림 1-8]로 표시할 수 있다. 이것의 특징은 빈 입력이 상태의 전이에 사용된 것인데, 이는 한 상태에서 언제든지 다른 상태로 전이될 수 있음을 의미한다. 이러한 유한오토마타를 비결정유한오토마타(Nondeterministic FA)라고 부른다. 또한 $00^*11^*22^*$은 $0^*1^*2^*$에 속하는 문자열 중에서 각 기호를 적어도 한 번 포함하고 있는 문자열을 표시한다. 우리는 $00^*11^*22^*$ 대신에 간단히 $0^+1^+2^+$를 사용할 수 있다.

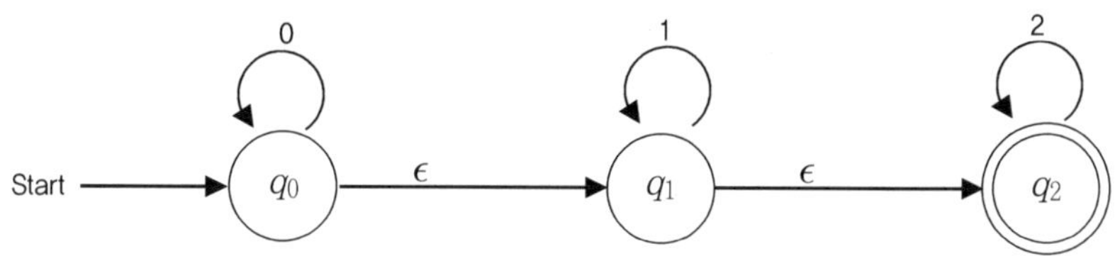

[그림 1-8] 비결정 유한오토마타

[표 1-2] 그림 1-8에 대한 $\delta(q, a)$

States	Inputs			
	0	1	2	ε
q_0	$\{q_0\}$	$\varnothing$	$\varnothing$	$\{q_1\}$
q_1	$\varnothing$	$\{q_1\}$	$\varnothing$	$\{q_2\}$
q_2	$\varnothing$	$\varnothing$	$\{q_2\}$	$\varnothing$

앞서 언급한 유한오토마타에 의해 받아들여진 언어가 정규식에 의해 표시되는 언어임을 보일 수 있다. 이것은 정규식으로 표시된 것을 유한오토마타로 재구성함으로써 가능하다.[23] 이러한 등가성은 유한오토마타로 처리되는 언어를 정규집합이라고 부르는 동기가 되었다.

이제까지 컴퓨터 시스템의 처리과정을 논리적으로 설명하기 위한 유한오토마타와 정규언어의 개념을 살펴보았는데, 이러한 개념은 소프트웨어의 설계에도 효율적으로 적용된다. 예를 들면, 고급언어를 기계언어로 번역하기 위한 컴파일러의 한 부분인 어휘분석기(lexical analyzer)에서 프로그래밍 언어의 토큰(token)을 정규집합으로 표시한다. 프로그래밍 언어 중 ALGOL에서 변수표현(identifier)은 대소문자 다음에 길이에 제한이 없는 문자들과 숫자들이 다음과 같이 표현된다.

$$(\text{letter})(\text{letter}+\text{digit})^*$$

letter는 영어의 대문자 및 소문자를 의미하며, digit는 0에서 9까지의 숫자를 의미한다. 다른 예로, FORTRAN에서 변수표현 길이가 6자리, 문자는 대문자, 기호는 \$로 제한되어 있으며 다음과 같이 표현된다.

$$(\text{letter})(e+\text{letter}+\text{digit})^5$$

여기서 letter는 기호 \$를 포함하여 영어의 대문자를 의미한다.

대부분의 어휘분석 발생기는 토큰을 서술하는 정규표현의 나열을 입력으로 취하고 어느 특정한 토큰을 인식하는 하나의 유한오토마타를 표의 형식으로 만들어내게 된다.

5. 언어와 정보처리

5.1. 인간의 정보처리

인간의 사고는 마음의 표상구조와 연산절차에 의해 이해된다고 한다. 따라서 표상구조와 연산절차라는 측면에서 보면 언어와 사고는 많은 공통점을 가지고 있어, 언어가 사고의 필수적인 요소가 아니라 하더라도 최소한 사고방식에 결정적인 영향력을 끼칠 가능성은 있다.

최근 심리학에서는 인간의 지식은 정보의 단순한 축적이 아니라 논리, 규칙, 개념, 추론, 상, 연결망 등과 같은 심적 표상(mental representation)들로 이루어져 있으며, 이 심적 표상에 작용하는 심적 연산절차를 통해 사고나 행동이 이루어진다고 가정한다. 이러한 관점에서 인간의 사고는 마음의 표상구조와 연산절차에 의해 이해될 수 있다. 예를 들어 우리가 요리를 할 때의 과정을 고려하면 심적 표상과 연산절차의 관계를 좀더 쉽게 이해할 수 있다. 요리를 위해서는 엄선된 재료가 필요하고 이 재료를 요리할 수 있는 조리법이 필요하다. 이때 재료에 해당되는 것이 심적 표상이라면 조리법은 연산절차라고 볼 수 있다.

컴퓨터 프로그램의 경우도 자료구조와 알고리즘(algorithm)으로 이루어져 있는데, 자료구조는 여러 가지 형태구조를 가질 수 있고 알고리즘은 이를 처리하기 위한 기계적 절차이다. 이러한 관점에서 보면 인간의 언어 또한 일련의 표상구조와 연산절차의 상관관계라는 점을 알 수 있다. 이런 점에서 언어는 물리적 기호(sound, gesture, mark on paper 등)를 가지고 의미를 표현하는 체계라고 할 수 있다.

이와 같은 정보처리체계는 정보를 기호형식으로 나타내는 장치를 말하는데, 이때 기호표상이 새로운 표상을 만들기 위해 조작되고 변형될 수 있다는 점에서 정보처리체계는 연산적(computational) 성격을 갖는다. 이 점이 바로 언어의 법칙성(regularity)과 생산성(productivity)을 반영한다.[24] 따라서 인간의 마음은 자극에서부터 정보를 인출(retrieval)하고, 이를 상징화하여 조직하고 처리하며 상징구조로 저장하는 한편, 저장된 정보를 활용하여 처리결과를 산출하는 일련의 시스템으로 볼 수 있다.[25]

인간의 이러한 정보처리체계를 좀더 구체적으로 살펴보자. 예를 들어 외부에서 들어온 자극정보는 감각저장소라는 곳에 일단 등록된다. 이 감각저장소에 있는 자극정보 내용들은 곧 단기기억(STM, short-term memory) 장소로 넘겨진다. 여기에서 정보내용 가운데 어떤 것은 능동적인 구성과 부호화 과정을 거쳐 장기기억구조(long-term storage)에 영구적으로 저장된다. 단기기억의 정보가 의미를 갖기 위해서는 장기기억 내의 정보와 비교되어 해석되어야 하는데, 이 과정을 패턴인식(pattern recognition)이라고 부른다. 패턴인식을 위해서는 장기기억으로부터 자극과 관련된 정보가 단기기억 내로 인출되어야 한다. 이와 같이 정보처리적 인지심리학은 인간의 인지과정을 중심으로 작업을 수행해 나가며, 여기에 주도적 역할을 한 것이 언어학과 컴퓨터 과학이었다.

■ 마음의 구조와 정보처리의 개념

인간의 마음은 어떠한 모습을 띠고 있으며 어떻게 작용을 할까? 심리학에서는 이러한 조건을 찾고, 거기에서 마음이 어떻게 그 모습을 드러내는가를 끊임없이 연구해 왔다. 이때 마음을 드러나게 하는 조건들을 자극(stimulus)이나 입력(input)이라 하고, 이에 마음이 작용하여 마음의 본질이 밖으로 드러난 형태를 반응(response), 또는 출력(output)이라고 한다면, 우리는 자극과 반응, 또는 입력과 출력 사이의 관계에서 마음의 내용을 추론할 수 있다. 이때 마음(M)을 어떠한 입장에서 바라볼 것인가가 중요하다. 과학으로서 심리학이 출발한 이래, 여러 가지의 서로 다른 접근방법들이 제기되었고 그에 따라 상이한 '마음의 모델'이 제시되었다.[26]

✔ 행동주의 심리학

이러한 접근방법 중에서 1960년대까지 중요한 위치를 차지해 온 것은 행동주의 심리학이었다. 행동주의 심리학은 마음을 기계적인 자극과 반응의 중계장소일 뿐이라고 생각했다. 즉, 다음 그림에서처럼 마음을 수동적인 스위치 연결장소로 간주했다.

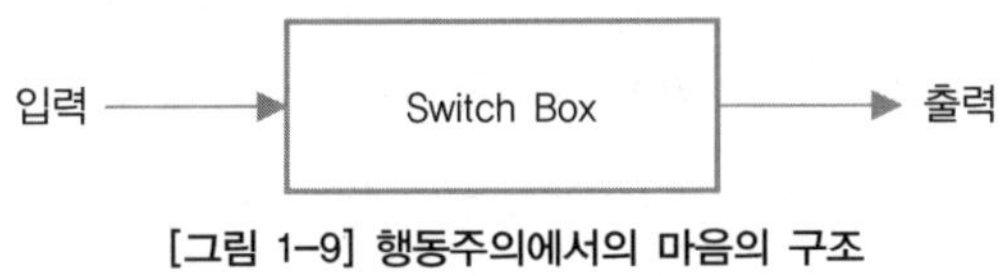

[그림 1-9] 행동주의에서의 마음의 구조

이러한 입장은 근원적으로 마음의 본질을 추론하기 위해 실증적인 입장을 너무 강조한 나머지 본래 심리학의 목표인 마음의 본질을 배제하고 입력과 출력의 관계에만 집착한 결과라고 볼 수 있다.

✔ 정보처리적 인지심리학

정보처리적 인지심리학은 행동주의 심리학과는 달리 현실적인 인간의 마음의 구조와 작용을 반영하는 시각을 중시한다. 즉 이들은 입력과 출력 사이에 어떠한 심리적 과정이 일어나기에 이러한 연결이 가능하게 되는가에 관심을 갖는다. 다시 말하면 마음의 내용에 대한 추론 및 설명의 필요성을 강조한다. 따라서 그들은 마음을 정보처리체계(IPS, Information Processing System)로 간주한다. 자극에서부터 정보를 추출하고, 이를 상징화하여 조직하고 처리하며 상징구조로 저장하고, 저장된 정보를 활용하여 처리결과를 산출하는 일련의 시스템을 가정한다.

정보처리 이론은 한 걸음 더 나아가서 마음이라는 정보처리체계를 여러 개의 처리구조(structure)와 과정(processes)의 통합체로 본다. 처리구조라는 개념은 대체로 정보처리체계 내의 구성요소를 지칭하는데, 물리적 구성요소라기보다는 기능적 구성요소를 의미하는 것이다. 이것은 정보처리과정에서 어떤 한 시점 또는 단계에 개인이 지니고 있는 정보, 즉 표상의 상태에 의해 규정되는 추상적인 구성요소라고 정의할 수 있다.[27]

처리과정이란 이러한 구성요소 내의 기능, 또는 구성요소들 간의 정적 또는 동적 관계성을 의미하며 이러한 것들이 심적 조작(mental operations)으로서 실제로 구현되는 것을 가리킨다. 즉 구성요소에 근거해 정보, 즉 표상이 실제로 처리되는 활동을 말한다. 이러한 처리과정의 대표적 예는 부호화(encoding), 저장, 인출, 반응산출(response production) 등의 과정이 있다. 이러한 구조들과 처리과정의 개념을 사용하여 정보처리적 시각의 모델을 다시 표현하면 다음과 같다.

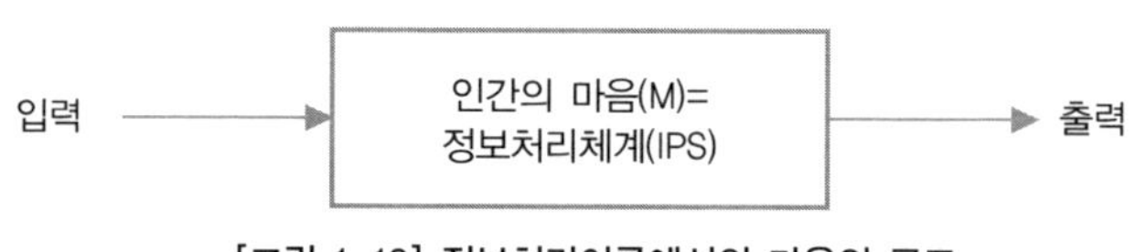

[그림 1-10] 정보처리이론에서의 마음의 구조

✔ 신경이론에서의 마음의 구조

신경과학에서는 마음의 구조를 수많은 분석기나 모듈(module)의 집합으로 간주한다. 코노르스키(Konorski)와 마틴달(Martindale)에 따르면 이 모듈은 모두 동일한 방식으로 구성되는데, 각각은 여러 개의 층을 가지고 있으며, 각 층은 다시 수많은 마디를 갖는다.[28] 이때 각 층은 얇은 막의 피질과 유사하게 작동하는 이차원의 판과 같다고 생각할 수 있다. 각기 다른 층에 있는 마디 사이의 수직적 연계는 거의 항상 흥분적인 반면, 동일한 층에 있는 마디 사이의 외측연계는 거의 항상 억제적인 것이 특징이다. 그리고 수직적 연계와 외측연계는 모두 일반적으로는 양방향적이다. 다시 말해 마디 A가 마디 B에 연계되어 있으면, B도 A에 연계되어 있기가 십상이다. 이러한 연계의 강도가 반드시 동일할 필요는 없으며, 실제로도 동일하지 않은 것이 일반적이다. 수직적 흥분성과 외측 억제성 배열을 상정하는 한 가지 이유는 그렇게 하는 것이 대뇌피질의 배선구조와 유사하기 때문이다.[29]

■ 언어처리의 구조와 과정

✔ 지각의 과정

우리는 일상생활에서 엄청난 양의 자극정보를 접하고 있다. 책상 위에는 컴퓨터가 있고, 전화기에서는 전화벨이 울리고, 문밖의 노크소리, 그리고 벽에 걸린 칠판과 그림들… 그렇다면 우리는 이러한 자극정보를 어떻게 인식하는 것일까? 정보처리이론에 따르면 정보가 우리 몸에 입력되면 먼저 감각등록기(sensory registers)라는 곳에 일단 모두 저장된다. 감각등록기에 들어온 정보는 매우 짧은 시간 동안 머무르다가 곧 없어지거나 다음 단계로 넘어가므로 일종의 정보 대기실이라 할 수 있다.[30] 감각등록기에 저장될 수 있는 정보의 양에는 제한이 없지만 우리가 곧바로 회상해낼 수 있는 정보량은 제한되어 있다. 이렇게 방금 경험한 것을 즉각적으로 기억할 수 있는 기억한계를 즉각 또는 단기기억의 폭(span of memory)이라고 한다.

신경회로망이론에서는 지각의 과정을 신경세포의 활성화로 이해한다. 즉, 지각은 적극적 반응으로, 복사판이나 시각 이미지를 두뇌에 전달하는 것이라기보다는 기존에 존재하는 신경세포의 활성화를 수반하는 것으로 이해한다. 따라서 지각은 세상에 대한 모형을 구성하는 것이다. 지각은 집합을 활동케 하는 것이다. 지각적 패턴인식을 설명하기 위해서는 외부자극으로부터의 정보가 어떻게 신경세포와 접촉하게 되는 것인지를 설명해야만 한다.

예를 들어 어떻게 사람은 'B'라는 문자와, '강아지'라는 단어, 또는 '친구의 얼굴'을 패턴인식하고 그 의미를 아는 것일까? 어떻게 망막 위의 한 시각패턴은 '저것은 우리 개야'라는 반응을 초래하게 될까? 우리가 지각을 마디의 활성화로 이해한다면, 우리는 '할아버지' 마디 또는 신경집합이 있다고 자연스럽게 말할 것이다. '할아버지' 마디란 우리가 할아버지를 패턴인식할 때 활성화되는 신경세포의 집합을 말한다. 어떻게 할아버지를 패턴인식하는가 하는 문제를 고찰하기에 앞서 우리에게는 먼저 어떻게 볼 수 있는가에 대한 정보가 필요하다.[31]

한편 크레익과 록하트(Craik & Lockhart)에서는 자극은 서로 다른 깊이로 분석될 수 있다고 한다.[32] 즉, 얕은 처리과정은 감각분석기의 마디의 활성화와 대응되는 반면, 중간수준의 처리과정은 지각분석기의 활성화 정도에 따라 깊이의 수준이 정해진다. 예를 들어 우리가 처음 접하는 외국어를 들을 때, 하나도 이해할 수 없는 이유는 무엇일까? 그것은 외국어의 세부특징, 즉 음소나 음절 수준의 단위 정도는 우리 뇌에서 활성화되지만, 단어는 하나도 활성화되지 않기 때문이다. 그러나 반대로 모국어를 들을 때는 매우 자연스럽게 모든 말을 이해할 수 있는 이유는 단어수준의 단위를 포함한 모든 수준의 단위가 활성화되기 때문이다. 이것은 처리과정의 깊이의 차이에서 온다. 보다 깊은 처리과정에는 다른 유형의 분석기, 즉 개념분석기(conceptual analyzer)를 상정해야 한다. 이 분석기는 감각과 지각보다 더 추상화된 심적 처리과정을 다룬다.

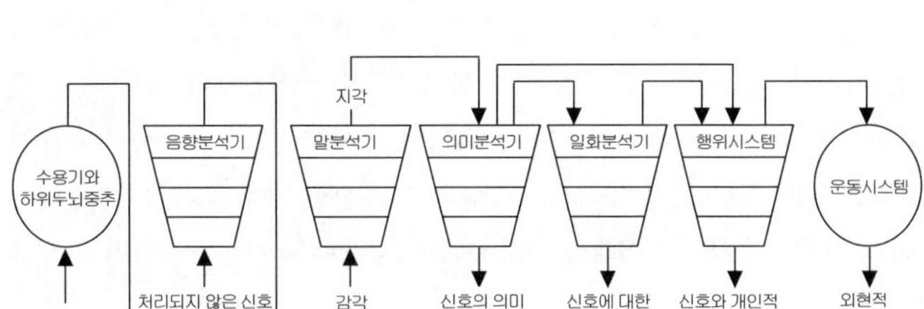

[그림 1-11] 인지과정 모형도

개념분석기는 지각분석기의 최상수준으로부터 입력을 받아들인다. 이 입력은 지각분석기의 경우와는 달리 개념분석기의 최하수준에 있는 마디로 가는 것이 아니라 최상수준에 있는 마디로 전달된다. 지각은 소수의 세부특징에 근거하여 수많은 사물들을 패턴 인식하는 것이다. 개념분석기에 의해서 수행되는 이해는 수많은 개념이나 관념으로부터 소수의 기본적인 개념적 세부특징들을 추출하는 것이다. 예를 들어 여러분이 소설을 읽을 때 일어나는 사건들을 생각해보자. 인쇄된 단어의 지각적 세부특징을 부호화하는 적은 수의 단위가 상당히 많은 개념적 단위들을 활성화시키는 반면, 이러한 개념적 단위들은 궁극적으로 소수의 개념적 세부특징만을 활성화시킨다. 예를 들어 '전형적인 애정이야기' 마디라든가 '악당에게 속아넘어간 주인공' 마디 등이 여기에 속한다.[33]

✔ 지식과 표상

패턴인식은 달리 말하면 우리의 기억 속에서 입력된 감각자극과 대응되는 정보를 찾아내는 과정이라고 할 수 있다. 우리의 정보처리기관이 막 입력된 감각정보를 우리가 이미 익히 알고 있는 기억 속의 정보와 대조함으로써 입력자극에 포함된 사물을 지각할 수 있게 된다는 것이다. 이와 같은 가정에 의하면 현존 자극의 지각적 구조를 그대로 유지하고 있는 지각표상 (perceptual representation)과 이에 대응하는 기억표상이 각각 존재해야 한다. 기억정보를 표상하는 방법으로 명제론자와 심상론자의 견해를 들 수 있다. 명제론자는 모든 정보가 추상화되어 명제양식으로 표상된다고 주장하지만, 이에 반해 심상론자는 지각내용과 유사한 구조를 갖고 있는 아날로그 양식의 표상, 즉 심상(mental image 또는 imagery)이 존재한다고 믿고 있다.[34]

전산과학의 주된 연구과제 가운데 하나는 컴퓨터에서 정보를 어떤 방식으로 표상할 것인가 하는 문제였으므로, 정보표상 문제는 전산과학을 중심으로 크게 발전하기도 했다. 그리고 1960년대에 지식표상 문제에 관심을 갖고 있던 인지심리학자들은 전산과학자들이 사용하던 표상에 관한 기초 개념들을 많이 빌려다 쓰기도 했으나, 인지심리학이 발달하면서 인지심리학에서 표상에 관한 기본개념을 전산과학에 역수출하기도 하였다. 오늘날 이러한 분위기 속에서 인간의 지능을 닮은 인공지능을 개발하기 위해 컴퓨터가 이용되고, 인간의 지식표상 원리를 이해하여 그것을 컴퓨터에 응용하려는 움직임이 일게 된 것이다.[35]

5.2. 컴퓨터의 정보처리

컴퓨터는 주어진 문제의 해결방법, 즉 알고리즘(algorithm)을 구현한 프로그램을 수행하는 시스템이다. 그리고 컴퓨터언어는 알고리즘을 표현하는 데 필요한 계산논리와 관련된 수식의 표현을 가능하게 하여주는 도구로서 컴퓨터가 이해할 수 있는 기계어로 변환하는 과정의 복잡 정도에 따라 여러 수준으로 분류된다. 이러한 컴퓨터언어는 매우 논리적이며 이의 기반은 앞서 기술된 논리학의 형식언어와 그 맥을 같이한다. 다른 한편으로 컴퓨터의 정보처리 기능은 논리적으로 유한오토마타로 설명된다. 그리고 이러한 유한오토마타로 처리할 수 있는 언어를 정규언어라고 부른다. 이제부터 컴퓨터의 정보처리 개념과 구조, 컴퓨터의 소프트웨어, 컴퓨터의 조직, 유한오토마타, 그리고 정규언어에 대하여 살펴보고자 한다. 먼저 컴퓨터의 정보처리 개념과 구조를 살펴보자.

■ 컴퓨터의 정보처리 개념과 구조

컴퓨터를 사용하는 주된 목적은 무엇보다도 자료를 빠르고 효율적으로 처리하기 위한 것이다. 그 결과 정보가 보다 완전하고, 정확하며, 시간 내에 처리되며, 경제적이며 일관성이 있기를 원한다. 이러한 관점에서 컴퓨터는 입력으로 '자료(data)'를 받아들이고, 처리하여서 출력으로 '정보'(information)를 내보내는 것이라 할 수 있다. 여기서 자료는 처리되지 않은 모든 것이 될 수 있으며, 정보는 자료를 처리하여 사용자에게 체계적이며 의미가 있는 것으로 변환된 형태라 할 수 있다.

따라서 '정보처리(information processing)'는 자료를 처리하여 의미가 있는 정보를 만들어내는 일련의 과정이라 할 수 있으며, 이 과정은 컴퓨터언어로 작성된 프로그램(program)에 의하여 제어된다. '컴퓨터 시스템'(computer systems)은 이러한 정보처리를 수행하는 것이다(그림 1-12 참조).

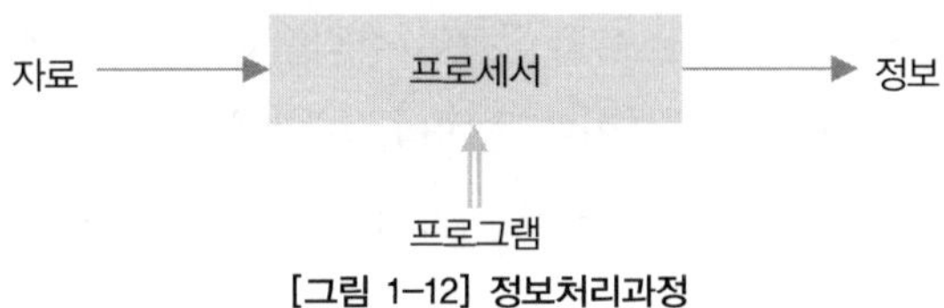

[그림 1-12] 정보처리과정

그러면 컴퓨터 시스템의 구조는 어떻게 구성되었을까? 컴퓨터 시스템의 기본적인 구조는 폰 노이만(Von Neumann)에 의하여 제안되었는데, 그 구조는 '중앙처리장치(central processing unit)'와 '메모리(memory)'를 자료통로인 '버스(bus)'로 연결한 형태이다. 이러한 형태가 된 기본적인 개념은 어떤 문제를 풀고자 할 때 순차적인 해결방법, 즉 알고리즘이 있다고 가정하면 초기조건으로부터 해결에 이르는 여러 단계의 상태(state)를 가정할 수 있으며, 문제를 푸는 과정은 초기조건에서 시작하여 현 상태에서 다음 상태로 넘어가는 과정을 되풀이하는 것이라 할 수 있다. 이러한 과정을 상태전이도표(state transition diagram)로 표시할 수 있으며 이것을 논리적으로 '유한오토마타'의 개념으로 설명할 수 있다. 여기에서 필요한 것은 상태를 기억하기 위한 메모리와 현 상태에서 다음 상태로 넘어가기 위한 처리이다. 또한 컴퓨터가 동작하기 위하여 먼저 문제해결 과정이 컴퓨터의 메모리에 저장되어 있어야만 한다. 이러한 이유로 컴퓨터를 '저장프로그램장치(stored-program device)'라고 부른다.

따라서 컴퓨터에서 가장 중요한 두 가지 요소는 현재의 계산된 상태와 문제해결 과정과 관련된 명령문을 기억하기 위한 메모리와 주어진 명령을 처리하기 위한 중앙처리장치(CPU, central processing unit)이다. 또한 이 두 가지 요소 이외에 외부로부터 자료 및 프로그램을 메모리로 입력시키기 위한 입력장치, 그리고 컴퓨터에서 계산되어 메모리에 저장된 결과를 출력하기 위한 출력장치가 필요하다. 표준적인 입력장치에는 키보드(key- board)가 있으며, 마우스(mouse), 바코드입력기(bar-code reader)도 이에 속한다. 그리고 컴퓨터 스크린(screen)은 표준적인 출력장치이다. 출력을 문서로 인쇄하기 위한 프린터(printer)도 이에 속한다. 이밖에 자료 및 프로그램을 파일(file) 형태로 영구히 보존하기 위한 이차저장장치(secondary storage device)도 필요하다.

따라서 컴퓨터 시스템은 앞서 기술한 컴퓨터의 구성요소들이 자료를 전달해 주는 버스로서 서로 연결된 구조를 보인다. [그림 1-13]은 구성원들의 연결을 보여주는 그림이다.

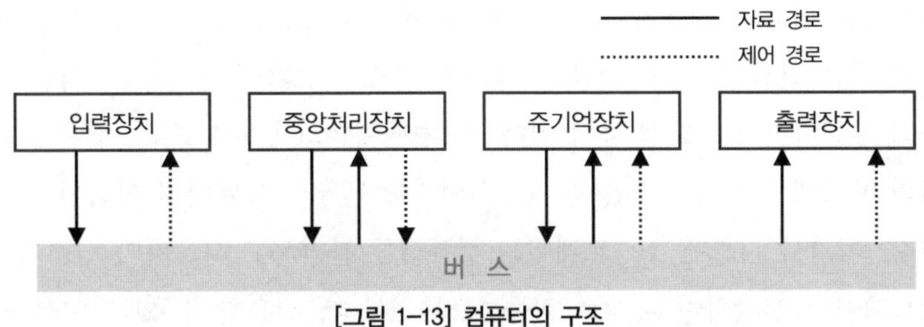

[그림 1-13] 컴퓨터의 구조

이와 같이 버스로 각 요소가 연결되어 있는 체계가 일반적이다. 그러나 다른 설정도 가능하다. 각 박스 사이의 화살표는 정보의 흐름을 나타낸다. 여기서 자료나 명령문의 흐름은 실선으로 표시되고 제어신호의 흐름은 점선으로 표시된다. 앞서 기술한바와 같이 정보는 각 요소와 요소 사이를 잇는 다발의 전선인 버스를 통해서 전달된다. 그리고 명령문의 수행은 중앙처리장치와 주 메모리에서 이루어진다.

[그림 1-13]에서 알 수 있는 것처럼 중앙처리장치가 다른 구성요소를 제어한다. 다른 한편으로 중앙처리장치는 프로그램에서 주어지는 명령문에 의하여 제어된다. 따라서 컴퓨터의 하드웨어를 구동하는 것은 결국 소프트웨어라고 할 수 있다. 그러면 다음에 컴퓨터의 소프트웨어의 개념에 대하여 알아보자.

✔ 컴퓨터의 소프트웨어

컴퓨터의 하드웨어를 구동하는 프로그램들의 모임을 소프트웨어라고 일컫는다. 소프트웨어는 다음과 같이 크게 두 가지 그룹으로 나누어진다.

- 어플리케이션 소프트웨어(applications software)
- 시스템 소프트웨어(systems software)

어플리케이션 소프트웨어는 사용자가 특정한 목적에 맞도록 편리하게 컴퓨터를 이용 가능하게 해준다. 어플리케이션 소프트웨어의 예로서는 흔글과 같은 편집기, 각종 계산 프로그램, 각종 자료기반 프로그램, 각종 컴퓨터 통신관련 프로그램 등이 있다. 이러한 어플리케이션 프로그램은 사용자의 용도에 맞도록 편의성을 제공하며 시스템 소프트웨어에 의하여 관리된다. 여기서 시스템 소프트웨어는 컴퓨터를 관리하고 사용자의 명령어를 하드웨어로 전달하여 제대로 작동하도록 하는데 필요한 소프트웨어를 일컫는다. 이러한 소프트웨어 중 가장 중심적인 역할을 하는 소프트웨어를 운영체제(operating system)라고 부른다. 운영체제는 하드웨어를 사용 가능케 하는 시스템 프로그램이다. 모든 일반 목적 컴퓨터 시스템은 하드웨어와 운영체제 모두를 갖고 있다. 일반적인 상업 운영체제로는 MS-DOS, MacOS, UNIX 그리고 UMS 등이 있다. 불행히도 각 운영체제는 각각의 명령어 체계를 가진다. 운영체제는 일반적으로 다음의 세 가지 기능이 있다.

- 파일 관리(file management)
- 메모리 관리(memory management)
- 실행자 관리(processor management)

이 세 가지 중 사용자에게 가장 보이는 것은 파일 관리 기능이다. 새 컴퓨터 사용자가 가장 먼저 배워야 하는 것은 운영체제에 있는 정보의 파일을 처리하는 법이다. 운영체제 안의 파일은 사무실에 있는 파일과 비슷하다. 그것들은 요구되었을 때 실행되고 찾아볼 수 있는 정보들을 가지고 있다. 사무실에서는 캐비닛이 파일을 저장하는 반면 운영체제에서는 주변의 저장장치가 파일을 저장한다. 이러한 저장장치로 비록 테이프와 디스크가 파일을 저장할 수 있지만 주로 디스크에 저장한다. 메모리는 컴퓨터의 중요한 재원 중의 하나이다. 앞서 기술한 바와 같이 컴퓨터의 모든 프로그램은 실행되기 전에 먼저 메모리에 저장되어야 한다. 따라서 운영체제에서 각 프로그램에 대하여 메모리의 어떤 장소에 저장될 것인가가 결정된다.

이것은 특히, 컴퓨터에서 여러 개의 프로그램을 동시에 수행하는 경우, 즉 다중임무수행(multitasking)에서 매우 중요하다. 이를 위하여 메모리는 정해진 혹은 가변의 크기로 나누어지고 이것을 메모리 분할(memory partition)이라고 부른다.

여기서 운영체제는 각 프로그램을 정해진 메모리 분할에 할당하여 저장하게 된다. 일단 메모리에 여러 개의 프로그램이 저장된 후 실행자(일반적으로 하나의)에서 수행되는데 이때 어떤 프로그램을 언제 할 것인지가 중요하게 된다. 운영체제는 각 프로그램에 대한 실행계획을 세우고, 순서에 따라 각 프로그램을 할당된 시간만큼 실행자에서 수행한 후 수행한 결과를 저장하고 다음 프로그램을 수행하게 된다. 이러한 실행자의 관리방식과 앞서 설명한 메모리의 관리방식은 컴퓨터의 전체시스템의 효율에 큰 영향을 준다. 따라서 같은 하드웨어라고 하더라도 운영체제의 관리방식에 따라 전체 컴퓨터 시스템의 성능에 차이가 나게 된다. 그러면 지금까지 기술한 컴퓨터의 하드웨어와 소프트웨어는 서로 어떻게 관련되어 있을까? 다시 말해서, 컴퓨터의 전체적인 조직의 개념은 다음에서 설명하는 추상화의 단계로 설명되어질 수 있다.

✔ 컴퓨터의 조직

컴퓨터의 조직은 추상화의 단계(level of abstraction)의 개념으로 설명할 수 있다. 이러한 추상화의 단계의 개념은 다음과 같은 의미를 갖는다.

- 사물의 본질을 나타내기 위한 디테일의 억제
- 외형 구조
- 명령어 체인을 통한 의무 분할
- 보다 작은 시스템을 만들기 위한 시스템 하부 분할

이러한 개념의 예로서 자동차를 들 수 있다. 컴퓨터 시스템과 마찬가지로 자동차도 사람이 만든 것이다. 자동차는 엔진, 변속 장치, 전자 시스템,

냉각장치, 그리고 축으로 구성되어 있다. 자동차의 각 부분은 하부 분할되어 있다. 다른 것들과 마찬가지로 전자 시스템은 배터리, 헤드라이트, 그리고 전압기로 이루어졌다. 사람들은 자동차를 서로 다른 레벨과 연관시킨다. 가장 높은 레벨은 운전자이다. 운전자들은 자동차를 작동시키는 법─시동, 가속, 브레이크 사용─을 알고서 일을 수행한다. 그 보다 한 단계 낮은 레벨은 정비공들이다. 그들은 운전자들보다 자동차 내부에 대해선 더 잘 안다. 그들은 오일과 점화기를 어떻게 바꾸는지도 안다. 그러나 실제로 자동차를 운전하는 데는 필요 없는 지식이다.

한 단계 더 낮은 레벨은 마스터 정비공들이다. 그들은 엔진을 완전히 들어내서 고치고 다시 장착할 줄 안다. 그들은 단지 엔진오일을 교환하는 데 있어서 이런 기술을 필요로 하진 않는다. 같은 맥락에서 컴퓨터 시스템도 서로 다른 많은 레벨과 연관짓는다. 컴퓨터를 사용하는 데 있어서 모든 레벨을 이해할 필요는 없다. 자동차를 운전하기 위해선 꼭 정비공일 필요가 없듯이 워드 작업을 하기 위해 꼭 노련한 프로그래머일 필요가 없다는 것이다. 여기서 컴퓨터 시스템의 추상화의 단계는 [그림 1-14]와 같다.[36]

특정한 일을 수행하기 위한 프로그램은 [그림 1-14]의 어떤 레벨에서도 작성할 수 있다. 자동차의 예에서처럼 어떠한 레벨에서 프로그램을 짜는 사람은 다른 낮은 레벨의 언어를 알 필요가 없다. 컴퓨터가 발명되었을 때는 레벨 1과 3밖에 없었다. 사람은 기계레벨에서 기계어를 사용해서 프로그래밍함으로써 기계와 의사소통을 했다. 기계어는 기계에게는 효과적이지만 프로그래머에게는 지루하고 불편하다. 레벨 5의 어셈블리어가 프로그래머를 돕기 위해 개발됐다. 초기의 컴퓨터는 크고 비쌌으며 한 프로그래머가 컴퓨터를 독점하면 나머지는 기다릴 때 많은 시간 소비가 있었다. 점차로 레벨 4의 구동시스템이 개발되면서 동시에 많은 사용자들이 컴퓨터를 사용할 수 있게 되었다. 요즘의 마이크로 컴퓨터들은 사용자가 한 사람뿐이더라도 프로그램과 데이터를 처리하기 위해서 필요하다.

초기에 컴퓨터 회사가 새 기종을 발표할 때마다 프로그래머들은 그 기종에 맞는 어셈블리어를 새로 배워야만 했다. 구 기종을 위해 작성했던 프로그램은 새 기종에선 작동하지 않았다. 레벨 6의 고급 언어는 약간의 변형만으로 다른 컴퓨터에서도 사용할 수 있도록 하기 위해서 개발됐다. 고급언어에서의 프로그래밍은 낮은 레벨 언어보다 쉬웠다. 컴퓨터 시스템의 유용성은 레벨 7의 어플리케이션 프로그램 개발에 박차를 가했다. 어플리케이션 프로그램은 임금 총액 계산, 문서 작성, 데이터 분석 같은 특정한 문제 해결을 하도록 작성된 것이다. 이것은 낮은 레벨의 세부사항들을 모르고서도 컴퓨터를 사용할 수 있게 해준다.

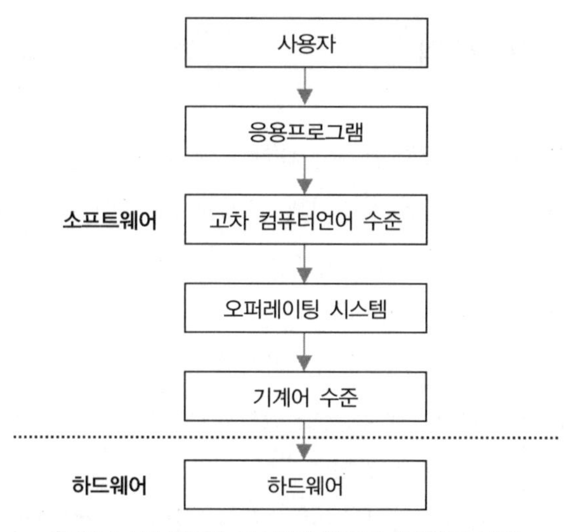

[그림 1-14] 컴퓨터 시스템에 있어서 추상화의 단계

가장 낮은 레벨 1은 로직 게이트라고 불리는 전자 부분들로 구성된다. 보다 높은 레벨로 발전해 가면서 로직 게이트 레벨 바로 위의 레벨은 디자이너들이 레벨 3의 기계를 만드는 데 유용했다. 레벨 2의 마이크로 프로그래밍은 현재도 레벨 3의 기계를 실행시키기 위해 사용된다. 레벨 2는 소형 계산기 발명에 큰 역할을 했다. 우리의 목적은 컴퓨터와 효율적으로 대화

하는 것이며 그렇게 하기 위해서는 언어를 배워야 한다. 높은 레벨의 언어는 낮은 레벨의 것보다 인간 지향적이고 이해하기 쉽기 때문에 개발된 것이다. 대부분의 사람은 다른 사람이 써놓은 프로그램을 사용함으로써 처음 레벨 7의 컴퓨터에 대해 배운다. 회사 임금 프로그램에 입력을 하는 사무원도 비디오 게임광들과 마찬가지로 이러한 종류다. 레벨의 하부로 내려갈수록 높은 레벨에선 볼 수 없던 자세한 부분이 선명히 보이기 시작한다. 컴퓨터 과학의 진수는 자세한 부분의 다양성에 있는 것이 아니라 그 개념들의 통일성에 있다.

6. 결론 및 토의

이 장에서는 언어란 무엇인가에 대해 살펴보았다. 언어의 정의는 어떻게 내릴 수 있으며, 언어와 상징과의 관계는 또 어떠한지, 언어와 사고의 상관성은 무엇인지, 그리고 언어를 어떻게 논리적으로 표현할 수 있는지에 대해서도 알아 보았다. 이와 더불어 정보처리의 구조와 과정을 인간과 컴퓨터를 비교하여 검토하기도 했다. 이러한 개념들은 모두 인간의 언어와 컴퓨터언어에 공통적으로 해당될 수 있는 기본적인 내용이기도 하다. 이를 간략히 정리해 보면 다음과 같다.

언어의 정의는 학파나 학자에 따라 매우 다양하고 언어학적 관점에 따라 다르지만, 몇 가지 보편적 속성들을 발견할 수 있다(① 언어기호의 자의성, ② 언어의 사회성, ③ 언어의 분절, ④ 언어의 생산성, ⑤ 언어의 체계, ⑥ 언어의 변화). 이러한 관점에서 보면 언어란 인간의 의사표현 및 의사소통의 가장 근본적인 수단이다.

그리고 언어는 의미전달을 위해서 상징체계가 필요하며 상징체계는 소리와 의미로 구성되어 있다는 점을 강조했다. 언어는 의미를 전달하기 위해서 상징을 사용하는데 동물에게서 사용되는 상징들은 대개 아이콘화되어 1차원적이거나 투명한 것들로 인간의 언어와는 차이를 보인다. 또한 인간 이외의 어느 동물도 사고한다는 것은 불가능하다. 우리가 하나의 세계를 그림으로 그린 다음 거기에 언어로 옷을 입힌다는 것은 사실이 아니며, 그 반대로 우리가 의사소통을 위하여 사용하는 세계를 언어가 그림으로 형상화시켜 준다고 보는 것이 더 그럴 듯하다.

컴퓨터언어에서도 상징의 역할은 매우 중요하다. 컴퓨터가 세계와 관련시켜 상징들을 해석할 수는 없지만 컴퓨터는 두 개의 상징적인 능력을 가진다. 컴퓨터는 상징들을 변형시키거나 기존의 상징들로부터 새로운 상징들을 구성하도록 상징들을 조작할 수 있다. 그리고 컴퓨터의 내적인 조작은 상징들에 의해 제어된다.

언어와 사고의 관련성도 그 실체를 파악하기는 매우 어렵다. 심리학자인 비커톤(Bickerton)은 동물은 단지 온라인사고(on-line thinking)만을 하지만 인간은 온라인사고와 오프라인사고(off-line thinking)를 모두 할 수 있는 두뇌의 구조를 갖고 있다고 한다. 그러면 인간은 어떻게 대상을 두뇌 속에 인식하여 사고할 수 있는가? 이에 대해 인지과학자 핀커(Pinker)는 기존의 지식으로부터 새로운 지식을 추론하는 것이 인간의 사고라고 정의하고, 사고 과정은 개념을 표상(representation)하는 것으로부터 시작된다고 설명하고 있다.

우리는 이 장에서 사고의 법칙이 바로 논리하고 말했다. 그리고 이러한 논리를 표시하기 위한 기본적인 수단은 바로 형식언어라고 했다. 즉, 사고는 언어의 표상과 관계가 있고, 표상을 설명하기 위해서는 논리가 필요하고, 논리를 이해하기 위해서 다시 형식언어가 필요하다는 말이다. 형식언어는 기호논리체계의 언어로서 자연언어 대신에 기호를 사용하여 하나의 체계를 이룬 것인데, 대표적인 유형들은 명제논리, 술어논리, 양황논리, 양상논리 등을 꼽을 수 있겠다.

컴퓨터와 논리성의 문제는 다시 말하면 논리적인 측면에서 컴퓨터 시스템이 어떠한 일을 수행하는가에 대한 물음이라고도 할 수 있다. 컴퓨터 시스템을 논리적인 관점에서 본다면 유한오토마타라는 개념으로 설명이 가능하다는 것이 우리의 주장이다. 그리고 이를 위해서는 정규언어라는 것이 도입되어야 하는데, 이것은 컴퓨터 시스템의 수행을 형식적으로 기술한 유한오토마타가 수행할 수 있는 명령문 즉, 이것들의 집합인 언어를 말한다.

최근 심리학에서는 인간의 지식은 정보의 단순한 축적이 아니라 논리, 규칙, 개념, 추론, 상, 연결망 등과 같은 심적 표상(mental representation)들로 이루어져 있으며, 이 심적 표상에 작용하는 심적 연산절차를 통해 사고나 행동이 이루어진다고 가정한다. 이러한 관점에서 인간의 사고는 마음의 표상구조와 연산절차에 의해 이해될 수 있다. 과거 행동주의 심리학에서는 마음을 기계적인 자극과 반응의 중계장소일 뿐이라고 생각했지만, 정보처리적 인지심리학에서는 행동주의 심리학과는 달리 현실적인 인간의 마음의 구조와 작용을 반영하는 시각을 중시한다. 따라서 그들은 마음을 정보처리체계(IPS, Information Processing System)로 간주한다. 자극에서부터 정보를 추출하고, 이를 상징화하여 조직하고 처리하며 상징구조로 저장하고, 저장된 정보를 활용하여 처리결과를 산출하는 일련의 시스템을 가정한다. 한편, 신경과학에서는 마음의 구조를 수많은 분석기나 모듈(module)의 집합으로 간주한다. 코노르스키와 마틴달에 따르면 이 모듈들은 모두 동일한 방식으로 구성되는데, 각각은 여러 개의 층을 가지고 있으며, 각 층은 다시 수많은 마디를 갖는다.

컴퓨터는 주어진 문제의 해결방법, 즉 알고리즘(algorithm)을 구현한 프로그램을 수행하는 시스템이다. 그리고 컴퓨터언어는 알고리즘을 표현하는데 필요한 계산논리와 관련된 수식의 표현을 가능하게 하여주는 도구로서 컴퓨터가 이해할 수 있는 기계어로 변환하는 과정의 복잡 정도에 따라 여러 수준으로 분류된다. 이러한 컴퓨터언어는 매우 논리적이며 이의 기반은 앞서 기술된 논리학의 형식언어와 그 맥을 같이한다.

제 2 장 언어는 어떻게 발전하였는가?

  인류의 발생에서부터 인간은 진화를 계속해왔고, 인간의 지능도 계속한 차원 높은 단계로 진화되어 오늘날과 같은 인간사회와 문화를 창조했다. 인간의 지능을 다른 동물의 지능과 구별시켜주는 가장 큰 특징은 문화창조의 기능을 갖는다는 점이다. 그리고 인간의 문화창조 가운데 가장 핵심적인 것은 언어라고 할 수 있다. 즉, 오늘날의 문화형성의 밑바닥에는 인간의 진화와 함께 인간언어의 진화가 내재되어 있다. 컴퓨터는 이름 그대로 계산기다. 마찬가지로, 컴퓨터의 계산능력은 날로 발전되어 인간의 계산능력을 앞서기도 하며, 점점 더 인간의 능력을 닮아가고 있다.

  합리적인 동물임을 자부하는 인간의 지능적 특징은 이성적 능력이며, 이성적 능력은 논리적 추리 능력을 말한다. 논리적 추리 능력의 기본은 연역적 추리이므로 만일 기계가 연역적 추리를 완벽히 구현한다면 인간을 꼭 닮은 인공지능이 탄생할 수 있을 법하다. 그러나 이처럼 컴퓨터의 계산능력이 극대화된다고 해서 인간의 지능을 컴퓨터가 그대로 대체할 수 있는 것은 아니다. 왜냐하면 인간의 능력은 이보다는 훨씬 크며, 인간의 추리에는 연역적 추리 이외에도 비약이라고 하는 비연역적 추리가 존재하기 때문이다.

  그러면 우리는 다음과 같은 질문을 할 수 있다. 컴퓨터도 비연역적 추리를 할 수 있는가? 또 로보트나 컴퓨터도 인간처럼 진화할 수 있는가? 이

질문에 대한 해답은 컴퓨터언어와 인간언어의 상관성에서 찾을 수 있다. 인간의 지능은 진화된 것이지만 로보트와 같은 인공지능은 설계된 것이다. 이러한 차이에도 불구하고 설계된 인공지능이 발전해 가는 과정을 일종의 '진화'라고 할 수 있다면 그것은 가능한 일이다. 인간의 언어처럼 컴퓨터의 언어도 발전되고 진화될 수 있는 것이다.[1] 컴퓨터가 발명된 지는 그리 오래되지 않았지만 컴퓨터언어의 발달과정은 인간언어의 발달과정과 맥락을 같이 하고 있다. 가장 기본적인 단어에서 출발한 인간언어가 오늘날 매우 복잡한 문장구조를 형성해 내기까지의 진화과정은, 마치 단순한 숫자조작의 계산기에서 출발한 컴퓨터언어가 오늘날 인공지능 컴퓨터로 발전하기까지의 진화과정과 매우 유사한 점이 많다. 따라서 인간의 지능을 닮은 컴퓨터 구현의 첫걸음은 인간언어를 닮은 컴퓨터언어를 구축하는 것이고, 이를 위해 인간의 언어가 갖고 있는 진화의 메커니즘을 밝혀 이를 컴퓨터언어에 실현시키는 작업이 필요한 것이다.

1. 자연언어의 발전과정

언어의 역사는 곧 인류의 역사라는 말이 있다. 이것은 그만큼 인간에게서 언어가 중요하다는 것을 의미한다. 인류학자에 의하면 인간의 역사는 적어도 1백만 년 내지 2, 3백만 년이 된다고 한다. 그렇다면 인간 언어의 역사도 대략 그 정도가 되지 않을까? 그러나 인간의 최초 조상 때 어떤 형태의 언어가 있었는지는 정확히 알 수 없다. 가장 오래된 문자의 기록은 기원전 4천 년 경의 수메리안 비문으로 약 6천 년의 역사밖에 되지 않지만, 구어는 훨씬 이전부터 사용되었을 것이다.

언어의 기원에 대한 연구는 오래 전부터 진행되어 왔지만, 19세기를 전후하여 자연과학적인 사상이 대두되면서 본격화 되었다고 볼 수 있다. 특

히 다윈(Darwin)의 『종의 기원』이 세상이 나오면서 인간 자체를 보는 시각
이 창조론에서 진화론으로 급선회한 것도 언어의 기원에서는 매우 중요한
전환점이라고 할 수 있다. 이후 다시 활발해지기 시작한 언어의 기원에 대
한 논의도 인간언어의 진화 과정을 밝히는 데 집중되었다. 인간의 언어는
인간 스스로에 의해서 만들어졌으나, 한꺼번에 만들어진 것이 아니라 아주
긴 세월에 걸쳐서 조금씩 만들어졌다는 것이다. 말하자면 언어 기원의 문
제도 철학적인 방법이 아닌 과학적인 방법으로 접근하게 된 것이다.[2]

　최근 이성주의에 바탕을 둔 생성문법이 등장하면서 인간은 태어나면서
부터 누구나 생득적으로 고유한 언어능력을 갖고 있다고 한다. 일부 학자
들은 동물에게도 의사소통을 위한 언어가 존재한다고 주장하며 꿀벌의 춤,
돌고래의 신호체계 등을 연구하기도 하지만, 아직도 언어야말로 인간과 동
물을 구분해 주는 가장 기본적이고 뚜렷한 척도라 하겠다.

　언어의 근본적인 속성은 이원성(duality)에 있다. 다시 말하면, 소리와
의미가 독립된 체계를 갖고 있다는 것이다. 따라서 언어의 발생은 의미체
계의 습득을 가능하게 하는 두뇌의 진화와, 음성체계의 실현을 가능하게
하는 발성기관의 진화와 밀접한 관계를 가지고 있다. 따라서 언어가 인간
의 생리학적 특성을 나타내기 때문에 언어기관의 진화를 조사해 보는 것은
의미 있는 일이다.

　이 장에서는 인간의 두뇌 조직이나 영역의 역할과 기능을 비교하는 한
편, 인간의 발성기관의 진화를 조사해 보면서 인간언어의 특성을 살펴보고
자 한다. 이러한 연구는 인간과 인간언어의 본질과 특징을 규명하고 자연
언어의 발전과정을 살펴보는 데 중요한 토대가 될 것이다.

1.1. 언어의 기원

인간은 과연 언제부터 언어를 갖게 되었을까? 언어라는 수수께끼에 대

한 해답은 나라마다 서로 다르다. 여러 나라의 신화에는 언어를 만들었다는 이야기가 담겨 있다. 예를 들어 이집트에서는 신(神) 토스(Thoth)가 언어를 만들었다고 주장하며, 바빌로니아 사람들은 나부(Nabû) 언어를 준 것이라고 한다. 그리고 인도의 신화에서는 세상을 창조한 신 브라마(Brahma)의 부인인 사라스바티(Sarasvati)가 언어를 만들었다고 한다.[3]

■ 신수설(神授說)

세상이 처음 시작되었을 때부터 신이 선물한 언어와 인간이 함께 존재했을 것이라는 생각은 헤브류 사람에게서도 발견할 수 있다. 구약성서 창세기에는 창조주인 신이 이 세상의 모든 들짐승과 새들을 만든 다음에 그가 창조한 첫 인간인 아담을 시켜서 그들에게 이름을 붙이도록 하는 장면이 나와 있다. 또한 잘 알려진 대로 창세기 11장에는 처음에 하나였던 인간의 언어가 신에 의해 지금처럼 여러 개의 말로 나누어지게 되었다는 그 유명한 '바벨탑'에 관한 이야기도 나온다.

① 하나님이 흙으로 온갖 들짐승과 새를 만들고, 아담이 어떻게 이름을 짓나 보시려고 그것들을 그에게 이끌고 가시니 아담이 각 생물들을 부르는 것이 바로 그 생물들의 이름이 되었다(창세기 2장 19절).

② 1. 온 땅에 하나의 언어와 하나의 말만 있더라. 2. 그들이 동쪽으로부터 여행을 하여 시날 땅에서 평원을 만나니 거기에서 거하였더라. 3. 그들이 서로 말하기를 '가서 벽돌을 만들어 단단하게 굽자.' 하고 그들은 벽돌로 돌을 대신하고 역청으로 회반죽을 대신하였으며 4. 또 그들이 말하기를 '가서 우리를 위하여 도성과 탑을 세우되 탑 꼭대기가 하늘에 닿도록 하여 우리의 이름을 내자. 그리하여 우리가 온 지면에 멀리 흩어지지 않게 하자.' 하더라 5. 주께서는 사람의 자손들이 세우는 도성과 탑을 보시려고 내려오셨더라. 6. 주께서 말씀하시기를 "보라, 백성이 하나요 그들 모두가 한 언어를 가졌기에 이런 일을 시작하였으니, 이제는 그들이 하기로 구상한 일은 아무것도 막을 수 없을 것이라. 7. 가자, 우리가 내려가서 거기에서 그들의 언어를 혼란시켜 그들이 서로의 말을 알아듣지 못하게 하자." 하시고 8. 주께서 그들을 그곳에서 온 지면에 다 멀리 흩으시니, 그들이 도성을 짓는 것을 그쳤더라. 9. 그러므로 그것의 이름

을 바벨이라 불렀으니, 이는 주께서 거기에서 온 땅의 언어를 혼란케 하셨음이
라. 주께서는 거기서부터 그들을 온 지면에 멀리 흩으셨더라(창세기 11장 : 1
절~9절).

언어가 신의 선물이라는 의식은 아마도 인간이 신과 이야기를 주고받으
려면 둘의 언어는 같아야 할 것이라는 생각에서 연유하지 않았을까? 16세
기에 바카누스(Bacanus, 1518~1572)라는 독일의 학자는 언어의 기원은 독
일어라고 주장했다. 그 근거로 그는 전능하신 신이 주신 언어는 완전한 언
어였을 것이고, 킴브리족(Cimbri, 게르민족의 한 부족)이 바벨탑을 만드는 데
참여하지 않았기 때문에 독일어는 완전한 언어라는 것이다. 그는 구약성서
도 독일어에서 히브리어로 번역된 것으로 보고 있다. 또한 17세기에 켐케
(Kemke)라는 스웨덴 사람도 신의 언어는 스웨덴어라고 주장한 것에서도
신수설을 엿볼 수 있다.

이러한 언어의 기원에 대한 호기심의 역사는 아주 오래된 듯하다. 희랍
의 역사가 헤로도투스(Herodotus)가 쓴 이집트 파라오 쌈메티쿠스(Psam-
metichus, B.C. 664~610)에 관한 이야기를 살펴보자. 여기에서 우리는 다음
과 같은 언어 기원에 대한 흥미로운 이야기를 발견할 수 있다. 기원전 7세
기 쌈메티쿠스는 언어 기원에 대해 많은 호기심을 갖고 있었고, 외부와 고
립된 갓난아기가 처음 하는 말이 언어의 기원일 것이라고 생각했다. 이것
을 실험해보기 위해 그는 실제로 산속 오두막에 두 갓난아기를 고립시키고
하인으로 하여금 이들이 죽음의 고통에 직면하더라도 한마디도 해서는 안
된다고 명령했다. 파라오는 아이들이 스스로 언어를 만들 것이라고 믿었고
아이가 말할 정도의 나이가 될 때까지 인내심을 갖고 기다렸다. 마침내 아
이가 처음으로 하는 말을 관찰해 보았더니, 아기는 'bekos'라고 말했다. 학
자들은 이 말을 가지고 연구한 결과 이 단어가 소아시아의 프리지아
(Phrygia, 터키의 서북부 지역) 언어로 '빵'이라는 단어임을 밝혀냈다. 그리고
이에 따라 파라오는 마침내 프리지아어가 인류 언어의 기원이라고 단정했

다는 것이다.[4]

　그러나 이러한 이야기는 그리 설득력이 없어 보인다. 18세기 이래 야생에서 동물들과 함께 자란 야생아나 일정한 지역에 고립되어 자란 고립아에 대한 보고가 있었기 때문이다. 이들은 처음에는 물론 학습한 후에도 아예 말을 하지 못했거나 수 년 동안 몇 십 단어를 익히는 정도였다. 아마 두뇌에서 선천적인 언어습득 능력이 상실된 다음에 언어를 배웠기 때문일 것이라고 학자들은 말하고 있다. 이것은 언어습득이 후천적인 자극과 접촉이 있어야만 가능하다는 점을 일깨워 주었다. 따라서 쌈메티쿠스의 이야기를 우리가 그대로 받아들인다 해도 그것은 우연히 아이가 'bekos'와 비슷한 소리를 냈을 뿐이지 신이 프리지아어를 인류의 언어로 선물했다고 보기는 어려울 것이다.

■ 자연발생설과 모방설

　아리스토텔레스(Aristotle)는 초기에는 그의 스승인 플라톤(Platon)의 생각을 그대로 이어갔지만 후기에 가서는 아주 비판적인 자세를 갖게 되었다. 그는 인간의 언어를 절대적인 능력을 가진 어느 개인이 만들었다는 의견에 반대하면서, 인간의 언어란 결국 오랜 세월에 걸친 인간의 관습에 의해서 만들어졌다고 주장했다. 그리고 사물의 본질과 그 이름은 서로 별개의 것이라는 것이 그의 기본적인 입장이었다. 이런 부류에 속하는 가장 대표적인 예가 바로 라이프니쯔(Leibniz)의 '모방설'이나 18세기 중엽 루소(Rousseau)의 '자연의 부르짖음(cries of nature)'에서 비롯된 '자연발성설'이다. 루소에 의하면 인간이 감정적인 부르짖음과 몸짓을 사용했지만, 의사소통에 한계가 있어 언어를 발명해 냈다는 것이다. 한편 언어학자인 예스퍼슨(Jespersen)은 언어가 사랑 노래에서 유래되었다는 '가창설'을 주장하였다. 그는 사랑 노래가 의사소통의 욕구보다는 표현의 욕구에 의해 생겨난 것이고, 사랑이야말로 언어발달의 가장 커다란 자극이라고 말했다.

그리고 이와 유사한 다른 학설들도 크게 보면 자연발생설이나 모방설에 속하는 것이었다. 동물의 소리를 모방하다가 언어가 생겨났다는 'bow-wow설'이나, 고통, 공포, 쾌락, 분노, 경악 등의 감정을 소리로 표현하려는 감탄사에서 언어가 시작되었다는 'pooh-pooh설'이 있고, 밀러(Müller)는 'ding-dong설'을 제안해 사물의 소리를 인간이 지각하는 대로 표현하려는 데서 언어가 발생했다고 주장했다. 또한 'yo-he-ho설'은 공기를 내뿜을 때 근육의 강화로 인한 공기 조절로 소리가 생성되었다는 입장이고, 피아제(Piaget)의 '몸짓설'(일명 ta-ta설)은 혀를 움직여 동일한 동작을 하다가 언어가 생겨났다는 설 등이다. 그러나 이러한 설들은 받아들일 만한 근거나 타당성이 거의 없다.[5]

이렇게 언어의 기원에 대한 연구는 수세기 동안 신의 선물설과 인간의 발명설 사이를 왔다갔다 했을 뿐이지 어느 누구도 뚜렷한 결론을 내리지는 못했다. 그러므로 언어의 기원에 대해서 더 이상 논의를 지속하는 것은 학문적으로 공허한 일인지도 모른다. 실제로 1886년 프랑스 파리에서 열린 언어학회에서는 "본회는 언어의 기원에 관한 논문은 더 이상 접수하지 않는다."[6]는 회칙을 제정하였다고 한다. 따라서 언어의 기원에 대한 연구는 여전히 출발선상에 서 있다고 볼 수 있다. 구체적으로 단어는 어떻게 생기게 되었고 문법은 어떻게 발달하게 되었는지를 확실하게 설명할 길이 없다. 이렇게 본다면 언어의 기원에 대한 본격적인 연구는 이제부터가 시작인지도 모른다.

1.2. 두뇌의 진화

인간의 두뇌는 3백만 년 전 오스트랄로피테쿠스(Australopithecus)의 경우 440~450cm^{3}의 두개골 용적이던 것이, 에렉투스(Homo Erectus)에서는 그 두 배인 900cm^{3}로 늘어났고, 오늘날의 호모사피엔스(Homo Sapiens)의 두뇌는 처음의 3배가 넘는 1,400cm^{3}에 이른다. 어떤 생물기관의 규모가 3백만 년 동안 3배가 넘게 성장했다는 것은 진화사상 유례가 없는 것이라 한다.

수백만 년 전 우리 조상들은 불의 사용, 사냥을 위한 도구발명, 단체생활의 필요성 등 사회생활이 복잡해지면서 이를 감당해낼 수 있는 두뇌력이 필요하게 되어 두뇌가 조금씩 증대하기 시작했을 것이고, 증대된 두뇌는 보다 더 복잡한 사회생활을 가능케 했을 것이니, 두뇌와 환경은 서로를 증강시켰을 것이다.[7]

인류의 조상 오스트랄로피테쿠스는 지금의 침팬지 정도의 수준으로 돌을 사용했다고 한다. 돌을 집어 던져서 침입자를 격퇴하고 딱딱한 열매를 두들겨서 부수는 정도로 도구를 이용할 줄 알았다. 약 160만 년 전 에렉투스가 출현하기 전까지 우리 조상들은 주로 죽은 짐승을 뒤져 먹는 동물 수준에 머물러 있었다고 한다.[8]

에렉투스의 뇌는 오스트랄로피테쿠스의 두 배 정도인 900cm^{3}로 늘어났지만, 그들의 유물에서는 그만큼 더 다양하고 정교한 도구가 발견된 것은 아니다. 에렉투스는 침팬지보다는 한결 영리한 동물이어서, 그들의 의사소통 수단은 침팬지의 소리나 신호를 능가했을 것이지만, 그렇다고 해서 현대인의 언어 및 인지능력의 수준에 다가간 것은 아니었다.

폴란드 과학아카데미의 진화 및 이론생물학위원회의 일원인 콘라드 피아코프스키(Konrad Fialkowski)는 에렉투스의 커진 뇌로 인해 인간이 자유롭게 달릴 수 있었다는 가설을 제안하기도 하였다. 즉, 에렉투스는 뇌가 컸기 때문에 다른 맹수들이 사냥을 멈추고 한가롭게 쉬는 한낮의 뜨거운 태양 아래서도 지치지 않고 뛰어다닐 수가 있었다는 것이다. 에렉투스의 뇌가 커지면서 잉여 세포가 생기게 되고, 이것이 오랫동안 달리면서 받게 되는 열 스트레스를 잘 견디게 했다는 것이다.[9] 이러한 피아코프스키의 가정에 따르면 에렉투스에서 사피엔스로의 이행이 설득력을 갖는다. 열 스트레스에 대한 안전장치로 인해 뇌가 커진 상태에서 에렉투스의 신경회로는 빠르고도 근본적으로 재구성되었기 때문이다.

인간의 언어능력이 동물들과 다른 점이 있다면, 그것은 행동 규칙까지도 제어할 수 있다는 점이다. 시간적으로 공간적으로 떨어져 있는 상황에서 벌어지는 행동 규칙까지도 통제가 가능하다는 것이다. 예를 들어, 우리는 달걀이 부화되는 장면을 한 번도 보지 않고서도 어떻게 달걀이 부화되어 병아리가 되는지를 배울 수 있고, 또 그것을 다른 사람에게 가르쳐 줄 수도 있다. 고모를 한 번도 보지 않고서도 우리는 고모라는 친척관계를 습득할 수도 있다. 바로 이 점이 동물과는 다른 점이다. 세대를 넘어서 지식을 전수하고 행동양식을 계속 물려준다. 이러한 지식과 사회적 행동패턴은 뇌에 저장되고 그것이 후손들에게 유전된다고 할 수 있다. 이러한 배경으로 인해 인간은 더욱 복잡하고 다양한 사회 구조를 형성할 수 있게 되고 서로 관계를 맺으면서 살아간다. 물론 이러한 사회성이 동물에게서도 발견되기도 하지만 그 정도는 커다란 차이가 있다.[10]

그럼 10만 년 전 유럽에 나타났던 네안데르탈인은 어떠했을까? 그는 인간에 가까운 종으로 초기 사피엔스보다 머리가 더 컸다. 많은 고고학자들은 네안데르탈인이 상당한 정도로 상징적인 행위와 사고를 할 수 있었을 것이라고 주장한다. 그러나 그렇다고 해서 이들의 언어능력이 매우 출중했다고 보기는 어렵다. 왜냐하면 네안데르탈인의 발성기관이 침팬지의 그것과 크게 다르지 않기 때문이다. 특히 인두는 현대의 사피엔스보다 훨씬 덜 발달되어 있다. 이것은 아마도 네안데르탈인의 목이 짧고 얼굴이 앞으로 튀어나와 있었기 때문일 것이라고 추정하고 있다. 따라서 네안데르탈인들은 지금의 인간처럼 자유자재로 소리를 냈다고 보기는 어렵다. 또한 사고력도 많이 떨어진다고 보는 것이 합리적일 것이다. 이런 이유 때문인지 네안데르탈인은 현대의 사피엔스가 등장하자마자(4만 5천~3만 5천년 전) 바로 멸종해 버리고 만다.[11]

■ 두뇌의 언어적 영역

생리학적으로 언어 기능을 담당하는 두뇌에 대한 연구는 약 백 년 이상 동안 진행되었다. 폴 브로카(Paul Broca)는 1861년에 브로카 영역의 손상으로 실어증의 증상이 나타난다고 보고했고 또 칼 베르니케(Carl Wernicke)는 1874년에 베르니케 영역의 손상도 실어증을 유발한다고 발표하면서 언어능력의 측면에서 두뇌의 조직에 대한 연구가 시작되었다.

인간 두뇌의 역할에 대한 연구는 신경학에서 주장하고 있는 국부화 이론과 언어학에서 주장하고 있는 조합(module) 이론과의 접합점을 찾는 것이다. 생리학자나 신경학자는 인간언어가 두뇌의 어느 부분에 의해서 관장되는지, 즉 두뇌 전체인지, 또는 어느 특정한 영역에 의해서인지를 발견하려고 시도한다. 반면 언어학에서는 언어를 관장하고 있는 영역이 여러 곳이므로 이것들의 활동을 종합적으로 지시하고 조정하는 것이 따로 존재한다고 생각한다. 조합 이론은 인간언어를 구조적으로 다원적인 여러 구조의 복합체로 보며 그곳에 문법부문, 음운부문과 의미부문 등이 들어 있다고 간주한다. 그래서 두뇌 안에는 각 구조를 담당하는 것들이 필요에 따라 상호 독립적이고 자율적으로 움직이지만, 이들에 대한 지시나 조정작업은 중앙통제부에서 하고 있다고 본다.

이제 브로카 영역과 베르니케 영역에 대해 좀더 자세히 알아보자. 브로카 영역은 뇌의 좌반구 전두엽 안에 실비우스(Sylvius) 열구의 윗부분 근처를 말하는데, 이 영역의 언어적 역할은 표현의 유창성이 사라지는 브로카 실어증에서 나타난다. 이 실어증에 걸린 사람은 발음의 유창성을 잃기 때문에 긴 말을 한꺼번에 하지 못하고 몇 개의 짧은 어구로 나누어 발음하게 된다. 관사나 전치사와 같은 기능어들은 자주 빠뜨리지만 어휘의 선택이나 어순 등에서는 거의 정상적인 규칙을 따르고 있어 이 실어증은 운동 실어증이라고 불리기도 한다(p.253 브로카 실어증 환자의 대화 내용 참조).

브로카 영역은 발음문제와 깊은 관련이 있고 어휘나 문법 등과는 아무런 관련이 없다. 다시 말해서 브로카 영역은 말소리를 생산하는 여러 발성기관들이 민첩하게 작동하도록 신경운동을 총지휘하는 역할을 한다. 심한 실어증 환자라도 남의 말을 제대로 알아들을 수 있고 또한 자기의 발음이 잘못되었을 때 그것을 즉각적으로 알아차리기 때문에, 음운적인 규칙이나 지식까지를 이곳에서 관할하고 있는 것 같지는 않다.[12]

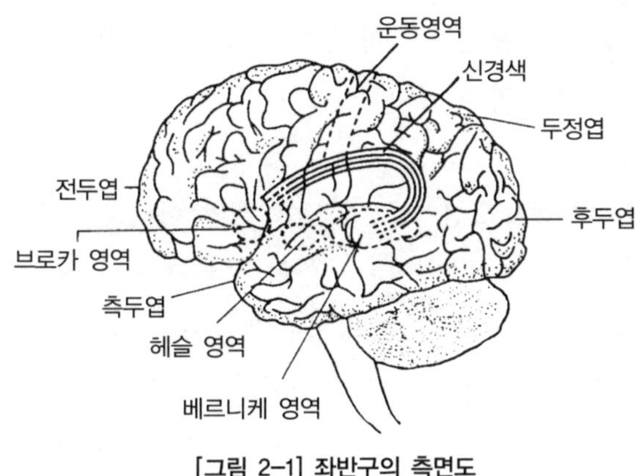

[그림 2-1] 좌반구의 측면도

베르니케 영역[13]은 대뇌의 좌반구에 위치하며 측두엽의 윗 부분으로 헤슬회(Heschl's gyrus)가 위치하고 있는 부분이다. 이곳은 청각적 감지 기능을 담당하며 이 영역이 손상을 입으면 상대방의 말을 전혀 알아듣지 못하는 단어 실어증에 걸리게 된다.

베르니케 실어증의 특징은 말의 무의미성이다. 실어증에 걸린 사람은 무의미한 단어나 표현을 많이 사용하여 내용이 없는 말을 하게 된다. 이 때문에 베르니케 영역이 의미조직이나 문법조직과 관계가 있는 것으로 추론하고 있다. 이 영역은 소리나 글로 입력되는 자료를 적절한 어휘나 문장으로 전환하거나, 또는 말하고 싶은 생각을 알맞은 어휘나 문장으로 표현하는 일 등을 담당한다(p.253 베르니케 실어증 환자의 대화 내용 참조).

언어 역할을 전담하는 조직이나 구조는 두뇌의 내부에 있는 것이 아니라 그 외부를 에워싸고 있는 피질체계 안에 있다. 언어 역할만을 전담하는 대표적인 브로카 영역이나 베르니케 영역도 모두 피질체계의 일부들이다. 넓은 피질 중 브로카 영역과 베르니케 영역 외에도 다른 영역들이 언어 능력과 직접적으로 관련된다고 생각된다. 언어학적 근거로 인간언어는 다원적인 구조를 가지고 있기 때문에 그것을 처리하거나 생산하는 절차도 다원적이고, 또한 병리학적 근거로 문법적 능력을 상실하는 실문법증, 어휘능력을 상실하는 실명증, 또한 독서의 능력을 상실하는 실독증 등이 있는 것으로 보아 언어가 브로카 영역이나 베르니케 영역 외에도 많이 관련되어 있는 것이 분명하다.[14]

인간의 언어능력에는 발성이나 청각능력뿐만 아니라 문법, 의미, 또는 화용적 능력 등이 포함되어 있는데, 이들은 두뇌의 어떤 영역과 관계가 있는 것일까? 대뇌의 내부 구조나 조직 가운데서 언어능력과 직접 관련이 되는 것은 신경섬유대와 시상 두 가지를 꼽을 수 있다. 신경 섬유대는 인간의 언어능력과 깊이 관련되면서 세 가지 형태, 즉 연합신경섬유대, 두뇌와 신체를 직접 연결시키는 투사신경섬유대, 그리고 두 개의 반구를 서로 연결시키는 뇌량이 있다. 뇌량은 두뇌 전체의 기능을 원만하게 수행하고 언어적 능력을 발휘하는 데 중요한 역할을 한다. 예를 들면, 우측 눈으로 들어온 정보는 반대쪽인 좌반구에 전달되고 좌측 눈으로 들어온 정보는 반대쪽인 우반구에 전달된다. 좌측으로 들어온 정보를 좌반구에서 언어화하려면 그 정보를 먼저 받은 우반구가 그것을 좌반구에 보내 주어야 하는데 두 반구간의 모든 정보교류가 뇌량을 통하여 이루어진다.[15]

또한 대뇌 중심부에 위치한 시상도 인간의 언어능력과 직접적으로 관련이 된다. 시상은 피질체계 안에 있는 언어적 영역과 기억기구 사이를 연결시키는 역할을 한다. 이 조직에 손상을 입으면 실어증에 걸리므로 시상은 언어적 구조의 일부이다. 왼쪽 시상을 다쳤을 때 실어증의 증세가 더 심한 것은 언어의 측위화 현상과 깊은 관련이 있다.

1.3. 발성기관의 진화

두뇌의 진화만으로 언어의 진화를 설명하기는 충분하지 않다. 인간의 언어를 설명하기 위해서는 두뇌의 진화와 함께 발성기관의 진화가 필요하다. 침팬지에게 수년 동안 인간의 언어를 가르쳐도 [파파] [마마] 따위밖에 흉내낼 수 없는 것은 침팬지의 발성기관이 인간의 발성기관과 다르기 때문이다. 그렇다면 인간의 발성기관은 어떤 진화과정을 거쳤을까?

우리 조상들은 감정을 표현하고 간단한 요구를 할 때, 시각적, 청각적 신호를 모두 사용하였다. 에렉투스 시대까지는 사람들은 도구를 만들고 음식과 아기들을 운반하고 사냥도구를 가지고 다니기에도 바빴다. 따라서 팔과 손과 손가락은 작업수단이었지 메시지를 전달하는 언어적 수단은 아니었다. 그에 비해 발성-청각의 채널은 특별히 더 신경 쓰지 않아도 수월하게 활용할 수 있어서 소리는 쉽사리 메시지를 전달했다. 의미 있는 소리의 레퍼토리를 더 풍부하게 그리고 더 정확하게 구사하는 것이 종족 번식에 분명한 도움이 되기 시작하면서, 인두(咽頭, pharynx)라는 호흡기관은 유연해지고 길어지게 되었다. 사람은 인두가 길어졌기 때문에 음식물과 공기가 서로 교차해서 통과한다.[16]

최근에는 생리학과 고고인류학적인 관점에서 이 문제를 탐구하려는 시도가 학자 리버만(Lieberman)에 의해서 행해졌다. 그는 인간의 경우 구강과 인두가 합해서 ㄱ자 모양의 이관형기관(two-tube tract)을 갖지만, 유인원의 경우 인두가 없어서 구강 하나로만 구성된 일관형기관(one-tube tract)을 갖게 되었고, 이러한 차이 때문에 발성의 차이가 나타난다는 것이다.[17]

갓난아기가 울 때 '잉잉' '응응' 하고 울기 보다는 '앵앵' 하고 모음 하나로 우는 것은 유아의 발성기관이 아직 일관형이어서 다른 모음들을 발성할 수 없기 때문이다.[18] "개체발생은 계통발생을 되풀이한다(ontogeny recapitulates phylogeny)"는 말이 떠오른다.

리버만에 따르면 인간의 말을 자동화하도록 하는 신경회로는 인두에서 모음을 만드는 능력과 연계되어 진화되었다고 한다. 이렇게 보면 에렉투스도 네안데르탈인도 충분히 진화된 언어를 갖지는 못한 셈이다. 다시 말해서 사피엔스 이전의 영장류에게는 모음을 내는 인두가 없을 뿐만 아니라, 자기가 낼 수 있는 분명한 소리를 속사포같이 연달아 발음하게 하는 신경회로도 없기 때문이다. 리버만은 말하는 소리를 자동으로 만들어내는 신경회로는 어순, 문법, 구문 등 언어의 다른 측면들을 지배하는 규칙을 자동화하는 데도 역시 똑같은 정도로 작용했다고 보는 것이다.[19]

■ 발성기관과 발성과정

여기서는 소리를 생산하는 기관인 발성기관에 대해 알아본다. 발성기관에 대한 연구의 필요성은 비교심리학자나 진화론자들이 제일 먼저 생각했다. 비교심리학자들은 동물과 인간을 구별할 수 있는 제일 중요한 특성이 언어이기 때문에, 이런 능력의 차이는 이들 기관의 생리적 차이에서 비롯된다고 생각했다. 즉, 동물에게는 인간의 말소리와 같은 소리를 생산할 수 있는 능력이 없다는 것이다.

또한 언어학자들도 발성기관의 연구에 관심을 쏟았다. 이성주의적 언어관을 갖고 있는 언어학자들은 인간의 언어능력과 그것의 생리적 조건의 밀접한 관계를 생각하고 그 중 하나를 발성기관이라고 생각했다. 특히 음운론적 측면에서 인간언어의 보편성을 주장하기 위해서는 발성기관의 생물학적 특징을 생각하지 않을 수 없었다.

이제 우리의 말소리가 어떻게 생산되는지 그 과정을 구체적으로 생각해보자. 허파에서 나온 공기는 성대가 자리잡고 있는 목청을 거치게 되고, 입이나 코에 도착한 다음 이들 공간에서 공명을 받거나 여러 조음기관의 도움으로 특정한 소리를 만들어 낸다. 그래서 발성기관은 음성이 생산되는 과정에 따라 발동부, 진동부, 공명부 그리고 조음부 네 곳으로 나뉜다.[20]

발성기관에서 말소리를 생산해 내는 데 가장 중요한 곳이 바로 허파이다. 허파는 원래 숨을 쉬는 곳이지만 말소리를 위한 에너지 공급처이다. 허파에서 내보내는 공기가 재료가 되어 코나 입안에서 여러 가지 소리가 만들어진다. 그래서 허파는 발동부라고 불린다.

허파를 떠난 공기는 기관을 거쳐 후두에 도착하는데 이곳이 진동부이다. 후두안에는 소리를 내는 데 꼭 필요한 성대가 자리잡고 있다. 성대는 근육으로 된 두 개의 막으로 구성되어 있어 이들 간의 간격을 좁히거나 넓히는 일을 자유롭게 한다. 성문이 거의 닫힌 상태에서 공기가 지나가게 되면 진동이 생겨 [b] [d]와 같은 유성음이 나오게 되고 반면에 성문이 넓게 열려진 상태에서 공기가 지나가게 되면 [p] [t]와 같은 무성음이 나온다.

다음으로 이 공기가 목청을 통과해 공명부인 후두, 인두, 코 그리고 입에 도착한다. 공명부의 네 기관 중에서 코나 후두는 고정된 상태로 되어 있으나 인두나 입의 모양은 변화할 수 있어서 그 변화에 따라 공명의 효과도 달라지게 된다. 공명의 효과에 가장 큰 영향을 주는 곳이 입천장의 말랑말랑한 부분인 연구개이다. 이곳은 인두까지 온 공기를 입이나 코로 가게 하는 역할을 한다. 예를 들어, 연구개를 아래쪽으로 내려주면 입으로 가는 통로가 막히고 코로 가는 통로만 열리게 되어 코에서 공명을 받는 소리인 [n]과 같은 비음을 생산한다.

마지막으로 입이나 코에 들어 온 공기는 조음부에서 여러 가지 조음을 받게 된다. 조음부에는 입천장인 구개, 즉 경구개와 연구개, 혀, 이, 그리고 입술이 있다. 이 네 가지 조음기관은 서로 상호작용하면서 여러 가지 말소리를 생산해낸다.

1.4. 소리에서 문장으로의 진화

■ 원초적 언어

인간이 처음으로 의미 있게 한 발화는 무엇이었을까? 원초적 언어야말로 언어 기원에 관한 모든 연구문헌 가운데 가장 관심을 끄는 대목이 아니었겠는가. 그 동안 인간의 첫 발화란 것이 무엇이었을까? 무슨 동기로 그런 발화를 입 밖으로 내게 되었을까? 등에 대하여 수많은 학자들이 끝도 없이 논쟁을 벌여 왔다. 그러나 그 원초적 언어가 무엇인지 연구하고 생각해본 학자들이 별로 없는 것이 현실이다. 인간의 첫 발화를 듣고 청자는 그 소리를 어떻게 감지하여 이해하고 그 발화에 맞는 반응을 어떻게 보였는지 학자들이 연구한 바가 별로 없다.[21]

■ 규칙과 문장의 진화

인간은 말을 할 때 소리(sound)와 단어(word)를 무작위로 결합하지는 않는다. 여기에는 나름대로의 기본적인 질서가 존재한다. 이때 한 언어가 가지고 있는 나름대로의 결합질서를 규칙이라고 부를 수 있다. 다음의 예를 보자.

(3) a. the fish
    b. *fish the
(4) a. mwahmwa-o (fish-the)
    b. *o-mwahmwa (the-fish)

위의 예 (3)은 영어의 경우이고 (4)는 미크로네시아어(Micronesian)인 포나피어(Ponapean)의 경우인데, 관사와 명사의 결합 순서가 정반대라는 점이 흥미롭다. 영어의 경우 관사는 항상 명사에 앞서야 하지만, 포나피어에서는 관사가 항상 명사 뒤에 와야 한다. 이렇게 언어에는 규칙이 필요하며, 만약 언어단위를 결합할 때에 이러한 약속된 규칙이 없다면 의미소통은 불가능할지도 모른다. 이러한 관점에서 볼 때, 문법(grammar)이란 한 언어에서 소리와 단어가 결합될 수 있도록 허용하는 규칙의 총합이라고 할 수 있다.

그러나 인류의 초기부터 이러한 문법이 곧바로 만들어진 것은 아니다. 아마도 처음에는 사물을 보고 이름을 부여하는 명칭(naming)의 방법이 유일한 언어수단이었을 것이다. 그래서 의사소통도 명사로만 했을 가능성이 있다. (이때 명사는 단어가 아니라 문장이라는 주장도 있다) 명칭은 '개똥이, 호랑이, 나무'와 같이 주로 사람, 동물, 사물에 대한 명칭이 제일 먼저 탄생했을 것이고, 그 다음 '강, 산, 바람'과 같은 자연환경에 대한 명칭이 등장했을 것이다. 이러한 명칭은 모든 인간에게 보편적으로 해당하는 것이었으리라. 그 후 좀더 추상적인 명칭이 등장하게 되고, '가다, 오다, 먹다, 열다' 등과 같은 기본적인 동사가 생겨났을 것이다.

여기서 짚고 넘어가야 할 것은 명사와 동사가 구분되어 사용되기 훨씬 이전부터 인간은 행위와 사건(action / event)을 구분했다는 것이다. 아마도 이 두 개념에서 명사와 동사의 범주가 나왔고, 이것이 발전하여 하나의 문장이 되었으며, 이러한 문장의 발전이 결국 문법의 형성으로 이어지지 않았을까?

그렇다면 명사와 동사는 어떻게 어울려 문장을 만들었을까? 명사와 동사가 결합하는 방법에는 두 가지가 가능하다. 하나는 형성의 방법이고 다른 하나는 재분석(reanalysis)의 방법이다. 형성의 방법이란 말 그대로 사물이나 행위 등을 나타내는 명사와 동사가 결합하여 문장을 형성하는 것으로 가장 일반적인 방법이다. 다음과 같은 어린아이의 말에서도 이러한 유형을 확인할 수 있다.

> (5) a. mummy open (Mummy please open this)
>   b. 엄마 어부바 (엄마 나를 업어 주세요)

위의 (5a)는 영어권에서 어린이가 명사 *mummy*와 동사 *open*을 결합하여 하나의 문장을 만드는 예이고, (5b)는 한국 어린이가 명사 '엄마'와 동사 '어부바'를 이용해 하나의 문장을 만드는 경우이다. 이에 반해 재분석의 방법은 이미 결합된 단어가 또 다른 의미로 해석되면서 새로운 문장을 만드는 경우를 말한다. 파푸아 뉴기니에서 사용되는 피진(pidgin)어를 예로 들어보자. 이 언어에서 *singsing*이라는 단어는 '춤과 노래가 있는 축제'를 뜻하는 명사인데, *singsing*을 동사로 생각하여 다음과 같이 사용했을 때는 새로운 뜻(노래하고 춤추다)이 가능하다는 것이다.

> (6) me singsing (원의미 : I went to the song and dance festival)
> (해석 : I sang and danced)

이러한 두 가지 결합방법은 인간의 초기 언어에서는 매우 유용하게 사용되었을 것이다.

그렇다면 언어는 어떻게 확대되었을까? 언어는 인간의 경험을 통해 세상을 유용하게 만들었다. 무엇보다도 언어는 인간의 몸을 유용하게 하여, 밖으로는 인간이 환경과 친숙해질 수 있도록 했으며, 안으로는 인간의 사고의 깊이를 더해 주었다. 그리고 점차적으로 언어활동이 활발해지면서 첨사(전치사나 후치사) 등이 발달하였고, 명사와 동사 이외에 새로운 문법범주도 탄생하게 되었다.

최근에 언어 진화에 관심을 가진 핀커(Pinker)와 블룸(Bloom), 뉴메이어(Newmeyer)와 같은 언어학자들은 통사론의 출현이 점진적인 형태로 수천년 동안 차츰차츰 확산되었다는 견해를 나타내고 있다. 이와 비슷한 주장은 비커톤에 의해서도 제기되었는데, 비커톤에 의하면 통사 출현을 거쳐서 원초적 언어에서 진정한 의미의 언어로 발달하게 된 것은 호모사피언스가 등장한 인류 초기의 일대 사건이었다고 주장한다.[22]

1.5. 언어의 진화와 언어습득의 유사성

인간만이 언어를 가지고 있다는 사실은 어린이들이 어떻게 언어를 배우는가 하는 언어습득 문제에 관심이 집중되게 한다. 언어는 인간만의 독특한 특징으로 인간은 누구나 언어를 습득하게 된다. 어린이는 태어나면서부터 선천적으로 자연스럽게 언어를 습득하게 되며 거의 같은 기간 내에 거의 비슷한 절차를 거쳐서 모국어를 습득하고 있다. 인간의 자연언어가 시간이 지남에 따라 진화되는 것과 마찬가지로 어린이가 언어습득 과정을 거쳐 단계적으로 언어를 습득하는 것이다. 이에 인간의 언어습득과정을 좀더 자세히 살펴보면서 자연언어의 진화와 컴퓨터의 발달이 가능한지 조사해 보자.

■ 인간의 언어습득

언어는 인간의 의사소통을 위한 가장 기본적인 수단이다. 언어의 정의는 언어가 가지는 여러 가지 특질들 중에서 어느 것을 가장 본질적인 것으로 보는가에 따라서 결정된다. 이와 같이 언어의 기원과 본질을 조사하기 위해서 오늘날까지 줄곧 어린이의 언어습득과정이 관찰되고 활발히 연구되고 있다.

언어의 기원에 대한 가장 오래된 기록은 앞에서 언급했듯이 이집트의 파라오 쌈메티쿠스(Psammetichus) 왕이 아기의 첫 번째 말을 알아보기 위해 실험한 것에서 시작되었다. 그 후 17세기 경 프랑스 경험주의자인 콘디락(Condilac)은 경험주의적 언어관에 입각하여 다음과 같은 학설을 주장했다. 노아의 방주 끝난 다음 두 명의 갓난아기가 사막 한 가운데 놓여 있게 된다. 그 아기들은 얼마 후 서로 의사소통하고 싶은 욕구를 느끼게 되고, 어느 순간 아주 유사한 소리를 내기 시작하며, 그리고 그 후에 의식적으로 그런 소리들을 자주 사용하면서 비로소 대화를 할 수 있게 되었다는 것이다. 그리하여 경험주의자들은 자연발성적 소리가 인간의 첫 단어가 된다는 자연발성설을 언어 기원의 학설로 발전시키게 되었다.

그러나 이러한 예들은 일정한 언어 환경을 제공하지 못한 것들이다. 인간은 언어 환경이 제공되어야 언어습득이 가능하다는 것은 1970년에 발견된 제니(Genie)라는 소녀의 사례에서도 잘 보여주고 있다.[23] 결국 언어의 기원은 어린이의 언어습득과정을 관찰하는 것으로써 해결할 수 없는 것으로 생각되었다.

또한 어린이의 언어습득에 관심을 갖게 된 것은 어린이의 성장과정의 일부로서 언어습득의 절차나 과정을 활용하자는 것이었다. 어린이의 언어습득과정을 처음으로 연구한 사람은 독일의 티드만(Tiedmann)이었다. 그는 어린이의 언어적 자료를 수집하여 1787년 「어린이의 지능발달에 관한 관찰」이라는 논문을 발표하였다. 또 윌리엄 스턴(William Stern)은 언어 이론적 관점에서 어린이의 말을 최초로 분석하여 「유아기의 심리학」을 발표하기도 하였다. 그러나 이러한 연구는 어린이의 음성이나 어휘 중심의 틀을 벗어나지 못했다. 그것은 단지 어린이가 태어나서 3세 정도까지의 발화하는 어휘나 음성들을 기록하였으므로, 음성이나 단어의 습득정도만으로는 언어습득의 심리적 원리를 설명할 수 없는 것이 문제였다.

이에 스위스의 심리학자 피아제는 어린이의 언어습득을 성장과정의 일부로 보면서 언어와 사고의 관계 내에서 언어습득의 원리를 이론화하였다.[24] 그는 레브(Lev)와 파이(Pie)라는 두 어린이의 발화내용을 분석하여 어린이의 논리구조나 사고조직을 이론화하였다. 이 이론에서는 어린이의 언어는 자기중심적으로 주관적 욕구나 감정의 표현이고, 그 후에 주위환경에 적응하면서 객관적이고 논리적인 사고가 생긴다고 주장했다.

그 후 1960년대에 촘스키의 이성주의적 언어이론이 대두되면서 언어습득 연구가 다시 활기를 띠게 되었다. 촘스키는 언어습득의 한 모형을 제시하면서, 모든 인간에게 언어의 기본원칙이나 자질들이 선천적으로 내재되어 있으며 이것들이 후천적으로 어느 언어에 노출되게 되면 매개변항들이

확정되면서 그 언어를 습득하게 된다고 주장했다.[25] 결국 언어기술의 과제
는 보편문법을 찾아내는 것이며 이 문법은 어린이들의 언어습득 모형과 같
아야 한다는 것이다. 이제 언어습득 연구는 이전의 어린이의 음성이나 단
어중심에서 벗어나 문법습득 절차가 중심으로 부각되었다.

이와 같이 끊임없이 계속되는 언어습득 연구는 언어습득 이론이 지니는
학문적 비중과 관심을 잘 나타내고 있다. 어린이의 언어습득 과정은 어느
이론 하나로 설명될 수 없으며, 그럴 만큼 언어습득과정은 복잡하고 난해
한 것이다. 언어습득과정에 대한 이해는 언어의 본질은 물론 인간 자신에
대한 폭넓은 이해를 제공해 주는 것이다.

한편 언어가 인간에게 유일한 것에 대한 도전하여, 여러 과학자들은 말
하는 기계를 만들려고 꾸준히 노력하고 있다. 인공지능학자들에 의해서 컴
퓨터에 인간의 언어능력을 부여하고자 하는 많은 시도가 이루어지고 있다.
인공지능학자들은 인간의 머리 안에 있는 것과 똑같은 문법을 찾아내고자
시도하여 보강된 전이망 문법(ATN, Augmental Transition Network)을 개발
하였다.[26] 이를 컴퓨터에 설치하여 위노그라드(Winograd)라는 학자에 의해
'SHRDLU'라는 말하는 로봇이 실제로 개발되었다. 그러나 이 로봇도 인간
의 지시에 따르는 정도의 제한적 언어를 습득하는 데 그치고 인간처럼 창
의적으로 언어를 구사하지 못했다. 이와 같이 과학의 발달에도 불구하고
인간 언어를 이해하고 사고하며 자유롭게 의사소통할 수 있는 말하는 로봇
이나 컴퓨터의 개발이 아직 이루어지지 않는 점으로 보아 언어는 인간만이
갖고 있는 능력이라고 보아야 하지 않을까?

■ 어린이의 언어습득 단계

언어는 인간만의 고유한 능력이다. 따라서 언어는 타고난 능력을 바탕
으로 어린이들 스스로가 습득하는 것이지 남이 억지로 가르쳐주는 것이 아
니다. 게다가 언어를 배우는 것이 힘들고 어려운 일임에도 불구하고, 어린

이들은 누구나 만 한 살에서 다섯 살 사이에 모국어를 완전히 습득하게 된다. 이와 같이 어린이들에게는 언어창조의 능력이 있다. 어린이들은 불완전한 자료를 가지고 정해진 기간 안에 하나의 완전한 문법을 만들어낸다. 인간의 언어에도 보편성이 있듯이 언어습득 과정에도 보편성이 있는 것이다. 이 세상의 모든 어린이들의 언어습득과정은 놀라울 정도로 서로 비슷하다. 인종이나 문화나 언어의 차이에 관계없이 그 기간이 4년 정도로 이미 정해져 있는 것이다. 더욱 놀라운 것은 전체적인 기간뿐만 아니라 그것을 구성하고 있는 기본단계까지 거의 똑같다는 것이다. 다시 말해서 어린이들은 옹알거림의 시기에서 완전한 습득시기에 이르기까지 여섯 단계의 습득과정을 거치게 된다.[27]

어린이들은 말을 한꺼번에 배우는 것이 아니라 쉬운 것부터 점진적으로 배워간다. 그들의 언어습득은 언어의 최소 요소인 음성으로부터 시작해서 단어를 거쳐 궁극적으로 최대 단위인 문장에 이르기까지 질서정연하게 단계화 되어 있다. 언어습득의 기본 단계의 수를 여섯으로 보는 입장에서는 언어습득을 태어남과 동시에 시작되는 것으로 생각한다. 언어습득의 제1단계는 탄생으로부터 생후 6개월까지에 해당된다. 이 기간은 어린이가 옹알거리는 소리를 많이 낸다고 해서 옹알거림 시기라고 부른다. 제2단계는 생후 6개월에서 만 1세까지로 어린이가 일종의 언어음을 종알거리기 시작해서 종알거림 시기라고 부른다. 제3단계부터는 1년에 하나씩 그 단계의 수를 높여가게 된다. 제3단계는 만 한 살 무렵부터 1년간으로 어린이가 독립된 낱말들을 하나 둘씩 배워가는 시기이므로 한 단어(one-word) 시기라고 부르고, 제4단계는 두 살 무렵부터 어린이들은 두 개의 단어를 하나로 묶어서 말하기 시작하므로 두 단어(two-word) 시기라고 부른다. 그 후 세 살 무렵이 되면 제5단계로 접어들어 어린이들은 문장의 길이가 곱이나 그 이상으로 늘어나게 되어 다중 단어 시기라고 부른다. 그 후 마지막 단계인 제6단계에 들어가서야 문법적으로 불완전한 것들이 사라지면서 완전한 언

어습득이 이루어졌다고 여겨진다. 이제 각 언어습득 단계의 특징들을 좀더 상세하게 살펴보기로 하자.[28]

✔ 제1단계 : 옹알거림 시기(생후 6개월까지)

어린이가 제일 먼저 내는 소리는 태어나면서 우는 소리이다. 어린이들은 이 울음소리로 의사를 전달하고 있다. 생후 한 달 정도면 모든 어머니들이 거의 정확하게 우는 소리의 차이를 구분할 정도로 각 울음소리마다 특징이 있다. 어머니는 젖을 달라고 우는 소리, 아파서 우는소리, 기저귀 갈아달라고 우는 소리 등을 구분하게 된다.

생후 2개월쯤부터 어린이들은 울음소리와는 다르게 한 가지의 소리를 내면서 옹알거리게 되는데, 이 옹알거림은 소리가 고정되어 있지 않고 15초나 20초 정도로 길게 모음과 같은 소리를 낸다. 그 후 생후 5개월쯤 되면 그런 모음에 자음에 가까운 소리가 많이 섞이기 시작하면서 일종의 음절의 형태를 조금씩 갖추게 되기 시작한다. 이 무렵의 옹알거림은 언어음이 아니라는 것이 인종이나 언어 환경에 관계없이 모두 똑같은 소리라는 사실에 의해서 입증이 된다. 예를 들면, 귀머거리로 태어난 어린이도 거의 같은 소리를 내고 있다. 말하는 능력으로 보아 옹알거림이란 언어습득의 일부가 아니라 언어습득을 위한 생리적 성장과정의 일부에 지나지 않는다는 결론이 나온다. 하지만 듣는 능력으로 보아 옹알거림 시기는 꼭 생리적 성장과정으로만 볼 수는 없다. 아기들은 태어날 당시부터 아주 예민한 청각을 지니고 있다고 한다. 볼프(Wolff)에 따르면, 신생아들은 생후 2주쯤이면 사람의 목소리를 구별할 수 있고, 생후 4개월쯤이면 엄마의 목소리는 물론 남녀의 목소리를 정확하게 구별할 수 있다고 한다.[29]

이와 같이 언어습득에 대해 선천적 내재설을 주장할 수 있다. 어린이들은 이 세상에 태어날 때에 이미 선천적으로 언어능력을 지니고 있다고 보는 것이 합리적이다. 따라서 언어습득이 태어날 때부터 시작된다고 보는 것이 타당하다.

✔ 제2단계 : 종알거림 시기(생후 6개월부터 만 1세까지)

생후 6개월부터 만 1세까지는 아기들에게 생리적으로 큰 변화가 있는 기간이다. 생후 6개월이면 혼자서 앉기도 하고 8개월경에는 무언가를 붙잡고 혼자서 서 있을 수 있고, 또 생후 10개월경에는 여기 저기 마음대로 기어다닐 수 있게 된다.

또한 이 시기는 언어습득 면에서도 상당히 중요하다. 생후 6개월이 되면 옹알거림이 사라지고 종알거림이 시작되는 시기이다. 옹알거림은 언어음이 아닌 데 반하여, 종알거림은 분명히 일종의 언어음이다. 어린이들은 이때부터 정식으로 발음연습을 하는 것이다.

첫 번째 종알거림은 /ma/, /nə/, /ba/, /di/와 같은 쉬운 단음절로 시작된다. 이런 음절들은 모두 단편적이고 불규칙적이며, 이 무렵에는 한 개의 음절을 단 한 번 종알거리는 것이 보통이고 음절의 형태도 고정된 것이 아니라 자음과 모음이 수시로 교체된다. 그러나 두 번째 종알거림이 시작되는 생후 8개월쯤이면 반복적인 종알거림이 나타난다. 같음 음절이 여러 번 반복되어 /bababa/, /mumumu/와 같이 자음과 모음의 형태를 유지하게 된다. 또한 종알거림에 일정한 어조가 붙게 되며 일정한 억양을 통해서 일정한 의미를 전달하기 시작한다. 생후 10개월쯤 되면 세 번째 종알거림으로 소리놀이와 같은 현상이 나타나게 된다. 아기들은 말소리를 가지고 놀고 있듯이 여러 소리들을 종알거리기 시작한다. 그들의 말소리에는 자음이나 모음이 다양하게 섞여 있게 되고 억양도 어른들의 것과 비슷하며 어른들의 말을 흉내내기도 한다.

✔ 제3단계 : 한 단어 시기(만 1세경)

만 한 살 무렵부터 어린이들은 'mamma'나 'dadda'와 같이 독립된 낱말들을 하나 둘씩 배워가게 된다. 이러한 낱말들은 모양이나 의미에 공통성과 보편성이 나타나는데, 다시 말해서 같은 음절이 두 번 반복되거나, /m/ 나 /d/ 같이 가장 기본적인 자음에 /a/나 /u/ 같은 가장 기본적인 모음을 붙여서 음절을 만든다는 것이다.

신체적으로나 생리적으로도 성장하여 혼자서 앉아있거나 한 손잡고 걸을 수도 있게 되어, 언어습득의 속도도 상당히 빨라진다. 15개월 된 아기들이 알아들을 수 있는 단어의 수는 약 200개 정도이고 말할 수 있는 단어의 수는 약 50개 정도밖에 되지 않는다. 하지만 그 고비를 지나면 언어습득은 급속도로 진전되어 어휘습득의 속도도 빨라지고 만 2세경까지 대부분의 어린이들이 300개 정도의 어휘를 말할 수 있게 된다.

어린이는 우선 자기와 제일 가깝고 자기에게 꼭 필요한 것들의 이름부터 차례로 배워나가면서 '나 먼저'나 '지금 여기에서'를 중시하게 된다. 어린이들은 처음부터 자기표현과 의사소통의 기능을 수행하는데 필요한 단어들을 자기능력의 범위 안에서 조금씩 배워나가고 있는 것이다. 아직은 어린이들은 문장을 만들 능력은 없고 한마디씩 말하는 단어하나 만으로 자기표현이나 의사소통기능을 수행하므로 한 단어 시기 또는 '완전구 (holophrase)' 시기라고 부른다.[30] 물론 어린이들은 이렇게 다양한 한 단어 기능을 한꺼번에 배우는 것은 아니다. 그들은 기본적이고 쉬운 것들을 먼저 배우고, 그 다음에 점점 복잡하고 어려운 것으로 옮겨가는 원칙을 잘 지키고 있다.

이 시기에 사용하는 어린이의 어휘들은 정확하고 완전한 것은 아니다. 예를 들면 'hot'를 'ha'로 발음하거나, 'banana'를 'nana'로 줄여서 말하는 것이 보통 있는 일이다. 분명한 언어음을 사용하지만 음운의 수는 지극히 제한되어 있어서 자음의 경우 /b, m, d, k/와 같은 아주 기본적인 것을 사용하다가 /p,n,t,g/ 같은 소리들을 추가하게 된다. 게다가 자음과 모음의 형태를 지닌 단음절이나 2음절밖에 사용할 수 없다. 이와 같이 이 시기의 어린이들은 길고 힘든 부분을 잘라 삭제하거나 아직 배우지 못한 소리이거나 까다롭고 힘든 소리를 기본적이고 쉬운 소리로 바꾸는 경향을 나타낸다.

✔ 제4단계 : 두 단어 시기(만 2세경)

만 2세가 되면 어린이들은 신체적으로도 성장하여 뛰어다니기도 하고, 손놀림도 빨라져서 장난감을 혼자서 조작할 수 있게 된다. 또한 언어에 대한 높은 관심과 언어를 배우려는 의지가 강해져서 자기 주변에 있는 거의 모든 것에 이름을 붙이기도 한다.

이 시기의 두드러진 변화는 어린이들이 처음으로 두 단어를 하나로 묶어서 하나의 문장을 만들기 시작한다. 어린이들이 사용하는 두 단어들이 단순한 어휘의 연속이 아니라 기능상으로 보아도 두 단어사이에는 하나의 통일된 관계가 성립되어 있으며 구조상으로도 일정한 규칙을 나타내고 있다. 다시 말해서, 이때부터 어린이들은 정식으로 문장을 만들어보기 시작하며 그에 필요한 문법을 배우기 시작하는 것이다.

이 시기에 어린이들은 두 가지 특징을 나타내게 된다. 한 가지 특징은 기능적 의미의 다양성이다. 어린이들은 처음부터 말을 사용하면서 습득하게 되는데 표현력은 떨어지지만 성인의 언어가 수행하고 있는 기능이나 의미를 나타내려고 한다. 어린이들은 이 시기가 되면 부정어 'no'나 'not'를 알게 되어 'No wet'나 'Not hungry' 같은 부정문을 만들기도 하고, 의문사 'where'를 습득하여 'Where apple' 같은 의문문을 사용하게 된다. 이와 같이 두 단어의 기능이나 의미가 다양화되는 것이다. Slobin(1979)은 어린이들의 두 단어 문장은 적어도 일곱 개의 기능적 의미를 나타내고 있는데 그것이 세계 각국의 어린이들에게서 발견되는 것으로 보아 보편적인 현상이라고 주장했다.[31] 이 시기에서 다른 하나의 특징은 형식의 구조성이다. 이 시기에는 어순적인 것만이 조금씩 자리를 잡으며 문법적 의미를 나타내게 된다. 이때부터 어린이는 어른의 말을 그저 모방하는 것이 아니라 스스로의 힘으로 문법을 조금씩 창조해 가고 있는 것이다. 물론 이 시기에도 어린이의 발음은 아직 완전하지 못해 어려운 소리를 피하거나 긴 단어를 줄여서 말하고 억양 등에서 과장하려는 버릇이 여전히 남아있다.

✔ 제5단계 : 다중 단어(multi-word) 시기(만 3세경)

만 3세가 되면 어린이는 신체적으로나 생리적으로 크게 성장할 뿐만 아니라 언어능력이 두드러지게 달라진다. 어린이가 다룰 수 있는 어휘의 수가 1,000개 정도로 급증하고 문법적 능력도 향상되어 어린이들의 문장은 성인의 문장과 거의 똑같게 된다. 또한 그들의 문법적인 복잡성도 크게 달라져서 성인 문장만큼 문법적으로 복잡해지게 되는데 아직 문법적으로 완전한 것은 아니다.

이 시기에서 가장 두드러진 현상 중의 하나는 언어사용량이 크게 급증하고 못할 말이 없을 정도로 언어적으로 유능해지는 것이다. 하지만 그들이 사용하는 문장의 대부분은 문법적으로 불완전한 것들이다. 그들은 문장을 짧게 하려는 버릇이 있고, 중요한 명사나 동사만을 남겨놓고 그 밖의 작은 단어들은 모두 생략해 버리기도 하고, 또한 어미에 붙어 있는 형태소들을 완전히 무시해 버리는 습관이 있다. 예를 들어 "Daddy′s briefcase" 대신에 "Daddy briefcase"로 말하게 되어 이런 문장을 어른의 전보문과 비슷하다고 하여 전보문 시기라고 부르기도 한다.

이때부터 엄마와의 협동작업이 본격적으로 이루어지게 된다. 어린이가 말이 많아지는 것을 보고 엄마는 말을 본격적으로 가르쳐야겠다는 생각을 갖게 되며 또한 어린이도 엄마의 말을 제대로 따라 할 자세를 취하게 된다. 따라서 언어교육은 아주 자연스럽고, 아주 높은 학습동기를 가지고 시작된다. 엄마와의 언어습득은 모형제시와 모방의 절차가 계속적으로 교차되면서 이루어진다. 이때 어린이들의 모방은 불완전한 것이어서 엄마는 똑같은 문장을 두 번이나 세 번 반복해서 말하는 경향이 있다. 하지만 어린이들은 인지능력이나 언어능력으로 아직 받아들일 수 없는 것은 절대로 받

아들이지 못하므로, 어린이들이 성인 문법을 모방하고 있는 것이 아니라
자기 나름대로 문법을 혼자서 만들어가고 있는 것이다.

✔ 제6단계 : 완습 시기(만 4세경)

어린이는 만 4세가 되면 거의 못하는 말이 없게 되며 언어능력이 놀라
울 정도로 바뀌게 된다. 이 시기에는 어린이의 언어능력이 어른의 언어능
력과 비슷해지고 발음과 문법이 완전해진다. 그들이 다룰 수 있는 어휘의
수도 2,000개 정도까지 증가되며 화용적 기법이나 규칙도 거의 다 알게 된
다. 따라서 이 시기는 모국어의 완습 시기라고 불리게 된다.

완습이란 모국어에 대한 기본적인 능력이 완전하게 갖추어졌다는 의미
를 지닌다. 하지만 그 후에도 언어능력은 끊임없이 발달하고 있으며 생활
과 활동의 범위가 넓어지면서 어휘의 수는 약 5,000에서 100,000개 정도
까지 증가한다. 또한 문법에 있어서도 이 시기에는 의사소통에 전혀 지장
이 없을 정도로 표현력이 정확하고 풍부해지지만 그들이 사용하는 문장의
대부분은 그 의미와 구조가 비교적 단순한 단문들이다. 예를 들어 이 시기
의 어린이들은 아직 수동문도 제대로 사용하지 못하고, 부정사나 동명사
구조 또는 시제의 개념도 완전히 발달되지 않았다. 그러나 중요한 것은 언
어습득과정에서 이 시기에 배운 문법 모두가 핵심적이고 기본적인 것이며,
5세 이후에 배우는 것은 주변적이고 부차적이라는 것이다. 게다가 학습의
양에 있어서도 5세 이후에 배운 것은 그 이전에 배운 것의 몇 분의 1도 안
된다는 것이다. 이런 의미에서 볼 때 언어습득에 관한 한, 어렵고 힘든 일
은 만 4세나 5세 이전에 이미 다 끝났다고 보는 것이다.

이와 같이 어린이의 언어습득 발달단계를 살펴본 바에 따르면 어린이는
가장 자연스런 방법으로 언어를 습득하게 되고, 언어습득을 위한 환경이나
조건은 아주 자연스럽다. 어린이는 타고난 대로 자연스럽게 배우는 것이

자연적인 방법의 전부이지만 그 결과는 놀라운 것이다.

　어린이는 언어습득을 위해 모방도 하면서 창조도 한다. 어린이가 제일 먼저 배우는 것이 발음과 어휘인데 모방은 이때부터 시작된다. 문법을 배우는데도 모방은 중요한 역할을 하는데, 문법을 가장 많이 배우는 만 2살 이후에는 엄마의 말을 모방하여 연습하게 된다. 게다가 어린이의 문장을 관찰해 보면 엄마나 주변사람의 문장을 그대로 암기하거나 복사하는 것이 아니라 창조적인 특성을 나타낸다. 문법을 배우는 과정을 살펴보면 자기발견적인 창조력으로 습득하고 있는 것이다. 어린이는 말을 쓰면서 배우게 되므로 어린이 언어는 자기표현을 위해 사용되거나 의사소통을 위해 사용된다. 어린이는 비교적 자기중심적이어서 말로써 표현하는 것은 자기 주변에 있는 사물의 이름을 대거나 위치를 나타내는 것이다. 또한 의사소통을 위해서도 무언가를 지시하거나 요구하는 문장이 많다.

　어린이의 언어습득이 분명히 단계적이지만 언어습득의 양이나 속도가 균등하다는 것을 의미하는 것은 아니다. 다시 말해서, 어린이들의 언어발달은 꽤 분출적이다. 처음에는 언어습득이 상당히 느리고 부실하다가 초기과정을 통하여 일단 어느 정도의 언어능력이 갖추어지면 일정한 안정기가 뒤따른다. 이 기간동안 언어습득은 꾸준히 계속되지만 그 진도가 미미하다. 그 후 언어능력이 겉으로 크게 분출되면서 몇 차례 반복하여 나타나는 분출기가 오게 된다. 앞서 언급된 단계별 특성들이 분출기에 해당하는데, 첫 번째 분출기가 종알거림 시기이고, 계속해서 분출기가 이어져서 결국 마지막 분출기로 완습의 시기를 맞게 된다. 이와 같이 어린이의 언어습득은 생리적, 인지적 제약 하에서 이루어지고 있기 때문에 분출적으로 나타난다.

　결과적으로 언어습득과정에는 공유적 특성이 나타난다. 우선 모국어 습득과정을 보면 모든 어린이들이 거의 같은 기간 내에 기본적인 습득과정을 마치는 것이다. 이것은 인종이나 문화 또는 사회적 환경에 관계없이 거의 동일하게 일어난다. 게다가 어린이는 놀랍게도 만 4년밖에 되지 않는 짧은 기간 안에 인간언어와 같은 복잡한 언어체계를 거의 완벽하게 습득한다는 것이다. 다시 말해서, 인간은 선천적으로 타고난 언어능력을 지니고 있다는 것을 확인할 수 있는 것이다. 또한 언어습득 발달 단계에서 살펴보았듯이 여러 가지 언어학적 요소들이 일정한 원칙에 따라 단계별로 이루어지고, 어린이는 자신이 처해있는 언어 환경 속에서 자신의 모국어를 습득한다는 것이다. 어린이가 한국에서 태어나면 한국어를 습득하고 미국에서 태어나면 영어를 습득하는 것에서도 알 수 있다.

■ 언어습득 이론

언어가 인간만의 고유한 특성이라는 것은 오늘날까지 학자들에게 언어습득 연구에 관심을 높여주게 되었다. 인간에 대한 견해에서 경험주의와 이성주의가 대립하듯이, 언어습득 이론에도 경험주의와 이성주의 이론이 대립하게 된다. 경험주의 이론은 후천적인 경험이나 학습을 언어습득의 기본으로 간주하는 이론으로서 스키너(Skinner)와 같은 학자들에 의해서 지지되어왔다. 반면 이성주의 이론은 선험적 자질이나 능력을 언어습득의 기본으로 간주하는 이론으로서 언어학자 촘스키나 심리학자 피아제에 의해서 주장되어왔다. 이성주의 이론에서 촘스키와 피아제의 이론이 다시 나뉘게 되는데, 언어학자 촘스키는 인간언어의 기본적인 것들이 인간에 이미 내재해있다고 간주하는 반면, 심리학자 피아제는 언어적인 것이 따로 들어 있는 것이 아니라 오직 일반적 지식이나 지력 같은 것이 미리 내재해 있을 뿐이라고 주장하고 있다. 이와 같이 인간과 언어는 너무나 신비한 존재이므로 한 가지 이론이나 관점으로는 그 전체 모습이 드러날 수 없으며 사람마다 서로 다른 시각으로 바라보려는 것이 너무나 당연한 일이다. 이에 언어습득에 대해 행동주의적 이론, 변형주의적 이론 그리고 인지주의적 이론으로 구분하여 좀더 자세히 살펴보면서, 세 이론을 모두 종합하여 언어습득의 참모습을 그려보고자 한다.

✔ 행동주의적 이론

행동주의 심리학은 경험주의적 철학과 원리를 바탕으로, 인간의 능력이나 지력 같은 것이 오로지 경험을 통해서만 얻어진다고 생각하였다. 따라서 경험주의적 언어습득이론은 행동주의자들의 주장을 나타내고 있다. 행동주의에서는 인간의 언어도 하나의 행동으로 간주되며, 언어도 '자극과 반응'이라는 기본모형에 의해서 설명된다. 인간의 언어는 후천적인 경험에 의해서 얻어진 한 묶음의 습관에 지나지 않으며 언어습득 과정은 결국 반복된 연습에 의해서 자극과 반응의 관계를 일정하게 확고히 하는 과정으로 생각한다. 왓슨(Watson, 1961)은 언어습득 과정은 성대의 조건화로부터 시작하여 여러 형태의 조작적 습관들을 익혀 가는 과정이라고 설명한다.[32] 행동주의자들은 눈으로 직접 관찰하고 실험할 수 없는 것은 과학적 논의나 연구의 대상에서 제외되어야 한다고 본다.

행동주의 이론에서는 옹알거림이나 종알거림 시기는 학습준비기간에 해당한다. 어휘나 문장을 배울 수 있으려면 발성의 요령과 방법을 먼저 익혀야 되므로 이것을 위한 기간이 옹알거림과 종알거림의 시기라고 생각한다. 어린이들이 제일 먼저 배우는 것이 어휘이고 이때의 학습방법은 자극 대 반응의 조건화 방법이다. 이때 언어학습은 주어진 모형을 모방하는 것으로 간주한다. 어린이는 엄마가 알려주는 모형을 계속해서 모방하다보면 엄마가 잘했다고 칭찬해주는 때가 오고 그렇게 해서 학습이 이루어진다는 것이다. 구절이나 문장을 배우는 데에도 똑같은 원리와 방법이 적용되는데, 모방연습을 반복하다 보면 그 문장 안에 들어 있는 문법적인 규칙이나 구조도 하나의 습관으로 굳어지면서 그것을 배우게 되는 것이다. 그 후에는 엄마가 알려주지 않은 말을 혼자서 말할 수 있게 되는 데 그것은 이제 어린이들이 언어적인 창조력을 만들어가는 것이다. 행동주의자들은 이런 능력은 유추나 일반화의 절차에 의해서 얻어지는 것이라고 설명한다.

스키너와 같은 신행동주의자들은 언어학습의 절차에 연습이나 모방과 같은 경험적인 절차를 그대로 유지했지만, 동물의 학습행위와 인간의 학습행위에 차이가 있다고 보았다. 그는 동물의 학습행위는 모두가 기계적이고 수동적인 반면에 인간의 학습행위에는 능동적이고 의지적인 면이 많이 들어 있다고 강조하면서, 이런 차이점들을 인간행동의 작동적 특성이라고 규정하였다. 그는 작동적 조건화를 주장하면서 조건화 작업을 효율적으로 촉진시켜주는 학습이 가장 과학적이고 좋은 학습이라고 생각하였다. 이에 강화라는 새로운 개념을 도입하면서 오직 연습과 경험만이 모든 학습의 기본이 된다는 입장을 확고히 하였다.

이와 같이 행동주의 언어학습 이론에서는 모방의 작업이 의도적으로 이루어지고 있으며 모든 엄마는 언어 교사의 역할을 수행하고 있다고 간주한다. 엄마는 모형 제시자로서의 임무뿐만 아니라 오류 교정자로서의 임무도 수행하고 연습 강화자로서의 역할도 성공적으로 수행하고 있는 것이다.

✔ 이성주의적 이론

촘스키의 언어습득이론은 이성주의적 언어습득이론을 가장 잘 나타내고 있다. 이성주의적 언어습득이론은 인간언어는 밖에서 안으로 들어가는 것이 아니라 생득적으로 이미 몸 안에 있는 것이 밖으로 나오는 것이라는 입장이다. 이성주의는 인간의 이성이나 본능을 중시하고, 눈에 보이고 조작이 가능한 것만을 연구하는 귀납적 연구방법의 한계를 극복하기 위해 연역적 연구방법과 직관력과 논리력에 의존하는 방법을 주장한다. 이러한 입장을 대표하는 사람들로는 훔볼트(Humbolt), 데카르트(Descart), 그리고 칸트(Kant) 같은 학자들이 있다.

촘스키의 언어습득이론은 어린이들의 언어습득에 일정한 보편성이 있다는 것이다. 다시 말해서, 이 세상의 모든 어린이들은 비슷한 기간 동안에 비슷한 단계를 거쳐서 모국어를 습득하게 된다. 각자는 언어, 문화, 교육 환경 등이 다름에도 만 4살이나 5살 사이에 모두 모국어를 습득한다는 것이다. 이러한 보편성은 발음을 습득하는 절차, 어휘를 습득하는 절차, 그리고 문법을 습득하는 절차에서도 나타난다. 발음습득에 있어서 각 언어의 음운조직은 다르지만 어린이는 보다 쉽고 기본적인 소리부터 차례로 습득해 간다는 점에서 똑같다. 자음의 경우 모든 어린이들은 /p/→/m/→/t/→/k/의 순서를 잘 지키고 있으며 모음의 경우도 모두 /a/→/i/→/u/→/e/→/o/ 순서를 잘 지키고 있다.[33] 어휘를 습득하는 절차와 속도에서도 어린이들은 자기와 직접 관계되는 사물의 이름들을 제일 먼저 습득하는 일정한 공통성이 있다. 또한 문법을 습득하는 절차나 과정에 있어서도 보편성을 찾아볼 수 있다. 한 단어시기에서 두 단어 시기로 전이되어가는 절차나 속도가 아주 유사하고, 문법 습득에서도 어순에 관한 규칙부터 배우기 시작한다. 결국 어린이들은 기본적이고 무표적인 것들을 먼저 습득하고 변형적이고 유표적인 것을 그 다음에 습득한다는 것이다.

게다가 촘스키의 이성주의적 언어습득이론은 어린이는 유한한 문법규칙으로 무한한 문장을 만들어낼 수 있는 창조력을 가지고 있다고 제안한다. 이것은 경험주의적 이론으로는 설명이 불가능하고 그가 주장하는 생성문법과 같은 언어이론에 의해 설명이 가능하다는 것이다. 이성주의 이론은 인간의 언어능력이 생득적으로 우리 몸 안에 들어 있다고 간주하는데, 이것이 다름 아닌 보편문법이다. 인간의 언어습득절차를 보면, 인간은 외부로부터 들어온 언어 자료가 최적의 문법을 만들 수 있는 기구인 생득적인 언어습득장치(Language Acquisition Device)로 들어가서 문법이 나오는 과정으로 다음과 같이 나타낸다.

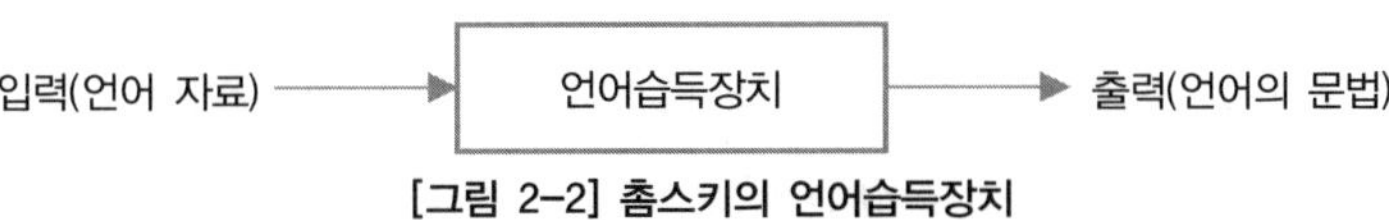

[그림 2-2] 촘스키의 언어습득장치

언어습득을 고려함에 있어서 어린이는 자주 언어습득장치로 표현된다.[34] 이성주의적 언어습득에서는 어린이의 언어습득과정은 규칙을 생성하는 과정이라고 본다. 언어습득장치 안에 들어 있는 것이 일련의 규칙이라고 보고 언어습득장치가 생득적으로 주어져 아동의 언어습득이 가능하다고 본다. 언어의 기본 자질들이 후천적으로 어느 언어에 노출되게 되면 매개변항들이 확정되면서 그 언어를 습득하게 되므로, 언어연구의 과제는 보편문법을 찾아내는 것이며 이 문법은 어린이들의 언어습득 모형과 같아야 한다는 것이다. 간단한 규칙에서부터 복잡한 규칙에 이르기까지 그 언어에 필요한 모든 규칙들을 설정하고 체계화함으로써 모든 가능한 문장을 이해하고 만들어내는 능력을 개발하여 주는 것이다. 다시 말해서 언어습득 연구는 어린이의 음성이나 단어가 아니라 문법습득 절차가 중심으로 부각되었다.

✔ 인지주의적 이론

인지주의적 언어습득이론은 행동주의적 이론과 크게 다를 뿐만 아니라 이성주의적 이론과도 상당히 다르다. 이 이론은 크게 보아 이성주의적 이론이지만, 촘스키를 중심으로 하는 이성주의는 언어능력이나 원칙들이 생득적으로 인간의 몸 안에 내재해있다는 입장이고, 반면 인지주의자들은 인간의 몸 안에 내재되어 있는 것은 일반적 인지능력이라는 입장이다.

20세기 후반에 미국에서도 인지주의가 싹트기 시작했으며 이런 심리학을 인지심리학이라고 부르게 되었다. 유럽의 인지주의는 철학적이고 본질적인 동기에서 출발되었지만, 미국의 인지주의는 교육적이고 실용적인 동기에서 시작되어 교육이나 학습 분야에 관심이 집중되었다. 인지주의자들은 인간의 능력 중 아주 중요한 것은 지력이나 이성으로 선험적으로 인간의 몸 안에 타고나는 것이지만, 후천적인 경험과 학습에 의해서 더욱 성장하고 발달되었을 때 하나의 완전한 능력으로 자리를 잡게 된다고 주장한다. 결국 선험적인 요소를 기본으로 하고 후천적인 경험이나 학습의 중요성을 강조하면서 이성주의적 강도가 비교적 약한 것이 사실이다.

인지주의자들은 언어가 지력발달을 위한 최선의 도구라는 사실을 강조한다. 언어와 사고의 관계를 언급하면서 모든 수준의 교육에서 왜 언어를 많이 가르치고 잘 가르쳐야 되는지를 말해준다고 주장한다. 그들은 언어학습의 문제에 대해서도 지대한 관심을 나타내며 구체적이고 사실적인 언어습득모형을 제시하였다. 그것은 가설과 검증의 이론이라는 것으로 어린이들은 말을 한꺼번에 배우는 것이 아니라 가설과 검증이라는 자기발견적인 과정을 거치면서 조금씩 습득해 간다는 것이다. 특히 이 모형은 문법습득의 문제를 어느 정도 설명할 수 있었다. 어린이들은 각자의 지력을 이용하여 간단한 규칙을 만들어내는데, 첫 번째 단계에서 외부의 자료가 중요한 역할을 하여 잠정적인 규칙을 만들고 그것을 실험하는 과정에서 검증의 단계를 통하여 어린이들은 두 가지 방향에서 문법의 규칙들을 고쳐나간다. 하나는 규칙 안에 있는 잘못을 바로잡는 것이고, 다른 하나는 그 규칙을 더 정밀하게 다듬어가는 것이다. 이와 같은 순환적인 절차는 오랜 시일에 걸쳐 반복되게 된다.

위에서 언급된 대로 언어습득이론이 행동주의, 이성주의, 인지주의 이론들로 나뉘어져 있는데 이것을 하나로 통합하려는 시도를 한 예가 핀커의 언어습득이론이다. 그의 언어습득이론은 다음과 같은 모형으로 나타난다.[35]

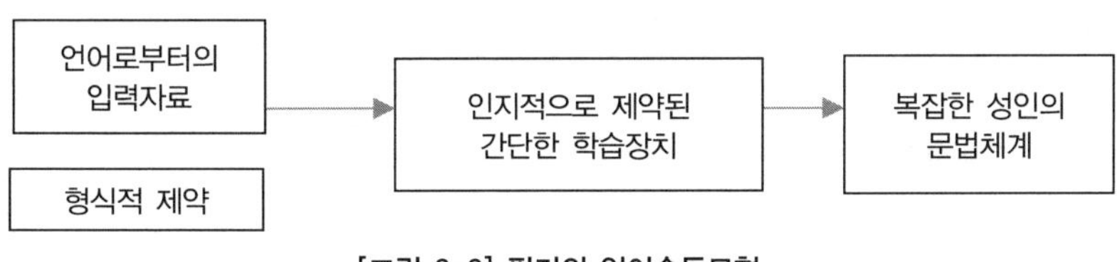

[그림 2-3] 핀커의 언어습득모형

이 모형은 외부로부터 입력되는 언어자료나 일반적인 인지원리도 언어 습득에 있어서 중요한 역할을 한다는 것을 나타낸다. 이것은 물론 컴퓨터에서 사용할 수 있는 최선의 언어처리 모형을 개발하는데 있었다. 하지만 그의 이론이 절충주의적 시도라고 볼 수 있는 것은 그가 주장하는 여섯 개의 조건 안에 잘 나타나 있다.[36] 그는 과학적인 언어습득이론이 갖추어야 할 조건으로 학습가능성, 보편성, 시간성, 인력, 발달, 인지의 조건을 들고 있는데 이것이 언어학적, 심리학적 조건들이라는 것이다. 따라서 그가 머릿속에 그리고 있는 것은 일종의 절충주의적 모형임에 틀림없는 것으로 보인다.

이와 같은 언어습득이론들이 각각 제한성과 단점으로 인해서 비판을 받고 있지만, 언어가 인간만의 고유한 특성으로 어린이의 언어습득단계와 발달과정에 대한 일정한 보편성이 있다는 것에는 거의 의견의 일치를 보인다. 다시 말해서, 이 세상의 모든 어린이들은 비슷한 기간 동안에 비슷한 단계를 거치며 언어, 문화, 교육 환경 등이 다름에도 불구하고 만 4살이나 5살 사이에 모두 모국어를 습득한다는 것이다. 따라서 인간의 자연언어가 시간이 지남에 따라 진화되는 것과 마찬가지로, 어린이의 언어습득 과정을 조사하는 일은 인간과 언어의 진화, 그리고 컴퓨터의 발달이 어느 정도까지 가능할지에 대한 질문에 일견을 제공하고 있는 것 같다.

2. 컴퓨터언어의 발전과정

2.1. 컴퓨터의 역사

컴퓨터의 효시는 인간이 계산을 보다 편리하게 하기 위한 도구로부터 출발하였다고 볼 수 있다. 예를 들어 BC 500년경 중국에서 사용된 것으로 여겨지는 주판이 이러한 역할을 하였을 것이다. 이후 17세기에 파스칼 (Pascal)에 의하여 계산을 기계적으로 수행할 수 있는 Pascaline을 발명하였고, 19세기말에 바베지(Babbage)에 의하여 현재의 프로그래밍 개념을 이용한 분석엔진(Analytic Engine)을 기계적인 장치로 발명하였다. 그런데 현재와 같이 전자를 이용한 컴퓨터는 1930년대 말에 폰 노이만이 제안하여 만들어진 ENIAC을 하나의 출발점으로 보고 있다. 그 후 컴퓨터 시스템은 정보처리 하드웨어의 변화에 따라 급속도로 발전해 왔다. 그리고 이러한 발전은 새로운 컴퓨터 처리장치의 발명으로 처리속도 및 저장장치 측면에서 비약적인 발전을 보이게 되고(그림 2-4), 이에 따라 컴퓨터의 발전과정을 세대로 구분하게 되었다(그림 2-5).

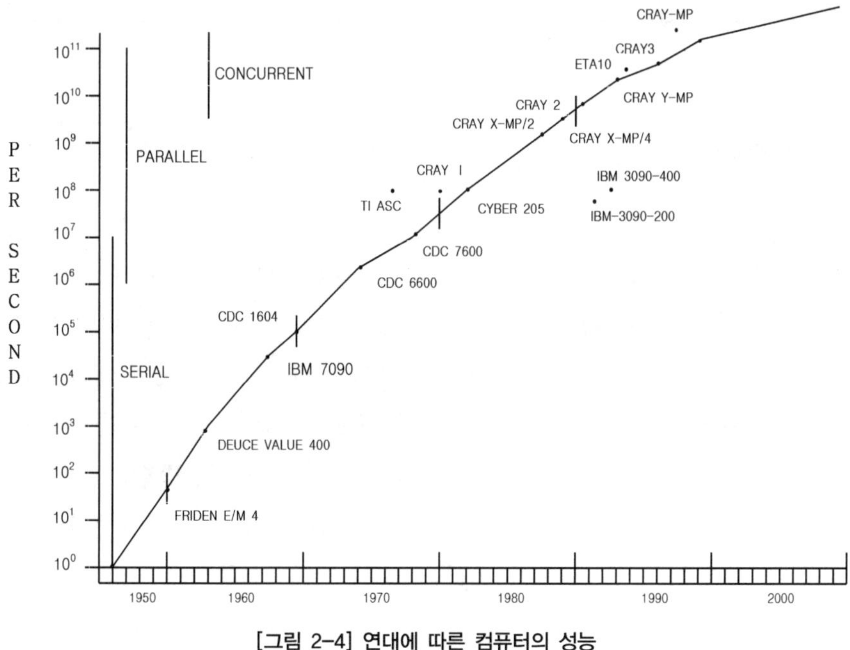

[그림 2-4] 연대에 따른 컴퓨터의 성능

그러면 여기서 컴퓨터의 각 세대에 대하여 살펴보자.

mechanical computer			electronic computer				
500 BC 1642 1822 1938			1953	1963	1975	1985	?
Abacus	Pascal's "Pascaline"	Babbage's "Analytical Engine"	1st gen.	2nd gen.	3rd gen.	4th gen.	5th gen.
		Processing Devices	ENIAC (1943) EDVAC (1946) "Stored Program Concept" Von Neumann - electro-mechanical relays (1940s) - vacuum tubes (1950s)	TRADIC (1954) IBM 1620 (1960) high level language : Fortran, Algol, Cobol - transistor (1948)	CDC 6600 (1964) IBM 360 Illiac IV TI-ASC PDP-8 (1965) - SSI circuits MSI - multi-layered printed circuits	Cray 1 (1976) Cray XMP IBM 370, 3081 (1980) Apple II (1977) IBM-PC (1981) - LSI - high degree of pipelining & multi-processing	Cray 2 (1985) Symbolics (LISP) Japan's AI Machine Project (Prolog) - VLSI - AI oriented machine
		landmarks	↑ main frames (1950s)		↑ Super computer (1964) ↑ mini computer (1965)	↑ microcomputer (1977) "offload"	↑ Intel's "RISC"chip (1988)

[그림 2-5] 컴퓨터 시스템의 세대

■ 제1세대(1938~1953)

1938년 최초의 전자식 아날로그형 컴퓨터의 소개와 1946년 최초의 전자식 디지털 컴퓨터인 ENIAC(Electronic Numerical Integrator and Computer)이 컴퓨터의 제1세대의 출발을 의미하였다. 1940년대에는 컴퓨터의 계산기능을 위한 교환장치(switching device)로서 전자석을 이용한 릴레이(electromechanical relay)들이 사용되었고, 1950년대에 이르러 진공관(vacuum tube)들이 사용되었다. 이 당시 중앙처리장치(CPU)의 연산방법은 비트 단위로 순차적으로 수행하는 직렬적 비트(bit serial)의 계산을 수행하였다. 이러한 초기 컴퓨터들은 오직 이진법코드의 기계언어를 사용하였다. 그리고 1950년도에는 최초의 프로그램을 저장하는(stored-program) 컴퓨터 EDVAC(Electronic Discrete Variable Automatic Computer)으로 발전하였다. 이는 기계언어와 같은 낮은 레벨 프로그래밍 언어에서 사용자들의 부담을 덜어주기 위한 시스템 소프트웨어 사용의 시작을 알리는 것이었다. 하지만 초기 컴퓨터에서 하드웨어의 비용이 주를 이루고 소프트웨어 언어 특성들이 다소 발달되지 않았다는 점을 상상하기는 그리 어렵지만은 않을 것이다.

■ 제2세대(1952~1963)

1948년 트랜지스터(transistor)가 발명된 이후 1954년 벨 연구소에서 최초로 트랜지스터를 이용한 디지털 컴퓨터인 TRADIC을 선보였다. 각각의 트랜지스터와 다이오드(2극 진공관)가 컴퓨터의 연산회로를 구성하였고 TRADIC에는 800개의 트랜지스터가 사용되었다. 인쇄회로가 출현하였고 이쯤, 같은 흐름을 지닌 자기코어 기억장치(magnetic core memory)가 개발되었으며 그 뒤에 많은 기계들의 모습을 선보이기 시작했다. 높은 수준의 언어인 FORTRAN(1956)이나 Algol(1960)이 개발되기 전까지는 프로그램 언어의 일종으로서 기계언어에 가장 가까운 기호 언어인 어셈블리 언어 (assembly language)가 사용되었다. IBM사에서 내놓은 과학적이며, 트랜지스터를 이용한 컴퓨터인 IBM1620은 1960년에 이용할만한 가치를 지니게 되었다. 1959년에 Cobol이 개발되었고 1963년에는 교체 가능한 디스크 팩(disk pack)이 선보였다. 이 당시 컴퓨터의 운영체제는 일괄처리(Batch processing) 방식으로서 여러 사용자의 프로그램을 하나의 일관된 작업형태로 차례대로 실행하는 것을 제공하였다.

■ 제3세대(1962~1975)

이 세대는 컴퓨터의 연산소자로서 소규모의 집적회로인 IC(integrated circuit)가 사용되었고 다층의 회로기판을 사용하였다. 이 당시 CDC-6600 과 같은 몇몇 컴퓨터는 여전히 자기코어 기억장치를 사용하였고, 1968년쯤 CDC-7600과 같은 매우 빠른 컴퓨터를 제외한 다른 기계들은 반도체를 이용한 기억장치(solid-state memory)로 코어부분을 대체하기 시작하였다. 또한 IBM 360 / 91, Illiac IV, TI-ASC, Cyber-75, STAR-100과 같은 대용량 고성능 컴퓨터가 출현하였고, 70년대 초반에 이르러 여러 개의 연산을 하나의 벡터로 묶어 처리하는 벡터 중앙 연산처리장치들이 출현하였다. FORTRAN과 같은 고급언어들은 이 기간동안 보다 진보되고 최적화된 컴파일러로 강화되었다. 컴퓨터의 운영체제는 여러 사용자의 프로그램을 동시에 수행하는 개념으로 다중프로그래밍(multiprogramming)이 사용되어 보다 사용자에게 편리성을 제공하였다. 1960년대 후반에는 여러 사용자가 동시에 온라인으로 입력과 출력을 제공받는 시간분배 운영체제(time-shareing operating system)가 활용되기 시작하였고 구조화된 기억장치 시스템을 이용하는 가상기억장치 개념이 활용되기 시작하였다.

■ 제4세대(1972~1980년대 초)

이 세대의 컴퓨터들은 연산장치와 기억장치부분들이 대규모 반도체 집적회로인 LSI(large-scaled integrated circuit)를 사용하여 통합되었다. 고급언어들은 많은 벡터 작용들에 있어서 확장된 FORTRAN과 같이 스칼라와 벡터 자료들을 다 다룰 수 있도록 확장되었다. 대부분의 운영체제는 가상 기억장치를 이용한 시간분배로 운영되었다. Cray-1(1976)과 Cyber-205 (1982)와 같은 고속 연산 컴퓨터에서 자료를 벡터단위로 연산하기 위한 컴파일러를 사용하였고, 고속의 컴퓨터 본체와 부속품들이 Univac 1100 / 80(1976), Fujitsu M382(1981), IBM 370 / 168 MP, IBM3081(1980), Burroughs B-7800(1978), Cray X-MP(1983)과 같은 병렬처리로 연산하기 위한 시스템에 적용되었다. 이 당시에 MPP(1982)와 같은 영상처리를 위한 대규모 병렬처리 컴퓨터 시스템이 주문 생산되었다. 이 시스템에서 16,384개 비트단위 마이크로세서가 제어기의 통제하에 동시에 연산을 수행하였다.

■ 제5세대와 그 이후

1980년대 중반부터 컴퓨터의 집적회로는 더욱 고밀화하여 VLSI(very large-scaled integrated circuit)라고 불리는 반도체에 의하여 설계되어 컴퓨터의 처리속도는 더욱 빨라지고 여러 개의 CPU와 메모리 모듈을 사용하여 병렬 처리하는 컴퓨터도 등장하게 되었다. 특히 인간의 지능을 모방하기 위하여 대단위 병렬처리로 구현하는 신경망 컴퓨터(혹은 뉴로컴퓨터)의 등장으로 이를 기반으로 음성인식, 영상인식 및 추적, 추론 등의 인공지능과 관련된 연구에 시너지 효과를 줄 것으로 기대되고 있다.

2.2. 컴퓨터 정보처리의 발전과정

컴퓨터 정보처리의 변화는 인간에게 자료의 계산과 관련된 일을 해결해주는 것으로부터 시작하여 복잡한 정보의 처리, 지식의 처리, 지능의 처리에 이르기까지 발전해 왔다고 할 수 있다. 이러한 4단계의 관계는 처리되는 자료의 양과 처리의 복잡도에 따라 [그림 2-6]과 같이 관계 지어 줄 수 있다.

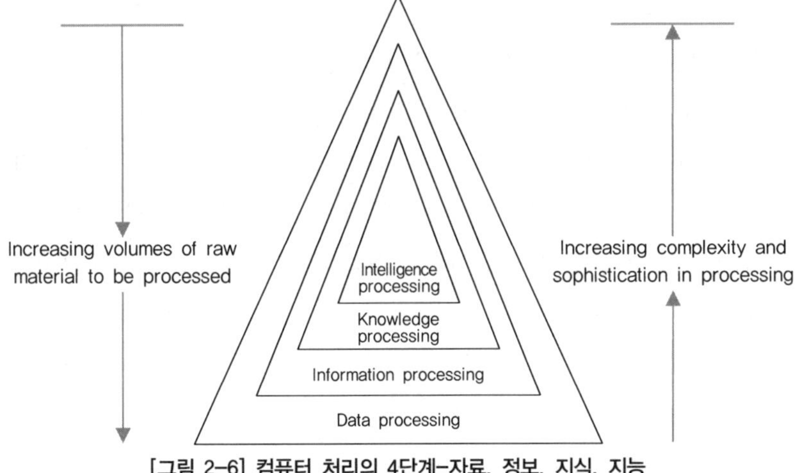

[그림 2-6] 컴퓨터 처리의 4단계-자료, 정보, 지식, 지능

자료영역은 다양한 포맷에 있어서의 수로 표시되는 번호, 문자 상징들을 포함하는 가장 큰 영역이다. 자료대상들은 그 공간상에서 완전히 서로서로 관련이 없는 것들로 다루어지게 된다. 거대한 자료양은 특히 과학적, 상업적, 정치적 분야들 사이에서 삶의 모든 분야에 걸쳐 날마다 생겨나고 있다. 정보항목은 몇몇 문장구성의 구조 또는 관계에 의해 관련지어져 있는 자료대상들의 모음이다. 그러므로 정보항목들은 자료영역의 하부영역을 형성한다. 지식은 자료의 구조 또는 관계에 의미들을 첨가한 정보항목들로 구성되어 있다. 따라서 지식항목들은 정보영역의 하부영역을 형성하게 된다. 마지막으로 지능은 지식항목의 모음으로부터 이끌어진다. 그 지능항목은 벤다이어그램에서 가장 높고 가장 안쪽에 위치한 삼각형으로 표시되어진다.

컴퓨터의 수행은 자료처리로 시작한다. 이 자료처리는 여전히 오늘날 컴퓨터의 주요한 과업으로 남아있다. 더 많은 자료구조들의 발달과 더불어, 많은 사용자들은 단순히 순수한 자료처리로부터 정보처리까지 컴퓨터의 역할들을 변화시키고 있다. 오늘날 대부분의 컴퓨터작업은 여전히 이러한 두 처리단계 내에서 한정되어 있다. 병렬계산의 고급은 이들 단계에서 발견된다. 축적된 지식의 기본이 최근에 급속도로 확산됨에 따라 지식처리를 위한 컴퓨터를 사용할 강한 수요가 증대되고 있다.

오늘날의 컴퓨터는 다양한 지식을 만들 수 있음에 틀림없으나 아직은 지능과는 거리가 멀다. 지능은 창조해내기가 매우 어렵기 때문이다. 지능처리가 조금 더 발전되어 있다고 해도 마찬가지이다. 오늘날의 컴퓨터는 매우 빠른 연산속도와 대규모 저장용량을 바탕으로 자료-정보-지식처리에 적응하기에 이르렀으나 현존하는 컴퓨터 시스템 중에서 어떠한 것도 실질적으로 지능을 생각하는 시스템으로 간주할 수 있는 것이 없다. 컴퓨터는 여전히 말, 쓰인 언어, 그림들, 문서, 삽화와 같은 자연스런 형태에서 인간과 의사소통이 가능하지 못하다. 또한 컴퓨터는 이론 증명을 하는 데 있어서 수행능력, 논리적인 추론, 창조적인 사고 면에 있어서 아직 만족할 만하지 못하다.

2.3. 컴퓨터언어의 발전과정

컴퓨터의 초창기인 1940년대에는 프로그래밍의 개념이 없었다. 컴퓨터에 일을 시키기 위하여 주어진 문제는 컴퓨터의 논리(logic)로 바꾸고 이것을 직접 컴퓨터의 컴포넌트(예를 들면 스위치)를 연결하여 처리하였다, 즉 하드와이어링(hardwiring)의 개념이었다. 다른 한편으로 폰 노이만의 저장 프로그램 개념이 제시되면서 초기의 컴퓨터는 기계어로 프로그래밍을 하였다. 그러나 이 작업이 시간이 많이 소비되고 실수하기 쉬우므로 점차 사용자가 편리하게 쓸 수 있는 프로그래밍 언어가 나오게 되었다. 이러한 컴퓨터언어도 컴퓨터의 발전과 함께 발전하게 되었는데, 컴퓨터에서 발전과정을 세대로 구분하는 것과 같이 프로그래밍 언어도 연대 순서대로 각각의 특징을 가진 '세대'라는 개념으로 구분한다(그림 2-7 참조).[37] 이러한 세대 구분으로 컴퓨터언어는 5세대로 구분된다.[38] 신세대 언어가 구세대 보다 우월하긴 해도 구세대 언어가 여전히 특수한 일을 위해서 쓰일 때도 있다. 어쨌든 현재 1, 2세대 언어로 쓴 프로그램은 거의 없다. 대부분이 3, 4세대 언어로 쓰인다. 5세대 언어는 실용성 보다 잠재성이 많다. 각 세대의 언어에 대하여 알아보자.

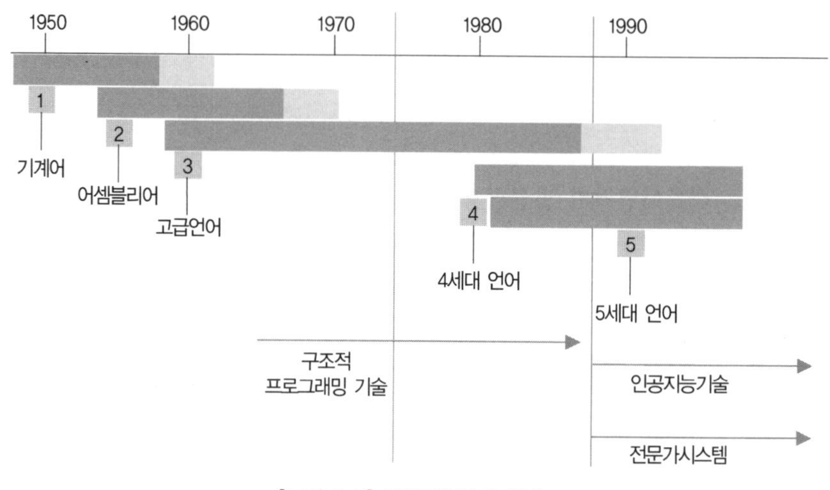

[그림 2-7] 컴퓨터언어의 세대

기계어(machine languages) : 1세대

기계어는 번역 없이 실행되는 컴퓨터 내부 언어이다. 기계어는 최초로 개발된 언어이기에 1세대로 불린다. 40년대와 50년대 초에는 모든 프로그램이 이 언어로 코딩(coding)되어야 했다. 기계어 프로그래밍은 시간을 많이 소비하고 실수하기가 쉬웠다. 또한 기계어는 각 타입의 컴퓨터마다 다르다. 만일 한 회사가 다른 컴퓨터를 구입하면 모든 프로그램은 새 컴퓨터의 언어로 다시 프로그래밍 되어야 한다. 따라서 기계어는 컴퓨터에 의존하기 때문에 표준화되지 않았고 복잡성과 공통 포맷의 결여로 오늘날은 거의 쓰지 않는다. 모든 프로그램은 기계어일 때만 실행된다. 프로그래머가 하는 일은 기계어로 번역되는 다른 언어로 프로그래밍 하는 것이다.

어셈블리어(assembly languages) : 2세대

컴퓨터가 처음으로 상업적으로 쓰인 50년대에, 기계어의 복잡성 때문에 2세대언어 어셈블리어로의 전환이 이루어졌다. 여기서는 실행을 위한 복잡한 실행 코드들이 'add', 'sub', 'mult' 등으로 기억하기 쉽게 바뀌었다. 실행과 저장 어드레스를 이름으로 지정할 수 있다는 점만 제외하면 기계어와 비슷하다. 이 말은 능력 있는 어셈블리어 프로그래머가 되기 위해선 기계의 구조를 이해해야 한다는 말이다. 즉, 물리적으로 자료를 어떻게 처리하는지를 알아야 한다는 것이다. 게다가 각 타입의 컴퓨터가 각각의 구조와 기계어 그리고 이에 호응하는 어셈블리어를 갖고 있기 때문에, 한 세트의 기계어 명령 구성은 다른 세트의 구성과 완전히 다를 수도 있다.

어셈블리어는 기계어와 마찬가지로 컴퓨터 의존적이다. 일반적으로 어셈블리어 프로그램은 포터블(portable)하지 않다고 말한다. 즉, 한 부류의 컴퓨터에 쓰인 어셈블리어 프로그램은 같은 구조를 갖지 않는 한 다른 부류의 컴퓨터에서 실행시키지 못한다. 어셈블리어로 쓰인 프로그램이 기계어를 쓸 때보다 편한 이유는 특별한 코드가 있기 때문이다. 그러나 이런 프로그램은 기계어로 바꿔주는 어셈블러라는 프로그램이 없으면 실행되지 않는다. 어셈블러는 입력으로 어셈블리어를 읽고 출력으로 기계어로 변환된 목적 프로그램을 내놓는다. 어셈블리어의 복잡성에도 불구하고, 그것들은 몇몇 어플리케이션에서 여전히 사용되고 있다. 예를 들면, 자판기, 가전제품, 자동차엔진 등의 제어에서 마이크로 프로세서가 사용되는 경우 그 프로그래밍을 위하여 사용되는 것이다. 기계어와 매우 비슷하기 때문에, 어셈블리어는 매우 능률적인 코드를 갖는다. 프로그래밍의 목적이 컴퓨터의 효율을 극대화시키는 경우, 어셈블리어는 여전히 선호된다.

■ 고급언어(high-level languages) : 3세대

컴퓨터의 상업적 이용은 1950년대에 급격히 증가했고, 그와 함께 프로그래머와 어플리케이션 SW의 수요도 증가했다. 그러나 사람들이 기계어와 어셈블리어를 배우기가 매우 어려웠다. 따라서 프로그램의 개발도 지장을 받을 수밖에 없었다. 그래서 컴퓨터 회사와 사용자는 간편하고 프로그래밍하기 쉬운 3세대 언어를 만들게 되었다. 사용자가 장비의 성능을 높이거나 혹은 보다 많은 하드웨어를 갖추고자 해도 이제는 자기 소프트웨어를 다시 수정할 필요가 없게 되었다.

이런 언어들을 고급언어라고 불리는데, 그 이유는 이런 언어들이 기계어와는 달리 배우기가 쉽기 때문이다. 이것은 마치 영어와 비슷하다. 고급언어는 컴퓨터를 기본으로 하는 복잡한 번역작업을 필요로 한다. 일반적으로 프로그램이 쉬우면 쉬울수록 번역작업은 더 어렵다. 고급언어의 번역프로그램은 대부분 컴파일러(compiler)라고 불리고, 몇몇은 인터프리터(interpreter)라고 불린다. 고급언어는 또한 절차어(procedural language)라고 불린다. 다시 말해, 프로그램이 주어진 일을 완수하기 위해선 정확한 명령어의 명시가 필요하다. 반면에 4세대, 5세대 언어는 비절차적(non-procedural)이다. 예를 들면, 간단히 "사과 파이 한 쪽을 가져다 줘"라고 요구사항을 지시하면 된다. 여기서 제3세대 언어 중 널리 쓰이고 있는 언어에 대하여 알아보자.

✔ FORTRAN

1950년대에는 프로그램을 쓰는 사람은 거의가 과학자나 공학자였다. 그들이 풀고자하는 문제들은 방대한 계산이 필요했다. 그러므로 널리 이용된 고급언어가 과학 지향적이었다는 사실은 당연하다. Formula Translator의 합성어인 포트란은 1950년대에 IBM에서 개발되었고, 고급언어 중 가장 오래되었다. 포트란이 복잡한 수학, 과학, 공학 분야에서는 이상적이지만, 입출력이 잦고, 복잡한 계산이 필요한 일반 사무에는 맞지 않았다. 포트란은 대형 컴퓨터에 맞게 제작되었지만, 최근에는 PC로의 이식도 가능하게 되었다.

✔ COBOL

1950년대 상업사회는 정보처리 수요의 해결을 위해 컴퓨터가 필요하다는 것을 알게되었다. 그러나 포트란은 상업작업에는 부적합했다. 예를 들어 계산서 작성을 생각해보자. 과정이나 계산은 그리 복잡하지 않지만 소비자 규모는 방대해서 입출력이 매우 복잡하다. 1959년에 컴퓨터 전문가들이 CODASYL(Conference on Data System Language)이라는 단체를 결성하고, 상업지향의 언어의 틀을 구상하기 위해 여러 모임을 개최했다. 이 언어는 기계 독립적이고 유지하기 쉽고, 영어와 비슷해야 함을 목적으로 삼았다. 그래서 개발된 언어가 Common Business Oriented Language의 약자 COBOL이다. 이것은 1960년대에 발표되었다. 1960년대에 미국국립표준협회(ANSR)는 표준 프로그래밍 언어 개발의 작업을 받았다. 첫 번째 ANSI버전의 코볼은 1968년에 승인을 받았는데, 모든 주요 컴퓨터 소프트웨어 회사는 이 표준을 따르기로 했다. 그 결과로 코볼은 포터블하다. 코볼 프로그램은 다른 종류의 컴퓨터에서도 최소한의 수정만으로도 작동한다는 특징이 있어 많은 종류의 하드웨어를 필요로 하는 상업적 작업에서 유용하다.

　ANSI 코볼의 두 번째 버전은 1974년에 발표되었다. 이 버전은 나중에 표준화되었으며 보다 더 효율적으로 변했다. 1968년과 1974년 버전의 코볼이 완전히 구조화되기 위해서는 약간의 변형이 필요했는데, 1985년에 ANSI는 많은 이들이 오랫동안 기다려온 프로그래밍 방식화를 실현한 코볼 버전을 발표했다. 대부분의 회사는 이 새로운 코볼을 채택했고, 이때부터 코볼은 가장 널리 쓰이는 상업 프로그램 언어로 남게 되었다. 메인프레임 어플리케이션의 70~80%가 코볼로 코딩된다고 추정되며, 많은 PC 기반의 어플리케이션 역시 코볼로 쓰인다. 따라서 코볼이 곧 사라질 것이라는 예측은 신빙성이 없어 보인다.

✔ PL / 1과 RPG

1960년대 초에 많은 컴퓨터 전문가들은 상업사회와 과학사회에 모두 사용

가능한 언어를 개발할 필요가 있다고 생각했다. Programming Language /
1의 약자인 PL / 1은 이 욕구를 충족시키기 위해 나온 것이다. PL / 1은
코볼과 포트란의 장점만을 모은 것으로, 1966년에 발표될 때, 원래는
IBM 360 시리즈의 메인프레임 컴퓨터 전용으로 만든 것이었다. 그러나
오늘날에 PL / 1은 마이크로를 포함한 많은 컴퓨터에서 여러 버전이 사용
되고 있다. PL / 1은 상업적 업무와 과학적 업무를 다루는 회사에서 유용
한데, 예를 들어, 상업적 업무와 과학적 업무를 한 대의 컴퓨터로 처리하
는 엔지니어링 회사 같은 데에서 유용하게 사용되었다. 최근의 복잡한 PL
/ 1은 보다 좋은 새로운 언어에 밀려 인기가 떨어졌다. 자신에 리포트를
만들기 위한 언어인 Report Program Generator의 약자인 RPG도
1960년대에 개발되었는데, RPG는 영어와 같은 구조를 갖는 언어의 기
반으로, 데이터베이스(database)로부터 리포트(report)를 만들기 위해 개
발된 것이다.

✔ BASIC

1960년대 동안 많은 사람들은 코볼, 포트란, PL / 1이 어렵다고 생각했
다. 더욱이 이런 프로그램은 일괄처리식(batch processing)이어서 새롭고 상
호작용적인 처리방법(interactive processing)과는 거리가 먼 것이었다. 초창
기에는 프로그래머가 실행을 위해서 프로그램과 테스트 데이터(test data)
모두를 컴퓨터 중앙처리장치에 맡겨야만 했다. 1960년대에 터미널이 보편
화되면서 이런 일괄처리방식은 늦고 비효율적으로 여겨졌다. 같은 시기에
다트머스대학(Dartmouth College)의 케머니(John Kemeny)와 커르츠(Thomas
Kurtz) 박사는 학생들이 시간 공유시스템에 관한 상호작용적인 프로그램을
쓰도록 하기 위해 비기술적인 분야에서 가르치고자 했다. 이를 위해 그들은
BASIC(Beginner's All-purpose Symbolic Instruction Code)을 개발했는데 베
이직은 배우기 쉬워서, 프로그래머가 제한된 작은 사업체에 적합했다. 베

이직은 메모리 공간을 많이 차지하지 않는 인터프리터(interpreter)를 사용하기 때문에 마이크로컴퓨터(일상적인 PC)에서 사용되었다. 프로그램의 베이직은 대부분 마이크로에서 쓰이지만 메인프레임에서도 작동한다. 베이직의 문제점은 다른 베이직이 따를 수 있는 표준이 없다는 것이다. IBM 호환조차도 버전이 여러 개가 있을 정도이다. 더욱이 메인프레임 버전은 마이크로에서 돌아가지 않는 것들도 있다.

✓ Pascal

1960년대 중후반기에 컴퓨터학자들은 코딩하기 쉽고, 디버깅(debugging)하기 쉬운 구조적 프로그래밍(structured programming)의 개념에 매달렸다. 결과적으로 많은 컴퓨터 교육자들은 시초부터 학생들에게 구조적 프로그래밍 기술을 가르쳐야 한다고 믿었다. 1971년에 구조적 프로그래밍 지지자 워스(Nicklaus Wirth)는 배우기 쉽고, 상당히 구조적인 언어 파스칼을 개발했다. 워스는 첫 기계계산기를 개발한 17세기 수학자 파스칼의 이름을 따서 파스칼이라고 명명했다. 많은 컴퓨터과학자들은 파스칼을 그 당시에는 비구조적이었던 코볼과 베이직과 함께 언어의 큰 발전으로 간주했다. 파스칼이 상당히 구조적이었기 때문에, 대부분 대학에서 컴퓨터 전공학생들의 기본프로그램이 되었다. 파스칼은 상업 어플리케이션 용으로는 성능이 좋지 않았다. 즉, 코볼만큼 능률적으로 많은 양의 상업자료를 처리하지 못했다. 그러나 복잡한 수학작업을 할 수 있었기에 공학자들과 과학자들에게는 유용했다.

✓ Modula-2

워스는 파스칼을 교육용 언어로 만들었다. 이것은 상업적으로 쓰면서 약점들이 명백히 드러났다. 워스는 그 후에 파스칼의 보완작인 Modula-2를 개발했다. 1980년에 발표한 모듈라-2는 많은 양의 상업자료를 처리할 수 있도록 만들었다. 모듈라-2가 파스칼의 구조적 체계와 더불어 상업작업용으로 제작되었기 때문에 몇몇 대학에서는 컴퓨터과정에 포함시켰다. 그러나 상대적으로 소수의 컴파일러(compiler)가 있기 때문에 상업분야에서의 전망은 불투명하다.

✔ C언어

C언어는 1972년 벨 연구소의 리치(Dennis M Ritchie)에 의해 개발되었다. C언어는 UNIX 운영체제(operating system)를 만들기 위한 언어로 출발하였기 때문에 C언어는 어셈블리어와 고급언어의 장점을 통합시켰다. 이러한 이유로 중간언어라 불리기도 한다. 고급 명령어 포맷을 사용하는 구조적 언어이면서도 어셈블리어처럼 직접 하드웨어를 제어할 수도 있다. 이런 특징들로 인해 매우 효율적인 어셈블리어처럼 코드가 필요한 운영체계 프로그래밍이 유용하게 되었다. 게다가 C로 쓰인 어셈블리어와는 달리 휴대성이 좋으나 C언어는 파스칼과 같은 다른 구조적 언어보다 배우기 힘들다는 단점이 있다. 그러나 마이크로에서의 폭넓은 사용과 능력 때문에 시스템 소프트웨어와 유틸리티를 개발하는 시스템 프로그래머들에게 유명하며 최근 들어 UNIX의 보급과 더불어 널리 사용되고 있다.

✔ Ada

1978년 미방위국에서는 그 당시 언어들에 불만을 품고, 그들의 소프트웨어를 위한 프로그래밍 언어 공모전을 개최했다. 컴퓨터 하드웨어와 소프트웨어 최대 구매자로서의 그들의 소프트웨어언어를 표준화시킨다면 수십억 불을 절감할 수 있겠다는 생각이었다. 성공작은 Augusta Ada(Lovelace 백작부인)라고 명명되었다. Lovelace는 19세기에 바베지가 생각해낸 계산기계를 위한 프로그램을 최초로 개발한 사람이다. Ada는 파스칼에서 처음 쓰인 구조적 개념을 바탕으로 한 다목적 언어로서 매우 강력하고 정교하다. 이 언어의 잠재성까지 이용할 정도로 배우려면 수년이 걸릴 정도이다.

방위국에서 개발된 소프트웨어는 또 다른 시스템에 설치된 컴퓨터 시스템에서 사용된다. 예를 들어, 항공기에 설치된 컴퓨터들이 그런 것들이다. 이런 시스템의 컴퓨터 처리는 즉각 반응할 수 있을 정도로 상호작용이 빨리 이루어져야 한다. 예를 들어, 항공장비는 즉각 사용가능하며 올바르고 시기 적절한 출력이 이루어지도록 새로운 입력과 피드백에 연속적으로 반응하는 실시간 처리이어야 한다. ADA는 실시간 처리(real time processing)에 적합하기 때문에 상업에서의 사용도 늘어나고 있어서 자동화와 사무에 효과적으로 적용된다. 이상의 3세대 언어들의 특성을 종합해보면 다음의 표와 같다.

[표 2-1] 3세대 컴퓨터언어의 특성

특성	Ada	BASIC	COBOL	FORTRAN	Pascal/Modula-2/C
과 학 계 산	√	√		√	√
상 업 계 산	√	√	√		
순차적 실행	√	√	√	√	√
표 준 화	√		√		√
영어적표현		√	√		√
상 호 작 용	√	√			√

■ 4세대 언어(4-GLs : Fourth Generation Languages)

1, 2, 3세대 언어를 생각해 보면 명령이 실행되기 위해서는 프로그래머가 각 단계를 쓰고 논리적인 제어구조를 이용해서 명령을 지시해 줘야 하는 절차적인 언어였다. 반면에 4세대 언어는 비절차적인 언어(non-procedural languages)이다. 이런 차이점은 누군가에게 요리법을 가르치는 것과 비교할 수 있다. 비절차적 언어는 예를 들어 "닭과 밥, 샐러드를 준비하라."는 것과 같이 필요한 출력을 나타내기만 한다. 반면에 절차적 언어는 각 단계

에 개입한다. 쇼핑목록을 준비하는 것부터 접시를 닦는 것까지. 비절차적 언어는 코딩하기 쉽다. 그러나 실제적으로 일을 처리하는 데 있어 제어하기는 힘들다. 예를 들어, 비절차적으로 '접시를 닦아'라고 표기하면 접시들은 아마도 손이나 세척기로 씻겨질 것이다. 이것에 대한 결정은 당신의 컨트롤 밖이다. 비절차적인 언어를 이용할 때는 명령이 쉽지만 그 실행의 순서와 방법은 프로그램 자체가 결정한다.

4-GLs의 명령어는 어떻게 이를 처리하느냐 보다는 실제로 무엇을 할 것인가에 초점을 맞춘다. 소프트웨어 자체가 스스로 필요한 작업을 발생시킨다는 말이다. 결과적으로 4-GLs는 프로그래밍의 용이를 위해 컴퓨터 효율성을 희생한다. 4-GLs는 절차적 언어보다 많은 컴퓨터 능력과 처리시간을 요구한다. 하드웨어의 능력과 스피드가 좋아지고 가격은 내려가면서 효율적인 코딩의 필요성은 적어졌다. 결과적으로 4-GLs가 많이 쓰이게 되었다. 4세대 언어는 최소한의 문장 규칙만을 가졌기 때문에 프로그래밍 훈련을 받지 않은 이들도 쉽게 프로그램을 할 수 있게 되었다. 시간이 절약되고 전문 프로그래머들은 보다 어려운 문제에 집중할 수 있게 되었다. 메인프레임과 마이크로에서 널리 사용되는 4세대 언어는 질문언어(query languages), 리포트 생산기(report generators), 어플리케이션 생산기(application generators)의 세 개 범위로 나뉜다.

✔ 질문언어(query languages)

질문언어는 사용자들로 하여금 간단한 문장규칙을 따르는 것만으로 원하는 정보를 얻게 해준다. 예를 들어 데이터베이스에게 90일 이상 연체된 고객 구좌를 보여달라고 물을 수 있다. 질문언어의 예는 Structured Query Language(SQL), Query-By-Example(QUE), 그리고 INTELLECT이다. 다음의 예는 SQL을 통해서 고용자 데이터베이스의 몇몇 고용자의 급여를 $1000 더 올리도록 지시하는 것이다. 작업은 직선적으로 이루어진다.

SQL의 예시 :

```
UPDATE EMPLOYEE
SET SALARY=SALARY+1000
WHERE JOBCODE=3 or 6
```

이것은 잡코드 3 또는 6의 고용자들이 급여를 $1000 올려준다. 질문언어는 전형적으로 두 가지 특징을 가진다.

1. 조회를 위한 되풀이, 질문이 언어 표준 포맷의 어느 곳에 재 언급되어 있는가?
   INTELLECT의 예시

   ```
   USER : HOW MANY PROGRAMMERS DO WE HAVE?
   INTELLECT : COUNT EMPLOYEES WITH JOB=PROGRAMMER
   ANSWER : 25
   ```

2. 질문언어는 질문이 방대한 양의 처리시간을 요구하면 사용자에게 알려줌으로써 작업의 흐름을 원활하게 한다.
   INTELLECT의 예시

   ```
   USER : WHAT IS THE AVERAGE SALARY FOR THE COMPANY?
   INTELLECT : PRINT AVERAGE SALARY
      THE NUMBER OF RECORDS TO RETRIEVE IS 15,326
      YOUR REQUEST IS RELATIVELY EXPENSIVE TO ANSWER.
      HIT THE ENTER KEY TO CONTINUE PROCESSING OR
      ENTER A NEW REQUEST
   ```

이러한 언어중 SQL은 사실상 질문언어의 표준이 되었으며 지금은 많은 데이터베이스 관리시스템의 일부가 되었다.

✔ 리포트 생산기(report generators)

리포트 생산기는 데이터베이스의 자료를 이용해서 주문 받은 리포트를 생산한다. 사용자는 리포트에 있어야 할 자료를 지시하고 리포트가 어떤 형식이어야 하며 합 계산이 필요한지를 지시한다. 예를 들어 서울에 거주하는 회사 고객들을 구좌번호순으로 정리한 리스트를 시스템에 요구할 수 있다. 가끔, 리포트 특성은 풀다운 메뉴(pull-down menu)로부터 선택할 수도 있다. 이것은 리포트 생산기를 사용자가 편리하게 이용할 수 있다는 말이다. 리포트 생산기의 예는 Easytrieve Plus와 R&B Report Writer이다.

✔ 어플리케이션 생산기(application generator)

사용자는 질문언어와 리포트 생산기를 통해서 데이터베이스에 접근할 수 있지만 일반적으로 데이터베이스를 변화시키지는 못한다. 어플리케이션 생산기는 자료를 데이터베이스에 넣을 수 있는 프로그램을 생산한다. 프로그램은 사용자가 필요한 자료에 접근하도록 표시해준다. 자료의 유효성도 체크해준다. MANTIS와 ADS가 어플리케이션 생산기의 예이다. 우리는 이제까지 4세대 언어에 대해 간략히 살펴보았다. 이를 요약하면 4세대 언어는 짧고 간단한 프로그램에 적합하다고 말할 수 있겠다. 전문적인 훈련이 필요 없기 때문이다. 그러나 비절차적이기 때문에 프로그래머는 COBOL 및 PASCAL에서와 같은 제어를 갖지는 못한다는 단점이 있다.

■ 5세대 언어(5-GLs : Fifth Generation Languages)

5세대 언어 또한 비절차적 언어다. 그것들은 보통 데이터베이스의 입력 또는 전문가 시스템(expert systems)을 만드는 데 사용된다. 개념적으로 5-GLs는, 정상적인 인간의 상호작용에 가능한 한 가까운 자연언어와 유사하도록 만들어졌다. 사용자는 의문 제기시나 명령을 실행시킬 때, 구체적인 단어, 문법 또는 구문론법을 쓸 필요가 없다. 컴퓨터가 인간두뇌의 기능들을 복제 혹은 모방할 수 있도록 해주는 인공지능기술은 5-GLs의 일부분이다. 이런 기술들은 컴퓨터가 사용자의 요구 또는 명령들을 해석하는 데 도움을 준다. 현재 5-GLs는 아직 유아기단계를 벗어나지 못했다. 상업적으로 몇 개만이 시판되고 있는 상황이다. 5세대 언어를 이용해서 개발된 전문가 시스템은 고장진단, 병의 진단 그리고 석유의 위치결정 등 전문가의 지식이 필요한 부분에 도움을 줄 수 있다. 5-GLs 중 LISP는 1958년 MIT에 있는 맥카시(John McCarthy)에 의해 개발됐다. 비록 그것이 가장 오래된 프로그래밍 언어들 중 하나지만, 그것은 더욱 새로운 기술 중 하나인 '인공지능(artificial intelligenc) 연구'에 크게 사용되었다.

또 하나의 5-GLs인 프롤로그(Prolog)는 1972년 파리의 콜메르(Alain Colmerauer)와 러셀(Philppe Roussel)에 의해 개발되었다. 그것은 점차 개선되고, 넓게 사용되면서 재빨리 유럽 전체에서 인기를 끌었다. 마이크로컴퓨터를 위한 프롤로그의 실행에는 대략 7~8개 정도가 있다. 다음의 프롤로그 프로그램에서 조항들은 정보의 데이터베이스를 정의한다. 술부들은 법칙을 나타낸다. 골(goal)들은 컴퓨터가 법칙들과 데이터베이스의 내용들을 바탕으로 하여 응답한 질문들을 나타낸다. 앞에서도 밝혔듯이 5-GLs는 전문가 시스템을 개발하는 데뿐만 아니라, 데이터베이스로부터 자연언어 질문들을 만들어내는 곳에도 유용하게 쓰인다. 현재 거의 모든 전문 또는 지식바탕의 시스템들은 LISP 아니면 프롤로그(Prolog)로 해독된다. 비록 몇 개의 것들은 C 혹은 C++로도 쓰이기는 하지만, 최근 인공지능 언어를 개선시키려는 노력으로 인해 LISP와 프롤로그(Prolog)의 최장점을 합치는 시도가 등장했다. 5세대 언어가 그리 멀지 않은 미래에 상당히 큰 영향을 끼칠 것으로 보인다.

3. 결론 및 토의

본 장에서는 언어가 어떻게 발전하였는지를 살펴보기 위해서 자연언어의 발전과정과 컴퓨터언어의 발전과정을 조사해 보았다. 인간언어의 진화 및 발전과정은 컴퓨터언어의 발전과정을 이해하기 위한 시도로 진행되었으며 컴퓨터언어의 발전과정은 인간언어의 발전과정과 맥락을 같이 하고 있음을 알아보았다. 인간이 진화하면서 인간의 지능도 계속 진화해 왔으며 인간의 지능을 다른 동물들과 구별하여 가장 핵심적으로 나타내 주는 것이 언어라고 할 수 있다. 그렇다면 인간의 언어는 언제부터 시작되었는지에 대한 언어의 기원을 신수설, 자연발생설과 모방설 등을 통해서 다루었다.

인간언어의 발전과정에 대해서 두 가지 관점으로 관찰되었는데, 하나는 두뇌의 진화라는 관점이고 다른 하나는 발성기관의 진화라는 관점이었다. 약 3백만 년 전 인류의 조상 오스트랄로피테쿠스에서 직립인 호모에렉투스를 거쳐 오늘날 호모사피엔스로 진화되면서 인간의 두뇌의 크기는 처음의 3배가 넘게 되었다. 이러한 두뇌 크기의 진화가 인간의 언어를 낳을 수 있는 기본 바탕이 되었을 것이다. 인간언어의 중심체는 생리적 기저인 두뇌에 있으며 언어란 인간의 생리학적 특성의 투사체에 불과한 것을 보았다. 이를 입증하기 위해서 인간두뇌의 언어적 영역들을 조사하면서 두뇌조직이나 언어적 영역들의 역할과 기능을 비교하고 그들과 수반되는 이론들을 점검해 보았다. 또한 발성기관의 진화에서는 인간의 발성기관이 원시인 시절부터 진화하면서 다양한 발음이 가능하게 되었다는 것을 살펴보면서 발성기관과 발성과정을 다루었다. 결국 인간의 언어는 소리에서 문장으로 진화되어 온다는 것을 언급하였다.

최근에는 컴퓨터에 인공지능을 부여하여 인간이 언어를 습득하는 것처럼 컴퓨터도 언어를 습득할 수 있는 능력을 갖게 하려는 시도가 끊임없이 이루어지고 있다. 다시 말해서 인간과 자연언어로 의사소통 할 수 있는 언어적 능력을 지닌 컴퓨터의 탄생에 기대를 갖게 하고 있다. 이러한 측면에서 언어의 진화와 언어습득의 유사성을 관찰하면서 인간의 언어습득과 발달과정을 단계별로 조사하고 음운습득, 어휘습득, 의미습득, 문법습득, 화용습득 등을 통해서 언어습득의 이론적 접근을 시도하며 다양한 연구들을 다루었다. 두뇌의 진화와 발성기관의 진화과정을 통해 인간이 보다 정교한 언어습득 능력을 갖게 된 것처럼 컴퓨터의 언어도 진화과정을 거듭해야 자연언어의 이해가 가능한 처리모형을 갖게 될 것이다. 아동들의 언어습득과정에서 관찰된 것처럼 아동들은 단지 변형규칙만을 습득하는 것이 아니라, 대화의 상황을 판단하여 변형규칙을 알맞게 적용할 줄 아는 화용적 능력까지도 습득한다는 사실은 시사하는 바가 크다. 이것은 자연언어 처리모형도 음운적, 통사적, 의미적, 화용적 처리를 할 수 있는 능력을 지녀야 한다는 것을 의미하기도 한다. 단지 자연언어의 통사적 구조에 대한 이해를 중심으로 문법규칙의 처리만 할 수 있는 모형은 좀더 진화과정을 거쳐서 자연언어의 의미적 구조까지도 상황에 맞게 이해하고 처리할 수 있어야겠다.

컴퓨터언어의 발전과정을 위해서는 컴퓨터의 역사, 컴퓨터 정보처리의 발전과정 그리고 컴퓨터언어의 발전과정을 살펴보았다. 인간의 마음은 자주 컴퓨터의 정보처리체계와 비교되기도 한다. 인간의 감각기관을 통해서 입력되는 정보를 마음속에 등록하고 저장하며, 필요할 때에는 다시 이것을 꺼내어 사용하는 일련의 과정이 마치 컴퓨터가 정보를 처리하는 과정과 매우 유사하다. 다시 말해서 마음이 기계적으로 작용할 수도 있다는 생각에서 나온 것이다. 그래서 인간의 마음과 사고까지도 컴퓨터에 옮겨보려는 연구가 끊임없이 계속되었다. 이를 최초로 구현한 사람이 바로 수학자 튜링이었다. 그 이후 여러 분야에서 인간의 마음에 대한 연구가 활발히 진행되면서 인간이 어떻게 언어를 이해하고 생성하는가에 대한 연구가 언어학, 심리학, 신경과학자들에 의해 다각도로 연구되었다. 인간의 사고와 언어는 표상구조와 연산절차로 이해되고 이 두 체계는 컴퓨터의 자료와 알고리즘에 해당한다. 그러므로 표상구조와 연산절차라는 관점에서 보면 언어와 컴퓨터가 서로 많은 공통점을 지니고 있다. 따라서 이들의 기본적 속성과 메커니즘을 올바로 파악한다면 자연언어를 닮은 컴퓨터언어의 탄생도 가능할 것이다.

제3장 언어는 어떻게 구성되어 있는가?

언어는 인간에게 고유한 능력으로 인정되어왔다. 이성주의와 더불어 촘스키의 언어 본질에 대한 설명이 대두되면서 인간은 태어나면서부터 생득적으로 언어를 갖고 있으며 언어는 인간에게 있어서 본유적인 것으로 받아들여졌다. 그러나 최근 언어에 대한 연구가 확대되면서 인간언어를 컴퓨터언어로 생성하여 의미를 전달하는 방식에 관심이 쏠리게 되었다.

인간과 컴퓨터의 관련성을 연구하는 분야에서 관심을 모으는 것이 그들의 의사소통 문제이다. 다양한 컴퓨터언어가 개발되어 사용되면서 컴퓨터언어는 인간의 언어 및 사고체계에 보다 유사한 방향으로 발전하게 되었다. 따라서 컴퓨터언어가 자연언어로의 진화를 연구함에 있어서 이들의 언어체계에 대한 탐구가 필수적이다. 언어체계가 인간의 인지체계와 밀접하게 관련되어 있다는 점을 고려할 때, 자연언어 체계의 특성을 조사하는 것은 인간언어와 컴퓨터언어 사이의 공통점과 차이점 및 상호 발전 가능성을 예측해 볼 수 있는 매우 중요한 작업이다.

따라서 이 장에서는 언어를 이해하기 위해서 자연언어의 체계, 구조 및 이론을 컴퓨터언어의 체계와 구조와 비교 분석하면서 언어에 대한 이론과 원리들을 다루어 보기로 한다.

1. 자연언어의 체계와 이론

인간의 언어체계를 크게 특징 지워보면 언어의 문법적 양상과 생물학적 양상으로 나눌 수 있다. 자연언어는 그 체계나 구조가 놀라울 정도로 정교하고 조직적이기 때문에 언어의 문법적 양상은 언어 연구의 중심이 된다. 그러므로 자연언어를 이해하기 위해서 인간의 언어체계를 문법적 양상에서 살펴보고자 한다. 자연언어는 여러 개의 체계로 구성되어 있어서 언어의 체계적 다원성을 이룰 뿐만 아니라, 또한 여러 개의 체계들이 하나의 체계 안에서 유기적으로 잘 조직되어 체계적 단일성을 이루고 있다. 언어의 음성, 음운, 통사체계를 중심으로 언어의 특성을 조사하고 의미와 화용체계에 대해서도 간단히 살펴보면서 이들 관계의 수평적이고 유기적인 조직성과 효율적인 기능 등을 조사해 보려고 한다. 또한 변형생성문법에서부터 최적이론에 이르기까지 언어학 이론의 변화를 간단히 조사하면서 최근의 생성문법 중심의 최소주의 이론을 살펴보고 언어생성의 최적화 가능성도 조사해 보겠다.

언어는 소리와 의미로 이루어져 있으며 그들간의 대응관계를 맺어주는 규칙들의 체계이다. 자연언어의 음운체계는 언어에 따라 다양하며 일정한 음운현상을 나타낸다. 이러한 음운체계는 한정된 음성이나 음소를 지니고 유기적인 조직성과 체계성을 갖고 있다. 따라서 음운체계에서는 조음을 살펴 자음과 모음의 체계를 구분하고, 변별적 자질을 살펴보며 그것을 분석의 최소단위로 하는 생성음운론 규칙에 의해서 음운현상 및 음운규칙을 조사해 본다.

통사체계에서는 문장에 관계되는 규칙들을 분석하고 기술한다. 소리와 의미는 각각 독립된 체계를 갖고 있지만, 이를 통해서 소리와 의미가 연결된다. 구조주의 문법에서는 과학적 기술방법으로 관찰과 분류와 일반화의 귀납주의를 따르면서 직접구성성분 분석을 도입한다. 그러나 촘스키의 생성문법은 통사론의 중심부에 구절구조규칙과 변형의 개념 및 기법을 도입하고 이성주의적 원리에 입각하여 인간의 생득적 언어능력의 명시적 규명을 추구한다. 인간언어의 본질을 통사론적으로 설명할 수 있다고 보며 언어습득의 원리를 밝히는 보편문법의 규명을 문법의 목표로 삼고 있다. 그의 지배-결속이론에서는 변형규칙을 이동규칙 하나로 축소하고 구구조 규칙과 변형 규칙이 있으며 통사체계는 D-구조, S-구조, 음성형태와 논리형태를 설정하고 몇 가지의 이론들을 제시하면서 보편문법을 찾기를 시도한다.

언어의 의미체계에서는 의미의 정의를 조사하면서 어휘 의미체계와 문장 의미체계를 구분하여 조사한다. 의미는 형태소, 어휘, 문장 등의 문법 단위와 결부되어 의미의 실체는 항상 언어 밖의 경험세계를 지시하고 있다. 형태소나 어휘는 그들의 속성으로 세분되어 그 자체들이 특정한 의미범주가 되는데, 이러한 의미자질들을 탐구하고 그들간의 관계를 자질분석을 통해서 연구하면서 문장들의 의미관계를 다루어 본다.

화용체계에서는 언어가 구체적인 발화상황에서 어떻게 사용되는지에 대해 조사해 본다. 언어를 화자의 행위로 볼 수 있기 때문에 모든 형태의 문장이 발화될 때 화자의 어떤 취지를 나타내게 된다. 모든 문장을 화자의 언어행위 자체로 수행하려는 수행문을 분석해 보고, 또한 수행문의 발화인 언표외적 행위(illocutionary act)를 나타내는 문장들을 다루어 본다.

1.1. 음성학 / 음운론

소리는 언어의 매개체이다. 인간은 소리가 아닌 다른 현상을 언어의 매개체로 삼을 수도 있었을 것이다. 그러나 일정한 단위시간 내에 송신할 수 있는 소리의 통신량이 손짓이나 그림 그리기 등보다 훨씬 더 많다는 장점을 가지고 있어서 소리의 매개체에 의한 언어가 진화되었다고 생각된다.

일반적으로 음성에 대한 분류는 음성의 조음위치와 조음방식에 따라 분류하는 조음음성학(articulatory phonetics)과 음성의 물리적 자질을 기준으로 주파수나 음폭에 의하여 분류하는 음향음성학(acoustic phonetics)으로 나뉜다. 음향음성학에서는 음형대의 주파수에 의한 모음의 분류와 음향력에 의한 자음의 분류를 구분하지만 연속적으로 나타나는 음향현상을 불연속적인 음성의 단위로 구분하는 방법에는 어려운 점이 매우 많다. 반면 조음음성학적 분류방법은 음성을 조음위치와 조음방식에 따라 분류하므로 음성을 분절로 파악할 수 있게 해줄 뿐만 아니라 인간언어의 음성에 적용할 수 있는 보편성을 갖고 있다. 이것은 개인간이나 언어간의 사소한 차이와 환경에 의한 차이들을 무시하고 몇 개의 변인만으로 음성들을 분류하고 기술할 수 있는 장점이 있다.

■ 자음의 음운체계

모든 언어의 소리는 크게 모음과 자음으로 구분된다. 자음은 입안이 좁아지거나 공기의 흐름이 장애를 받는 소리이고, 모음은 공기의 흐름이 비교적 자유롭도록 입을 벌려 발음되는 소리로 정의된다. 조음음성학적 분류방식으로 자음의 음운체계를 살펴보자.

인간의 발성기관에서 소리는 호흡을 타고 나오므로 조음의 위치(place of articulation)는 내쉬는 숨을 입안의 어디에선가 막아서 소리를 내는 곳이다. 이것은 소리가 만들어지는 입술이나 혀의 위치에 따라 다음과 같이 세분화될 수 있다.

① **양순음**(bilabial) : 두 입술로 내는 소리, [p, b, m]
② **순치음**(labiodental) : 아랫입술을 윗니에 갖다 대고 내는 소리, [f, v]
③ **치음**(dental) : 혀끝을 윗니 뒤쪽에 갖다 대고 내는 소리, th[θ, ð]
④ **치경음**(alveolar) : 혓날을 잇몸에 대고 내는 소리, [t, d, n, s, z, l, r]
⑤ **치경구개음**(alveo-palatal) : 혓날을 치경과 구개 사이에 대고 내는 소리, ch[ʧ], sh[ʃ]
⑥ **구개음**(palatal) : 혓몸 가운데쯤을 경구개에 대고 내는 소리, [ç]
⑦ **연구개음**(velar) : 후설이 연구개에 가서 닿아 나는 소리, [k, g, ŋ]

⑧ **구개수음**(uvular) : 후설이 목젖에 가 닿아 나는 소리, 불어의 [ʀ]
⑨ **성문음**(glottal) : 후두에서 나는 소리, [h]

또한 음성의 분류에는 유성음(voiced)과 무성음(unvoiced)이 있다. 성대가 닫혀있어 진동하는 소리를 유성음이라 하고, 성대가 열려 있어 성대의 진동 없이 나는 소리를 무성음이라 한다. 또 발성시 연구개가 내려와 있어 공기가 비강을 통해서도 나가면 비음(nasal)이라 하고, 연구개가 닫혀 있어 공기가 구강으로만 빠져나가면 구두음(oral)이라 하는데, 대부분의 음성은 구두음이며, [m, n, ŋ] 등이 비음의 대표적인 예이다. 무성자음 뒤에 모음이 올 경우 성대의 진동이 구강의 폐쇄의 개방과 동시에 일어날 때 이를 무기음(unaspirated)이라 하고, 폐쇄의 개방 얼마 뒤에 성대가 진동하기 시작하는 경우를 유기음(aspirated)이라 한다. [b]는 유성음인데, 이것은 유성음간의 경우이고, 어두에서는 무성음이면서 약간의 기음을 띤다.

조음의 방식(manner of articulation)은 허파에서 나오는 공기의 흐름을 얼마나 막느냐 하는 것으로 조음간격을 말한다. 조음간격이 가장 좁은 것에서부터 넓은 것으로 가보면 다음과 같이 분류된다.

① **파열음**(stops) : 구강을 완전 폐쇄시켰다가 폐쇄를 개방하면 압축된 공기가 방출되며 나는 소리, [p, t, k, b, d, g]
② **마찰음**(fricatives) : 좁은 조음간격 사이로 공기가 빠져 나오느라고 나는 마찰소리, [f, v, θ, ð, s, z, ʃ, ʒ]
③ **파찰음**(affricates) : 전반이 파열음이고 후반이 마찰음, [ts, dz, ʧ, ʤ]
④ **유음**(liquids) : 소리의 청각적 인상이 유동체와 같은 소리, [l, r]
⑤ **활음**(glide) : 모음에서 모음으로 미끄러져 가는 소리, [y, w]

■ 모음의 음운체계

모음은 입안을 지나는 공기의 흐름이 방해를 받지 않는 연속적인 유성음으로 각 모음은 혀와 입의 모양과 관련된다. 모음분류의 기준으로는 혀의 높낮이(tongue height), 혀의 전후 위치(tongue advancement), 그리고 입술의 둥글기 정도(lip rounding)가 있다. 모음의 위치를 간단히 표시하기 위해, 혀의 위치가 가장 말초적인 모음 넷의 정점을 연결하고, 또한 모음도의 각 선을 대략 3등분하여 연결하면 다음과 같은 간략한 정사각형 모음도가 나타난다. 이를 구분하여 영어 모음들을 적어 넣으면 대략 다음과 같다.[1]

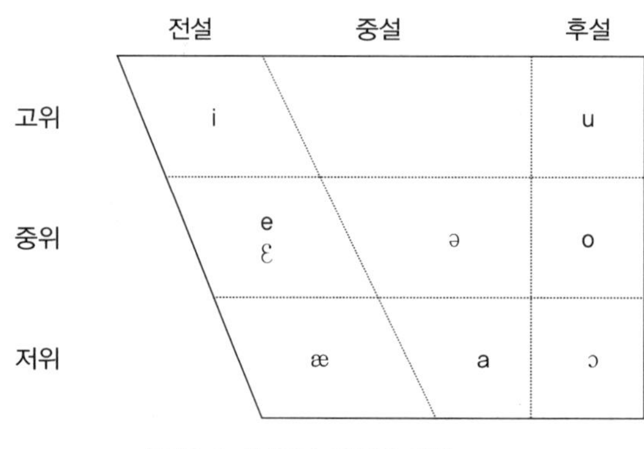

[그림 3-1] 영어 모음의 위치

위에서 조사한 모음들은 단모음으로 조음기관의 동요없이 계속해서 낼 수 있는 모음들이다. 반면 단모음 뒤에 반모음 [y]나 [w]가 오면 이중모음이라고 불린다. 이러한 모음은 중위나 저위모음에서 고위모음 쪽으로 이동하려는 시늉은 하지만, 실제로 고위모음의 위치까지는 도달하지 못한다. 그래서 이중 모음 [ay]나 [aw]는 한 음절로 독립된 두 모음이 연접한 두 음절 [ai]나 [au]와는 다르다.

■ 변별적 자질

변별적 자질 이론은 음성들 사이의 관계를 분리하거나 식별하고 인간언어에서 발견되는 모든 음성들을 기술하기 위한 일반 음성학 체계를 제공하고 있다. 음성자질은 이상적으로 이원적 속성을 지닌다. 모든 음성자질이 쉽게 이런 방식으로 분석될 수는 없지만, 음성체계의 일관성을 위해서 조음방식, 조음위치 및 모음까지 확대 적용할 수 있다. 모음의 경우 고, 중, 저위의 세 범주를 [high]와 [low]의 두 자질만으로 나타내어 고위모음은 [+high, -low]로, 저위모음은 [-high, +low]로, 또 중위모음은 [-high, -low]로 표시할 수 있다. 전설, 중설, 후설 모음의 구분은 중설이 비원순인데, 후설이 원순이라는 잉여 관계를 고려하여 중설과 후설은 같은 [+back]으로, 전설은 [-back]으로 분류할 수 있으며, 또한 중설과 후설의 구분은 중설은 [-round]로, 후설은 [+round]로 분류할 수 있다.

자음의 조음위치를 이분법으로 분류하는 방식으로는 치경 바로 뒤를 경계로 구강을 둘로 나누고 그 앞에서 나는 자음을 전강자음 [+anterior]이라 하고 그 뒤에서 나는 자음을 후강자음 [-anterior]이라 한다. 또 구강의 폐쇄 / 협착이나 혓날이 사용되는 자음을 [+coronal]이라 하고 그렇지 않은 자음을 [-coronal]이라고 분류한다.

또한 자음의 주요 조음방식을 이분법으로 분류하는 방식으로는 저해음 (obstruent)을 [-sonorant]라 하고 비음, 유음, 활음을 [+sonorant]라 분류할 수 있고 또한 전자를 [+consonantal]로 후자를 [-consonantal]로 분류할 수 있다. 비음과 유음의 구별은 물론 [+nasal]과 [-nasal]로 각각 나타낼 수 있고 활음 중에서 [h]만은 [-sonorant]로 나타낼 수 있다.

위에서 사용된 음성자질을 변별적 자질이라 하는데, 이것은 조음적 분류보다 기능적이고 간결하다는 사실 외에도 장점이 있다. 각 변별적 자질은 자연음의 집합을 일컬으며, 음운체계에서 쓰이는 음운규칙은 자연음의 집합에 의해서 작동되고 그것에 적용된다. 음운체계를 조사함에 있어서 음성들을 구성하고 있는 변별적 자질을 보지 않고는 그들 사이의 유기적 관계나 공통요소들을 찾아 볼 수가 없으므로 변별적 자질은 음성의 분류와 기술에 타당성을 제공한다.

■ 음운론

음운론은 음성들의 개별언어에서의 기능과 조직뿐만 아니라 자연언어의 음운 현상과 음운 규칙들에 대한 보편성을 연구한다. 그러므로 음운론은 원어민이 자기 언어의 음성에 대해 갖고 있는 언어지식이라고 말할 수 있다.

언어에서 어떤 음이 변별적 기능을 발휘할 때 그것을 음소(phoneme)라 하며 한 음소를 이루는 다른 음을 이음(allophone)이라고 한다. 그리고 조음위치나 조음방식 중 한 가지 음성자질의 차이로 어휘의 의미가 변화를 나타내는 한 쌍의 어휘를 최소대립쌍(minimal pair)이라고 한다. 이렇게 두 개 이상의 이음들이 한 음소를 이루려면 이 이음들은 상보적 분포 관계에 있게 되며 이런 이음들 사이에는 음성적 유사성도 지니게 된다.

원어민은 음소들이 자국어에서 배열되는 방식을 알고 있다. 음소배열조건은 일련의 음소를 가능하고 실제로 있는 말, 가능하지만 없는 말 그리고 불가능한 말의 세 가지로 구분할 수 있다. 또한 원어민은 그 언어에 작용하는 음운규칙을 알고 있다. 한 음소에 속하는 각 이음들이 구현하는 환경은 규칙적으로 정해져 있어서 규칙에 의해서 분포된다. 언어의 음운 현상에서 음성규칙은 음소의 환경에 따른 이음분포를 규정하는 규칙들이고, 음운규칙은 음소의 교체현상을 규정하는 규칙이다. 이렇게 음소의 교체를 지배하는 규칙을 때로는 이음의 교체를 지배하는 음성규칙과 더불어 음운규칙이라고 한다.

음운규칙을 조사하기 위해서 음운 교체의 예를 살펴보자. 삭제(deletion) 현상은 겹받침으로 끝나는 어휘가 고립형으로 쓰일 때 또 겹받침 위에 자음으로 시작되는 조사가 올 때 국어의 음절구조 제약에 의하여 겹받침 중 하나를 삭제시킨다. 다시 말해서 값[kap], 값도 [kapto]에서 ㅅ(s) 삭제현상이 일어나고, 반면 값이 [kapsi]에서는 ㅅ(s)이 그대로 남아 있게 된다.

다음은 영어의 음운규칙의 예를 살펴보자. 먼저 화자의 의식 속에 있는 표기형인 기저형과 실제 표기형인 표층형이 있다고 가정한다. 다시 말해서, 음운규칙의 기능은 기저형에서 표층형을 도출하는 것이다. 영어에는 음성표시에서 규칙적인 교체를 나타내는 *sign* / *signature*와 *malign* / *malignant* 같은 단어 쌍들이 있다. [g]는 두 쌍의 단어 중에서 두 번째 요소에만 나타난다. 여기서 우리가 음운규칙을 형성하기 위해서 기저형을 설정할 때 /Ø/g/를 선택해야 하는 이유를 생각해 보자. 만약 기저분절로 Ø가 선택된다면, *signature* 같은 단어에서는 /g/를 발음하기 위해서 /g/ 삽입 규칙이 필요하지만 *line*과 같이 /g/가 삽입되지 않는 예들이 있다. 그래서 우리는 기저표시로 /g/를 넣고 음절의 마지막 비음 앞에서 /g/가 삭제되는 다음과 같은 음운규칙을 설정할 수 있다.

$$(1) \quad \begin{bmatrix} +\text{voiced} \\ -\text{anterior} \\ -\text{coronal} \end{bmatrix} \rightarrow \varnothing \; / \; \underline{\quad} \; [+\text{nasal}]\$$$

화살표의 왼쪽 부분은 자음 중에서 오직 /g/만을 가리키는 자질들이고, 기호→Ø는 /g/가 삭제된다는 것을 의미하고, \$은 한 음절 경계 앞에서 나타난다는 것을 보여준다. 이와 같이 변별적 자질로 기저형에서 표층형을 도출하는 음운규칙을 기술하면 간략하고 보편적인 방식으로 표시할 수 있다.

1.2. 통사론

언어의 통사체계는 단어가 구 또는 문장을 구성하기 위해 결합하는 방식을 나타낸다. 통사론은 원래 'putting together'라는 뜻으로 언어요소의 결합체를 의미하며, 문장을 구성하는 요소들 사이의 관계 및 요소의 배열 형태와 같은 구나 문장의 내부구조를 연구하는 문법이론이다. 현대 통사이론은 촘스키의 1957년 저서 『통사구조』(*Syntactic Structures*)에서 비롯하여 현대언어학의 핵심이 되고 있다. 먼저 언어의 통사체계를 다루는 대조적인 문법들을 살펴보자.

■ 전통문법과 통사론

전통문법은 소쉬르 이전의 문법 전반을 가리키며 고전문법(라틴어·그리스어의 문법), 규범문법, 역사적·기술적 전통문법으로 나눌 수 있다. 고전문법이나 전통문법에서는 통사론은 단어가 결합하여 문장이나 구·절이 되는 경우 그 기능이나 구성요소 등을 기술할 뿐만 아니라 각 단어류의 의미적 용법 등도 다루었다. 벤 존슨(Ben Johnson, 1572~1637)이 『영문법』(*The English Grammar*, 1940)의 제 2부를 통사론(syntax)이라 부르고 품사 간의 통사적 관계를 간단히 설명한 것이 통사론의 시초라 할 수 있다. 존슨 이후의 문법 연구에서도 발음과 철자의 연구가 이루어졌을 뿐이고 각 품사를 설명할 때마다 어형론과 통사론 문제를 함께 다루었다.

문법을 음운론, 통사론, 형태론의 3부문으로 구분하는 방법은 헨리 스위트(Henry Sweet, 1845~1912)의 문법체계가 대표적인 예이다. 스위트는 1권에서 음운론과 형태론을 다루었고 2권에서 통사론을 다루었다. 그의 통사론은 어순에서 시작하여 주요 품사의 통사법을 다루고 발화된 언어 자료에 대해 문장 강세나 억양과 통사법과의 관계에 대해 설명하며 형태보다는 의미에 중점을 두었다. 반면 예스퍼슨(Jespersen, 1860~1943)은 문법현상을 형태 면에서 고찰하는 것이 형태론이고 의미나 기능 면에서 고찰하는 것이 통사론이라고 하였다. 그의 이론은 형태론과 통사론간의 구분을 명확히 하고 구조주의에서 변형생성문법에 이르는 새로운 길을 열도록 중요한 역할을 하게 되었다.

■ 구조문법과 통사론

20세기 초에 발달한 구조문법은 브룸필드(Bloomfield, 1933)에서 비롯된다. 구조문법은 경험주의에 입각하여 전통문법의 규범성, 주관성 또는 비명시성에 반대하여 객관적이고 귀납적인 문법분석을 취하면서 언어에 대한 과학적 분석을 시도한다. 1930년대에 행동주의 심리학을 바탕으로 미국 인디언 언어를 기술하기 위해서 언어자료를 객관적으로 수집하고 관찰, 분류하는 미국의 구조주의가 발달하게 된다. 구조주의에서는 언어를 있는 그대로 객관적으로 기술하는 데 그치므로 기술문법이라고 불리기도 한다. 구조주의 문법은 과학적이고 귀납적인 연구를 통해 의미보다 형태 중심의 연구에 치중하여 근대언어학의 기초를 구축하게 된다.

구조주의의 기본 입장은 객관적인 기준에 따라 언어구조를 분석 기술하며, 언어 기술은 체계 속의 현상의 계층을 반영해야 하고 그 현상을 정의하기 위해 음운론적, 형태론적, 어휘론적, 의미론적, 통사론적 층위가 고려된다. 그리고 언어현상에 대한 정의에 있어서 가능한대로 간결성, 엄밀성, 일관성을 유지하려고 시도한다. 언어의 음소-형태소-통사론이라는 계열을 포착하고 최소단위인 음소에서 출발하여 음소의 결합체인 형태소에 이르고 마지막으로 형태소의 기호열에 따라 완성된 문장에 도달하게 된다. 브룸필드 이론에서는 통사론의 기초 개념은 어순, 억양, 음성변용 등으로 구조언어학은 음소론에서 중요한 업적을 남기고 또한 형태론과 의미론을 포함하여 발전하게 된다.

그러나 구조주의 통사론은 언어의 표층적인 면에 국한된 방법상의 한계로 인하여 더 이상 진전을 보지 못하고 어려움에 직면하게 된다. 또한 그것은 문법규칙 설정의 객관성을 지나치게 강조하여 인간의 언어학적 직관이나 지식을 배제하며 극단적인 경험주의에 빠지고 만다. 따라서 구조주의 문법은 의미도 비과학적인 것으로 간주하여 배제하고 관찰할 수 없는 사상, 의지 등의 추상적인 심리적 실재를 배제함으로써 모든 인간언어의 공통성인 언어보편성의 문제를 배제하므로 변형생성문법이 등장하게 된다.

■ 변형생성문법과 통사론

촘스키(1955, 1957)의 『통사구조』(*Syntactic Structure*)에서 논의되기 시작한 생성문법(Generative Grammar)은 전통문법의 비명시성과 규범성을 극복하고 구조문법의 극단적인 경험주의 입장을 배격하면서 연역법을 선호하는 이성주의를 바탕으로 발전한다. 이성주의에서는 언어를 포함하여 인간의 모든 능력이나 지식은 인간의 생득적 특성에 기인한다고 본다. 따라서 생성문법은 구조문법의 철저한 명시성을 중시하면서 이성주의에 입각한 인간의 생득적 언어능력의 명시적 규명을 추구한다. 생성문법에서는 모국어 화자들이 소유하는 문장들을 생성하고 이해할 수 있는 지식인 언어능력과 개인이 그의 언어능력을 실제 발음이나 문장이해에 적용하는 언어수행으로 분류하며 언어능력에 대해 명시적으로 규명하려고 시도한다.

촘스키는 자연언어는 유한한 수의 원리들로부터 생성체계 방식으로 생성된다고 본다. 유한한 규칙이 무한한 문장을 생성한다는 점에서 생성문법이라고 불린다. 생성문법의 특성은 유한한 규칙으로부터 무한한 문장을 생성해내는 능력, 다시 말해서 한 번도 들어본 적이 없는 무한수의 문장들을 이해하고 생성할 수 있는 능력인 언어의 창조성과 모국어 화자들의 언어적 직관력, 예를 들면 문장의 문법성과 비문법성을 판단할 수 있는 능력을 강조하는 것이다. 촘스키를 중심으로 하는 생성문법은 언어학을 보다 넓은 인지심리학의 한 분야로 탐구하며 수학적인 정확성을 시도하는 형식화를 시도하고 있다.

촘스키의 문법체계에서 통사부문은 중심적 위치를 차지하며 나머지 두 부문의 중개자적 역할을 한다. 그러므로 통사부문은 각각의 문장에 대해 의미적으로 해석되는 심층구조와 음성적으로 해석되는 표층구조를 고려하지 않을 수 없다. 그의 문법이론에서 중요한 특징은 통사론과 의미의 문제이다. 전통문법이나 구조문법 등이 형태를 중시하고 가능한 한 의미를 배제하려고 하는 반면 변형생성문법(Transformational Generative Grammar)에서는 적형문을 만들어 내는 규칙의 집합이 문법이므로 의미의 문제가 배제되지 않는다.

생성문법은 문법의 새로운 이론을 제시할 뿐만 아니라, 문법의 형식화의 가능성을 보여준다. 또한 언어의 무한성을 증명하면서 언어의 창조성과 연결되며 언어습득의 창조성의 설명력을 강화한다. 더욱이 자연언어들의 공통적 규칙들인 보편문법(Universal Grammar)의 초석을 마련한다.

생성문법은 다음과 같이 제한된 규칙으로부터 무한한 문법적인 문장들을 생성해낼 수 있다.

> (2) a. I know the boy.
> b. I know the boy who likes the girl.
> c. I know the boy who likes the girl that owns a cat.

위의 문장들은 문법적인 문장들이다. 여기서 나타나듯이 문장은 이론적으로 종속화의 수에는 제한이 없으며 문법은 무한한 문장의 조합을 설명할 수 있어야만 한다. 이것이 생성문법의 주된 발생 동기이며 문법이 문장을 무한히 생성해 낼 수 있어야 한다는 것이다. 또한 다음 예문을 조사해 보자.

> (3) a. Colorless green ideas sleep furiously.
> 　 (grammatical / unacceptable)
> b. *Furiously sleep ideas green colorless.
> 　 (ungrammatical / unacceptable)

촘스키(1957 : 17)는 통사적 문법성과 의미적 용인가능성은 구별되어야 한다고 주장한다. 문장 (3a)는 문법적이지만 용인가능하지 않고 반면 문장 (3b)는 비문법적이고 또한 용인가능하지 않다. 촘스키에 따르면 문법은 자

율성을 가지며 의미와는 독립적이다. 그는 다음과 같은 예문을 들어 통사
론이 의미적으로 기초하고 있다는 가정은 잘못된 것이라고 논박한다.

    (4) a. Everyone in the room knows at least two languages.
       b. At least two languages are known by everyone in the room.

✔ 구절구조규칙

촘스키는 언어구조를 위한 모델로서 직접구성성분 분석(immediate cons-
tituent analysis)을 기초로 하는 구절구조 모델을 제안하고 있다. 통사론에
서는 단순히 일련 문장의 문법성만을 판단하는 것이 아니고 각 문장의 적
절한 구조를 규명하는 것을 목표로 삼는다.

문장은 선형구조가 아닌 계층적 구조이다. 구절구조규칙(Phrase Structure
Rule) 또는 다시쓰기 규칙 X→Y는 "X를 Y로 다시 써라"로 풀이되고 문장
은 구절구조 규칙에 의해 위에서 아래로 확장된다. 이때 명사구(NP), 동사
구(VP)와 같은 통사범주를 구성성분이라고 한다. 구절구조규칙은 구로부
터 문장이, 단어로부터 구가 구성되는 방식을 결정한다. X→Y, Z, W와
같은 구절구조 규칙에서 X, Y, Z, W는 임의적인 요소이고 구절구조 규칙
은 문맥자유규칙이다. 다음에서 구성성분의 설명을 위해 구성성분를 포함
하는 수형도의 예를 들어보자.

    (5) a. The little boys liked Mary.
       b. S   → NP, VP
          NP → Det, Adj, N
          VP → V, NP
          V → liked
          N → boys
          Det→ the

(6)

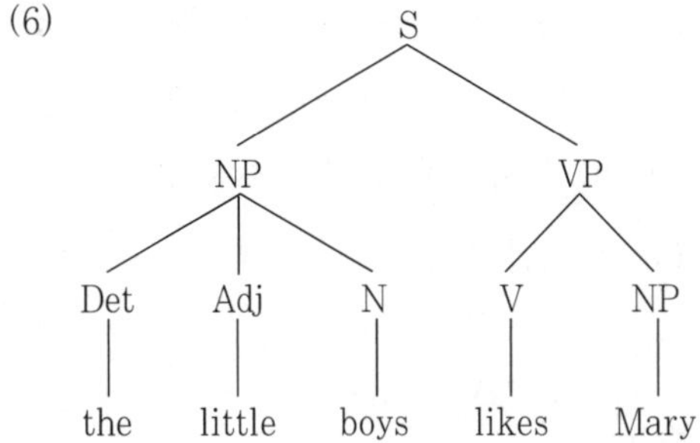

    문장을 구성하는 것은 NP, VP이고 이를 직접구성성분이라고 한다. 구성성분은 범주를 가리키며 범주에는 구범주와 어휘범주의 두 가지가 있다. AP, NP, VP, PP는 전자에 속하고 N, A, V, P 등은 후자에 속한다. (6)과 같은 수형도는 구절구조표지라고 불리며 성분 구조, 성분의 범주, 어휘 항목 등의 정보를 포함한다. 성분 구조는 어순과 계층적 구조의 정보를 내포한다.

✔ 변형규칙

    구절구조규칙은 자매간의 수평적 관계를 나타내고, 변형규칙은 구절구조로는 나타낼 수 없는 범주간의 수직적인 관계를 나타낸다. 다음 예문을 살펴보자.

(7) a. John thinks that Bill saw Mary.
     b. *John thinks that Bill saw _________.
     c. Who does John think that Bill saw _________?
     d. *Who does John think that Bill saw Mary?

    구절구조규칙에서 동사구 VP는 V와 NP를 요구하므로 (7b)는 비문이다. 그러나 (7c)에서는 동사 see가 목적어 NP를 취하지 않음에도 문장이 정문이고 반면에 (7d)가 비문이 되는 것은 종속절안의 NP가 문장 앞으로 나가는 변형이 일어났기 때문이다. 구절구조규칙이 다양한 문형을 설명할 수 있지만 위와 같이 *Wh*-의문에서 일어나는 변형을 설명하지 못한다. 따라서 구절구조규칙 외에도 변형규칙이 필요하게 된다. 변형규칙은 새로운 또 하나의 통사구조를 생성하기 위해 하나의 통사구조에 적용되는 규칙을 의미한다. 다음에서 수동변형규칙을 살펴보자.

    (8) a. John saw Mary.
        b. Mary is seen by John.

    (9) 수동화 변형 (수의적)
```
    SD  :    NP  -  Aux  -   V  -  NP  -  X
              1       2        3      4     5
    SC  :     4       2     be+en+3    0    5+by+1
    Cond : SC에서 by+1은 PP.
```

    수동화 변형규칙 (9)의 구조기술(SD)과 구조변화(SC)는 나중에 심층구조와 표층구조에 의해 간결화된다. 심층구조는 변형규칙이 적용되기 위해서 만족되어야 할 구조적 조건을 표기하는 구조기술을 나타내고 표층구조는 변형규칙이 적용된 후 이루어지는 구조변화를 나타낸다. 위에서 나타내는 수동화 변형은 목적어의 이동, 주어의 이동, *by*-삽입, *be*-동사 삽입 그리고 *en*-삽입의 작용을 일어나게 한다. 수동화 변형에 의해서 문장 (8a)가 구조적 조건을 표기하는 심층구조가 되어 표층구조 문장 (8b)로 도출되는 것이다. 이런 변형규칙은 여러 작용을 동시에 수반하며 너무나 강력하기 때문에 비문법적인 문장들을 생성하게 된다. 그래서 특정한 구문을 생성해내는 변형규칙보다는 인간의 언어능력의 공통성을 설명하도록 최대한 일반화하려는 시도가 생겨난다. 능동문과 수동문 간의 차이점을 수동문과는 무관하게 문법에 독자적으로 존재하는 원리와 작용들에 의해서 설명하려는 조합문법(modular grammar)의 길을 열면서 인간언어의 보편원리를 발견하려고 한다.

1.3. 의미론

의미론은 언어의 의미를 대상으로 연구하는 분야로 자연언어의 의미속성의 연구가 강조된다. 언어의 의미체계는 언어의 표현과 실제세계에서의 그에 대한 대응물과의 관계를 나타낸다. 언어의 표현이란 단어, 구, 문장 등을 말하고, 대응물이란 이 표현들이 실세계에서 의미로 가질 수 있는 대상을 나타낸다.

의미론이 언어학의 일부로서 등장한 것은 19세기말이며 의미를 어떻게 정의하는가가 커다란 논의의 대상이 되어 왔다. 소쉬르 언어학의 영향으로 공시적(synchronic) 연구가 행해지면서 의미의 장이론(Field Theory of Meaning)이 주장되고, 그 후 미국의 구조언어학에서는 행동주의 심리학의 영향으로 의미 문제가 일시적으로 언어학에서 제외되기도 했다. 그러나 촘스키(1957) 이후의 변형생성문법이 급속히 확대되고 수정·발전되면서 의미 문제는 점차 중요한 자리를 차지하게 되었다.[2]

의미에는 의미의 매개체인 음성형과 이 음성형이 지시하는 대상이 있다. 소쉬르는 전자를 불어로 'signifiant(signifier)', 후자를 'signifié(signified)' 라고 했는데 전자를 표현(expression), 후자를 지시물(designatum)이라고 부른다. 그런데 한 언어 안에서도 표현과 지시물 사이의 관계가 항상 일 대 일의 관계가 아니기 때문에 언어의 의미체계가 중요한 의미를 지니게 된다.

다음 예문은 한 지시물에 대한 표현이 다를 뿐만 아니라 이 표현의 의미가 다르다.[3]

> (10) a. The Morning Star is the Morning Star.
>   b. The Morning Star is the Evening Star.

프레게(Frege)는 단어가 사물을 가리킬 때의 의미를 지시(reference)라

하고, 단어 자체만이 가지고 있는 의미를 의의(sense)라고 구분한다. 지시적 표현인 *the Morning Star*와 *the Evening Star*는 둘 다 같은 별인 금성(Venus)을 지시적 대응물로 가지고 있다. 그래서 문장 (10a)는 [a=a]를 의미하는 항진명제를 나타낸다. 또한 문장 (10b)에서 *the Morning Star*와 *the Evening Star*가 같은 의미를 지닌다면 역시 항진명제를 나타내야 할 것이다. 그러나 문장 (10b)는 잠재적으로 지식을 더 제공해 주며 *the Morning Star*와 *the Evening Star*는 완전한 동의성 관계에 있다고 볼 수 없고, 지시는 같으나 의의는 다른 것으로 간주한다.

의미를 기술하는 데 있어서 어려움은 한 의미에서 의미영역의 경계선이 모호하기도 하고, 지시가 고정되지 않고 늘 변한다는 사실이다. 또한 의미론 연구의 어려움은 단어나 문장이 관습, 환경, 또는 화자의 의도에 따라서 다양해지는 것이다. 여기서는 크게 어휘 의미체계와 문장 의미체계를 살펴보겠다.

■ 어휘 의미체계

의미의 문제를 다루는 관점에서는 항상 어휘의 의미를 논하는 것이 중심적 과제이다. 어휘 의미체계는 표현으로서 주어진 한 어휘와 이 표현이 가리키는 대응물의 관계를 고려하면서 어휘의 의미를 다룬다. 어휘 의미체계는 어휘와 어휘 사이의 관계에 초점을 두는 관계규정(relational definition)을 다룰 수도 있고, 개별어휘의 의미성분에 초점을 두는 성분분석(componential analysis)도 다룰 수 있다.

한 언어의 의미인 어휘적 구조를 밝히려는 시도는 일반적으로 장(field)이 필요하다는 장이론(field theory)으로 알려져 있다. 하나의 장을 이룰 수 있는 어휘군은 의미적 공통성을 지니고 있다. 하나의 장은 그 장에 속하는 어휘들이 공통적으로 지니고 있는 의미적 개념을 표현하며, 이런 장이론은 어휘들 사이의 상관관계를 밝히는 데 목적이 있다.

의미세계에서 장이 언제나 공간적으로 선명하게 구분되어 있는 것은 아
니며 거기에는 관념의 장, 시간의 장 등 여러 가지 장이 있을 수 있다. 장
이론의 관계규정에 입각한 어휘 의미체계는 동의어 관계, 반의어 관계 등,
어휘와 어휘 사이에 존재하는 여러 관계를 다음과 같이 규정하고 있다.[4]

① **동의관계**(synonymy) : 이음동의 관계이다. 예를 들면 *deep*과 *profound*는 동의
관계를 나타내지만, *deep water* '깊은 물' *deep gratitude* '깊은 감사',
profound sympathy '심심한 조의'는 되어도 **profound water* * '심심한 물'
은 되지 않는다.

② **동음이의관계**(homonymy) : 똑같이 발음되지만 다른 의미를 가지는 어휘의 관계
이다. 예를 들면 *fair* '고운', '장'과 *fare* '운임', *son* '아들'과 *sun* '태양' 관계이
다. 반면 다의어(polysemy)는 어원적으로 같은 한 어휘가 그 의미의 영역이
넓어지면서 여러 의미를 갖게 되는 것으로, 예를 들면 *chair* '의자' '과장, 의장'
과 *change* '변화', '거스름돈' 등이 있다.

③ **반의관계**(antonymy) : 한 쌍의 어휘가 서로 반대되는 의미를 지니고 있는 관계이
다. 예를 들면 *man-woman*, *boy-girl*, *hot-cold*, *young-old*, *buy-sell*, *lend-*
borrow 등이 있다.

④ **하의관계**(hyponymy) : 포함의 관계로, 어떤 어휘와 그 어휘의 의미영역의 장을
세분한 부분장과의 관계이다. 예를 들면, *creature*는 *animal*과 *bird*의 두 부
분장으로 구성되고 *animal*은 *horse*와 *sheep*의 부분장들로, 또 *bird*는 *eagle*
과 *thrash*의 부분장들로 구성된다.[5]

(11)

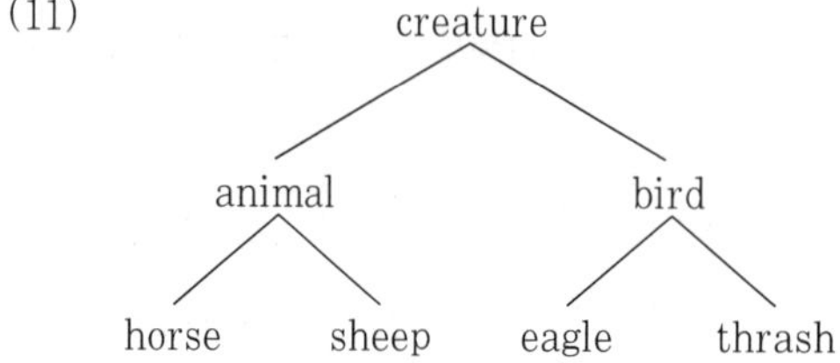

여기서 *creature*를 상위어라고 하고, *animal*과 *bird*를 그것의 하위어
라고 하며, *animal*은 *creature*와 하의관계에 있고, *animal*과 *bird*는 동
위관계에 있다. 하의관계의 통사적 의의는 의미장의 계층적 조직에서 생기
는 함축관계이다.

또한 하나의 장을 의미적 부분장들로 나누는 방법은 그 어휘를 구성하고 있는 의미적 구성요소들로 나누는 것으로 구조주의의 성분분석 방법을 나타낸다. 성분분석 이론은 어휘 의미체계가 설명해야 하는 어휘 관계들에 대해서도 중요한 설명을 제공한다.

다음에서 표시되는 어휘 관계에서 하위어는 상위어의 의미를 함의하고 있다.

(12)

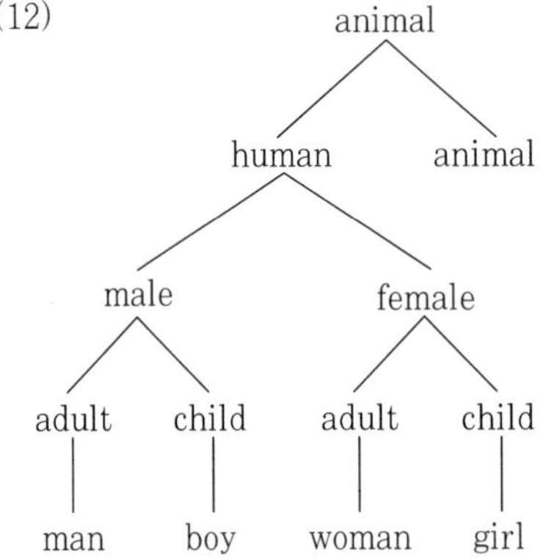

'human', 'male', 'adult' 등을 한 의미성분으로 본다면 한 어휘의 정의는 그 어휘를 구성하고 있는 의미성분의 총체라고 할 수 있다. 장에 의존하지 않고, 성분분석 방법에 의해서 의미성분만으로 어휘의 의미를 나타낼 수 있다.

또한 어휘의 의미는 추상적 의미성분으로 이분지로 표시될 수 있다. 예를 들면, *man*[+HUMAN, +ADULT, +MALE], *mare*[−HUMAN, +MAMMAL, −MALE], *chicken*[−HUMAN, −MAMMAL, −ADULT] 등으로 표시된다. 결국 의미성분분석은 의미의 변별적 자질에 의한 규정에 불과하여 의미성분을 의미자질이라고 부른다.

■ 문장의 의미체계

문장의 의미가 개별단위의 총체에 의해서만 유도되지는 않는다. 어휘들의 의미는 문장 안에서 그들 사이의 관계와 문장사이의 관계에 의해서 영향을 받는다. 따라서 의미체계는 문장의 의미가 도출되는 방법에 대해서도 연구해야 한다. 부분의 의미를 병합하여 전체의 의미를 얻게 되는 방법을 설명해 주는 것이 투사규칙(Projection Rule)이다.

전제(presupposition)는 한 문장의 의도된 의미가 용인되기 위해서 들어맞아야 하는 조건을 가리킨다.[6]

> (13) a. Even John passed the examination.
> b. The Bears lost to the Giants.

(13a) 문장에서는 'John이 시험을 치렀다'는 의미가 전제되고, (13b) 문장에서는 'Bears는 Giants와 시합했다'는 의미가 전제된다. 이러한 의미는 문장 중의 어느 어휘에 명시되어 있는 것이 아니다.

함의(entailment)는 한 문장의 의미가 또 다른 문장의 의미에 포함되는 것을 의미한다.

> (14) a. Susan has three nice grandchildren.
> b. Susan has children.

다시 말하면, (14b) 문장은 논리적으로 (14a) 문장에서 나온다. 그래서 만약 (14a) 문장이 사실이라면 (14b) 문장도 사실이어야 한다.

모순(contradiction)은 만약 한 문장이 사실이라면 다른 문장은 거짓이어야 하는 것을 의미한다.

> (15) a. Susan does not wish to sell his farm.
> b. Susan hopes to sell his farm.

(15b) 문장은 논리적으로 (15a) 문장에서 나온 것이 아니고, 사실에 있어서 (15b) 문장은 (15a) 문장과 모순된다.

변칙(anomaly)은 가능한 의미 관계를 위반하는 것을 나타낸다.

(16) Colorless green ideas sleep furiously.

이 문장에서 각 어휘의 연속 쌍은 의미상의 모순을 포함한다. 다시 말해서 *colorless green, green ideas, ideas sleep*과 *sleep furiously*는 각각 의미상의 모순으로 가능한 의미 관계를 위반하여 변칙적이다.

중의성(ambiguity)은 한 가지 이상의 의미를 지니는 문장과 관계가 있다.

(17) a. They are looking for the bank.
     b. The shooting for the hunters was terrible.

문장 (17a)에서는 음성적으로 동일한 어휘의 의미 속성에 기인하는 중의성을 나타내는 것으로 어휘 *bank*의 의미에 따라 세 가지 다른 방식 즉 둑, 은행 또는 한 줄로 늘어선 물건들을 가리킨다. 반면 문장 (17b)는 서로 다른 통사구조의 우연한 통합과 관계되는 것으로 *hunters*가 심층구조에서 *the shooting*의 주어 또는 목적어일 수 있기 때문에 중의성이 나타나게 된다.

또한 문장의 적절성과 의미는 문장을 떠나 문장이 쓰이는 환경과 더불어 화자의 현실 세계에 대한 지식에 의해 좌우되기도 한다. 결론적으로, 언어의 의미는 어휘거나 문장이거나 그것이 쓰이는 문맥과 화자/청자가 가지고 있는 세계에 대한 지식을 떠나서는 기술될 수 없다.

1.4. 화용론

현대 언어학에서 화용론은 사용자의 관점에서 본 언어연구의 한 방식을 가리키는 것으로서, 언어사용자가 선택한 항목들, 사회 속에서 언어를 사용할 때 직면하는 제약, 언어사용이 의사소통을 할 때 다른 참여자들에게 미치는 효과 등을 주로 연구한다. 그러므로 의미론, 사회언어학, 언어외적인 상황의 매개 영역에 초점을 맞춘다. 화용론 분야는 주제의 범위가 상당히 광범위하고 논제가 다양하여 일관성 있는 이론은 정립되지 않았다.

　화용론은 언어의 구조에서 형식적으로 부호화된 문맥의 양상들만을 다루는데 이것은 사용자의 화용적 능력(pragmatic competence)의 일부가 되며 또한 우리가 실제로 말을 하는 행위인 언어수행(linguistic performance) 중의 한 가지 능력을 의미한다. 촘스키(1980)는 언어수행은 문법적 능력, 화용적 능력, 그리고 다른 인지적 능력의 복잡한 작용으로 이루어진다고 보았다. 그 중에서 화용적 능력은 그 언어를 실제 상황에 맞게 쓰는 능력을 의미한다.[7] 그러므로 화용적 의미 연구는 문장으로서의 의미와 발화로서의 의미 사이에 상당한 차이가 있기 때문에 언어사용의 현장에서만 문장의 의미가 정확하게 파악될 수 있고 문장보다는 담화 전체를 언어분석의 대상으로 삼는다.

■ 언어행위(Speech Act)

　화용론의 의미 분석에서는 여러 가지 문장외적 요소가 상황적 의미로 작용한다. 오스틴(Austin)이 주창한 화행론에서는 추상적 언어체계보다는 언어사용의 현장에서 분석의 대상을 언어가 아니라 발화(speech)라고 본다. 그래서 언어를 하나의 행위로 보아 언어행위에 대한 연구에 집중한다. 오스틴 이론에 의하면 언어에는 언표적(locutionary) 행위, 언표외적(illocutionary) 행위, 그리고 언향적(perlocutionary) 행위가 있다. 다시 말해서 문장을 실제로 말하는 언표적 행위, 화자가 문장을 말하는데 갖는 의도를 나타내는 언표외적 행위, 그리고 문장을 말하는데 성취된 결과를 나타내는 언향적 행위가 있다. 예를 들면, 문장 *Close the door!*에서 언표적 행위는 문장을 말하고, 언표외적 행위는 화자가 문을 닫으라는 요청이나 명령을 나타내고, 언향적 행위는 사람이 실제로 문을 닫는 결과를 나타낸다.

화용론의 관점에서 언어학자들은 언표외적 행위를 기술하는데 가장 많은 관심을 보였고, 서얼(Searle, 1975)은 언표외적 행위를 다음과 같이 다섯 개의 범주로 나누었다.[8]

① 표시발화(representatives) : 특별한 사태를 표시하는 행위로, 진술, 기술, 단언 등을 나타낸다.
② 지시발화(directives) : 청자에게 어떤 것을 하도록 하는 의사를 가지는 행위로, 명령, 요청, 지시 등을 나타낸다.
③ 위임발화(commissives) : 어떤 미래 행동에 화자를 위임하는 행위로, 약속, 위협 제의 등을 나타낸다.
④ 표현발화(expressives) : 어떤 사태에 대해서 화자의 태도를 표현하는 행위로, 감사, 사과, 환영 등을 나타낸다.
⑤ 선언발화(declaratives) : 말해진 것에 일치하는 수행을 하는 행위로, 전쟁을 포고하는 것, 부부임을 선언하는 것, 고용인을 해고하는 것 등을 나타낸다.

■ 수행문 분석

화용론적 언어연구는 촘스키 문법에 대한 반론을 제기하면서 생성의미론자 레이코프(Lakoff)나 로스(Ross) 등을 중심으로 수행문 가설을 발전시키며 언어학 발전에 큰 기여를 하게 되었다. 로스 이론에 따르면 문장은 상황에 따라 서술, 질문, 요구, 약속, 희망, 명령 따위의 여러 기능을 수행하고 있으며 이러한 기능을 나타내는 동사를 수행동사(performative verb)라고 한다. 수행문 분석은 모든 문장은 심층 기저구조에 상위 수행절을 가지고 있다는 가설을 전제로 하는 것이다. 다시 말해서 수행절은 주어 *I*와 간접목적어 *you*를 가지며 주동사로 수행동사를 취하는 절로서, 모든 문장의 심층구조 안에서는 *I say to you that S* 또는 *I tell you that S*와 같이 분석된다. 수행동사 중에서 가장 대표적인 것이 *assert, warn, order,* *apologize* 및 *promise* 등으로 상황에 따라 *I warn you*나 *I command you* 또는 *I promise you* 등으로 표현되고 표층구조에서는 삭제된다. 예를 들면, 명령문 (18a)는 기저구조 (18b)를 지니고 의문문 (19a)는 기저구조 (19b)를 지닌다.

    (18) a. Open the door!
         b. I order you to open the door!
    (19) a. How far is the nearest market?
         b. I ask you how far is the nearest market.

이때, 심층 기저구조인 (18b)의 *I order you*와 (19b)의 *I ask you*는 표층구조에서 삭제된다고 가정될 수 있다. 이런 심층 기저구조의 동사들은 언표외적(illocutionary) 행위의 본질을 나타낸다.

수행문 분석은 언어행위를 의미론에 포함시키기 위한 시도로서 생성의미론자들에 의해 제안되었다. 다시 말해서, 수행절 삭제 변형은 의미변화를 초래하지 않는다는 가정이 전제되어 있으나 다음과 같은 문장은 문제를 제시하게 된다.

    (20) a. The world is flat.
         b. I state to you that the world is flat.

(20a)의 기저구조를 (20b)라 할 때 (20a, b)의 진리치는 동일해야 하는데, (20a)의 진리치는 거짓이고 (20b)는 발화되는 동시에 참이 되는 모순을 안고 있다. 이에 오스틴은 수행문은 진리조건으로 분석할 수 없고 적정조건(felicity condition)을 충족시켜야 한다고 주장한데 비해, 수행적 분석에서는 수행문은 발화 즉시 참이 되는 문장으로 가정한다.[9]

이와 같이 수행문 가설과 분석법은 상당한 지지를 받으며 특히 의미중심의 모형을 탐구하는 의미론자들에게는 인기가 있었다. 그러나 언어의 수행적 기능이 반드시 수행동사나 수행문에 의해서만 직접적으로 달성되는 것이 아니고 일상언어는 직접 언어행위와 간접 언어행위가 섞여 있게 된다. 게다가 우리의 일상생활에서는 직접 언어행위보다는 간접 언어행위가 더 많이 사용된다. 그 이유는 대부분의 사람들이 직접적인 표현보다는 우회적이고 간접적인 표현을 선호하기 때문이다.

1.5. 변형생성문법에서 최적이론까지

■ 변형생성문법

앞에서 언급된대로, 촘스키에 의해 창시된 변형생성문법은 언어가 유한한 수의 규칙으로 무한한 수의 문장을 생성한다는 명시적이고 형식적인 문법으로, 이때 적형문을 만들고 비적형문을 만들지 않는 규칙의 집합을 문법이라고 하였다. 이 문법은 전통문법의 규범성과 비명시성을 배격하고 인간의 언어능력이 선천적이고 생득적이라는 이성주의 입장에서 인간언어의 보편적 성질을 규명하려는 것이다.

변형생성문법에서는 문법을 음운부문, 통사부문 및 의미부문의 세 부문으로 나누고, 촘스키(1957, 1965) 등은 심층구조를 인정하고 문법상의 규칙성을 의미와 분리하여 설명하는 자립통사론(autonomous syntax)을 주장한다. 촘스키의 문법체계에서 통사부문은 중심적 위치를 차지하며 각 문장에 대해 의미적으로 해석되는 심층구조와 음성적으로 해석되는 표층구조를 고려한다. 촘스키의 문법이론에서 중요한 특징은 통사론과 의미의 문제이며 변형생성문법에서는 의미의 문제가 배제되지 않는다.

그 발전과정을 간단히 살펴보면, 촘스키(1957)의 초기 변형생성문법은 다시쓰기 규칙으로 이루어진 구절구조규칙(phrase structure rule)과 변형규칙(transformational rule) 그리고 문장의 음성형태를 나타내주는 형태음소규칙(morphophonemic rule)으로 이루어져 있다. 초기 변형생성문법이론은 언어를 좀더 명시적으로 규명하고 형식화함으로써 구절구조규칙을 제안하는데,

이것은 수많은 문장을 생성할 수 있으며 또한 회귀적으로 적용될 수 있다. 구절구조규칙은 그 적용에 있어 전혀 조건이 없는 문맥자유 구절구조규칙이지만, 주어와 술어의 일치는 문맥의존(context-sensitive) 구절구조규칙을 필요로 하게 된다. 그러나 구절구조규칙만으로 우리가 사용하는 모든 문장을 다 생성할 수 없으므로 변형규칙이 필요하게 되는데 이것은 심층구조를 표층구조로 바꾸는 역할을 한다. 촘스키(1965)의 표준이론 모형에서는 문법은 통사부문(syntactic component), 의미부문(semantic component) 그리고 음운부문(phonological component)으로 구성되어 있으며 문장을 생성하는 기능은 통사부문이 담당하고 의미부문과 음운부문은 해석기능을 갖는다.

변형생성문법은 촘스키 이론과 더불어 점차적으로 수정 보완되면서 계속 발전하게 된다. 그 후 촘스키(1981)의 『지배결속이론』(*Lectures on Government and Binding*)을 계기로 수많은 구절구조규칙과 변형규칙들로 구성되었던 변형생성문법은 규칙들에 대한 집착을 버리고 원리체계로 전환하게 된다. 즉 어휘부문, 통사부문, 해석부문으로 이루어진 규칙체계 외에 별도의 원리체계를 설정하여 소수의 원리들이 각기 모듈(module)을 이루어 서로 밀접하게 상호작용하는 체계로서 문법을 구성하게 된다.

▪ 지배-결속이론

촘스키(1981)에 의해 제안된 것으로 지배(Government)와 결속(Binding)의 개념이 핵심적 역할을 하므로 지배-결속이론이라 불린다. 지배-결속이론은 이전의 변형문법, 특히 확대표준이론에서 근본적인 변화없이 직접 발전된 것이다. 이 이론은 변형생성문법과 마찬가지로 언어행위의 소산인 외재적 언어가 아니라 언어이해의 바탕이 되는 지식 체계로서의 언어인 내재적 언어를 연구대상으로 삼아 언어기능 및 인간 본성을 규명하는 것이다. 지배-결속이론은 이성주의에 바탕을 두고 언어기능의 대부분은 선천적인 것

이며 여기에 언어경험이 촉매적 역할을 함으로써 문법체계가 완성된다고
본다.

변형생성문법이 규칙체계를 중심으로 연구된 반면, 지배-결속이론은 원
리체계를 연구하는데 중심을 둔다. 개별 언어에 따른 규칙체계는 설명적
타당성뿐만 아니라 언어습득을 설명할 수 없기 때문이다. 또한 지배-결속
이론에서는 구절구조규칙이 핵계층이론(X′-theory)으로 바뀌고 변형규칙은
아무런 제한없이 적용되는 α-이동(Move-α)으로 일반화되어 보편적인 원리
들을 발견하고자 추구한다. 따라서 지배-결속이론은 언어현상을 하나의 복
잡한 규칙이나 원리로 설명하는 것이 아니라 여러 모듈들로 구성된 일반
원리들의 상호작용으로 설명한다. 이것은 언어습득면에서 상당한 발전을
나타낸다. 다시 말해서, 어린이는 각 모듈에 속하는 보편원리와 매개변인
들을 선천적으로 알고 태어나고 언어경험을 통해 각 매개변인의 값을 결정
해주기만 하면 개별언어의 핵심문법을 습득하게 된다. 이것은 종래의 변형
생성문법이 규칙체계 내에서 언어 경험을 통해 개개의 규칙을 세워나감으
로써 언어를 습득한다는 생각보다는 커다란 진전이다. 지배-결속이론은 언
어사용과 이해에 관련된 넓은 의미의 언어체계에서는 여러 체계의 원리들
을 조합적으로 이용하여 설명해야 된다고 본다.

또한 지배-결속이론은 표층구조를 중시한다. 변형생성문법은 상당히 추
상적인 심층구조에 의해 결정된다고 생각되었으나, 지배-결속이론에서는
의미해석도 S-구조에서 이루어지며 투사원리에 의해 D-구조, S-구조, 논
리형태의 구조가 거의 동일하다.

(21) a. John was persuaded by Mary that he should insist that they
        admit stealing it.
     b. Mary persuaded John [John should insist on [they admit [they
        steal it]]].
     c. e was persuaded by Mary that he should insist that they
        admit [PRO stealing it].

　문장 (21a)에 대해 표준이론에서는 심층구조를 (21b)로 설정하고 보문자삽입, 수동변형, 대명사화변형, 전치사삭제, 동일명사구삭제변형이 적용되어 표층구조가 도출된다고 생각한다. 그러나 지배-결속이론에서는 심층구조를 (21c)로 설정한다.

✔ 지배-결속이론의 규칙체계

　지배-결속이론은 자립통사론 가설을 유지한다. 통사부문을 자립적 생성부문으로 보고 의미부문과 음운부문을 통사부문에 의존하는 해석부문으로 설정한다. 지배-결속이론의 규칙체계는 다음과 같이 세 부문으로 구성된다.

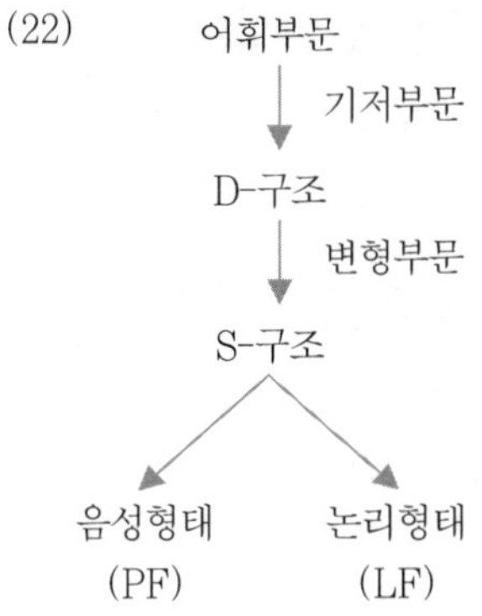

　어휘부문(lexicon)은 각 어휘항목의 내재적 특성, 즉 각 어휘항목의 의미역 표시 특성, 범주선택 특성, 음성형태 등을 나타내준다. 기저부문의 구절구조규칙과 어휘삽입규칙(Lexical Insertion Rule)으로 구성되며 이들은 D-구조를 생성해낸다.

　지배-결속이론에서는 투사원리를 설정함으로써 구절구조규칙을 핵계층이론의 식형 X″→SPEC X′, X′→X COMP로 바꾸었다. 구절구조규칙이 나타내던 어순은 핵의 위치, 격과 의미역의 부여 방향, 격 부여시 인접조건의 준수 여부 등에 관한 매개변인의 값에 따라 자동적으로 결정된다.

D-구조는 모든 변형규칙이 아무 제한없이 적용되는 α-이동 또는 α-처리에 의해 S-구조로 전환된다. S-구조에서는 논항이 비의미역위치(non-theta position)에 나타날 수도 있으므로, 이동된 논항과 그 흔적은 연쇄를 구성하여 연쇄의 첫 구성원은 격이 표시되는 위치에 있고 마지막 구성원은 의미역 위치에 있게 된다.

S-구조에 음운규칙이 적용되어 음성형태가 된다. 또 S-구조에 논리형태 부문의 α-이동이 적용되면 논리형태가 된다. 음성형태와 논리형태는 언어와 다른 인지체계와의 접합점(interface)에 위치한다. 논리형태와 음성형태는 완전해석원리(Full Interpretation Principle)를 만족시켜 음성형태의 모든 요소는 소리로 실현되어야 하고 논리형태의 모든 요소는 적절히 허가되어야 한다.

지배-결속이론은 다음과 같은 원리체계를 갖는다.[10]

① **핵계층이론** : 각 어휘범주 X(X=N, V, A, P)는 X′의 핵이며 X′는 X의 투사범주이다. 핵계층이론의 기본 식형은 X′→SPEC X′, X′→X COMP이다.

② **의미역이론** : 의미역은 핵에 의해 지배되는 요소나 위치에만 부여될 수 있다. 기본원리인 의미역기준은 각 논항은 의미역을 유일하게 부여받고, 핵의 어휘적 특성에 의해 결정되는 각 의미역은 모두 하나의 논항에 부여되어야 한다는 것이다.

③ **격이론** : 동사, 일치(agreement) 또는 시제(tense)는 구조격를 부여하고 명사와 형용사는 내재적 격을 부여하며 전치사는 언어에 따라 구조격이나 내재격을 부여하기도 한다. 주요 원리인 격여과에 따라 음운적 내용을 가진 모든 명사구는 격이 표시되어야 한다.

④ **결속이론** : 주로 대용사와 대명사류가 선행사와 갖는 관계를 다루며, 지시적 표현과 변항의 분포뿐만 아니라 명사구 흔적의 분포관계를 설명하는 데도 중요한 역할을 한다. 결속조건 (A)는 대용사가 지배범주내에서 결속될 것을 요구하며, 대명사류는 결속조건 (B)에 따라 지배범주 내에서 결속되지 않아야 한다. 또 결속조건 (C)에 따라 지배범주 내에서 결속되지 않아야 한다.

⑤ **한계이론** : 이동규칙의 국부성조건을 다루며 대표적인 원리는 하위인접조건(Subjacency Condition)으로 둘 이상의 한계범주 또는 장벽을 건너서 이동규칙이 적용될 수 없다는 것이다.

⑥ **지배이론** : 지배-결속이론의 핵심적인 하위이론으로 지배개념은 격이론, 의미역
   이론, 결속이론 등 모든 모듈에서 중요한 역할을 한다. 지배이론의 중요한 원리
   로 공범주원리가 있으며 모든 흔적은 고유 지배되어야(properly governed) 한
   다는 것이다.
⑦ **통제이론** : PRO와 이것의 선행사 관계를 다루며 대체로 동사나 형용사의 보충
   어절에 의문사가 없으면 그 절의 주어인 PRO는 동사의 주어나 목적어, 형용
   사의 주어에 의해 통제되며 이때의 PRO는 대용사와 동일한 특성을 보인다.

(23) a. Johni promised Mary [PRO$_i$ to go].
     b. Johni is eager [PRO$_i$ to succeed].

요약해 보면, 이상의 원리체계적 모듈들은 상호작용하며 규칙체계와도
관련을 맺고 언어현상을 설명하게 된다. 규칙체계와 원리체계에는 매개변
인이 있어 언어습득자는 언어경험을 통해 이들 매개변인의 값을 고정시켜
나간다. 그러나 규칙, 원리, 매개변인의 전반적인 체계는 생득적으로 부여
받은 인간의 언어기능인 보편문법이라는 것이다.

✔ 매개변인

매개변인(parameter)은 개별언어들의 차이점을 나타내는 것으로, 언어들
에 존재하는 변이의 매개변인을 규정짓는 일이 언어이론이 추구하는 과제
중의 하나이다. 촘스키(1977)는 언어와 언어 사이의 규칙은 다를 수 있으나
이러한 변이는 임의적인 것이 아니라 고정된 한계가 있다고 주장한다.

개별언어간의 차이점은 매개변인의 적절한 설정에 따라 하나의 일반원
리로 통합될 수 있다. 다시 말하면, 매개변인이 보편문법에 포함되면 그
값이 고정됨으로써 결정되는 언어들은 상당히 다르게 나타나게 된다. 언어
를 배우는 사람은 보편문법을 가지고 있기 때문에 언어 경험을 통해 매개
변인이 고정되어 가며 개별문법을 형성하게 된다.

예를 들어 핵과 보충어를 조사해 보면, 동사구, 명사구, 형용사구 그리
고 전치사구는 각각 동사, 명사, 형용사, 그리고 전치사를 그 핵으로 취하

고 나머지는 보충어가 된다. 영어에서는 항상 핵이 보충어를 선행하나 한
국어에서는 핵이 보충어 뒤에 온다. 따라서 핵계층 구조는 영어는 (24a)와
같이 나타나고 한국어는 (24b)와 같이 나타난다.

> (24) a. $X' \rightarrow X\ C\ \cdots$
> b. $X' \rightarrow \cdots\ C\ X$

(24a)와 (24b)를 비교해 볼 때 핵 X와 보충어 C의 순서가 다르므로 이
것은 한 보편문법에서 핵의 위치를 결정하는 개별언어 매개변인으로 구별
할 수 있다. 즉, 영어는 핵이 먼저 오는 선핵 매개변인을 가지고 있고 한국
어는 핵이 나중에 오는 후핵 매개변인을 가지고 있다고 볼 수 있다.

또 하나의 보편문법의 매개변인으로 촘스키(1982)에서 제안하는 주어의
존재를 들 수 있다.

> (25) a. $S \rightarrow NP\ INFL\ VP$
> b. $S \rightarrow (NP)\ INFL\ VP$

(25)에서처럼, 문장내의 주어의 유무와 관련하여 언어를 크게 두 가지
로 나눌 수 있는데, 영어나 프랑스어 같은 언어는 문장 내에 주어(NP)를
반드시 가지는 매개변인을 선택하여 (25a)를 선택하고, 반면에 주어(NP)
를 반드시 취할 필요가 없는 히브리어나 아라비아어는 (25b)를 선택한다.

■ 최소이론

최근 언어처리의 모델은 최소화와 최적화라는 용어로 대변된다. 이 두
가지 모델은 모두 생성문법이라는 기본 틀을 바탕으로 하고 있지만, 언어
생성을 위한 도출방법에서는 그 차이를 보인다. 여기서는 최소주의이론과
최적이론을 통해 언어처리가 어떻게 최적단계로 이를 수 있는지 검토해 보
자. 언어처리의 최적화는 진화연산의 유전자 알고리즘의 접근방법과 유사

한 점이 많다. 따라서 이들의 관련성을 통해 진화연산을 이용한 자연언어 처리의 가능성을 모색할 수 있을 것이다.

✔ 최소주의와 연산절차

언어학이 인간언어와 관련된 인지과학의 한 분야라고 할 때, 언어는 물리적 기호(physical signal)로 의미를 표현하는 체계라고 할 수 있다. 이와 같은 정보처리체계는 정보를 기호형식으로 나타내는 장치를 말하는데, 이때 기호표상이 새로운 표상을 만들기 위해 조작되고 변형될 수 있다는 점에서 정보처리체계는 연산적(computational) 성격을 갖는다. 이러한 관점에 입각하면 문법이란 언어지식에 대한 형식적 이론이며, 언어는 모국어 화자가 갖고 있는 언어지식에 대해 과학적 가설을 구성할 수 있는 규칙과 원리들의 체계로 이해할 수 있다. 따라서 '언어=문법=규칙과 원리의 집합=언어능력(linguistic competence)'이라는 잠정적 도식도 성립할 수 있을 것이다.[11]

촘스키에 따르면 인간은 언어를 배울 수 있는 내재적 언어능력, 즉 보편문법을 가지고 있으며, 능력이 제한된다고 한다.[12] 그렇기 때문에 음성들의 모든 결합이 언어가 되지는 않으며, 단어의 모든 결합이 문장이 될 수는 없다는 것이다. 이처럼 생성문법은 유한의 규칙으로 무한의 문장을 생성해낼 수 있는 언어능력을 밝혀보려는 데 그 목적이 있다. 최소주의 이론은 생성문법의 최근 이론으로 이러한 규칙들을 최소화하여 생성의 극대화를 모색하려는 것이다. 또한 최적성 이론은 생성문법의 테두리 안에 있는 언어이론으로 문장 생성의 극대화를 위한 최적이론을 제시하고 있는데 많은 기본적인 부분은 생성문법의 기제를 사용하고 있다. 최소이론에서는 다음과 같은 두 가지의 기본 의문을 제시하고 있다.

① 인간의 언어능력을 충족시키는 일반적 조건들은 무엇인가?
② 인간의 언어능력은 이러한 조건들에 의해 어느 정도 결정되는가?

질문 ①은 두 가지 측면을 가진다. 하나는, 인간 뇌의 인지체계 가운데 어떤 장소에서 어떤 조건들이 인간의 언어능력에 작용하는가 하는 것이고, 다른 하나는 단순성이나 경제성, 대칭성, 비잉여성 등의 독립적인 개연성을 가진 개념적 자연성(conceptual naturalness)을 고려해 볼 때, 과연 어떤 조건들이 인간의 언어능력에 작용하는가 하는 점이다. 이를 종합해 최소이론의 문법체계를 나타내면 다음과 같다.

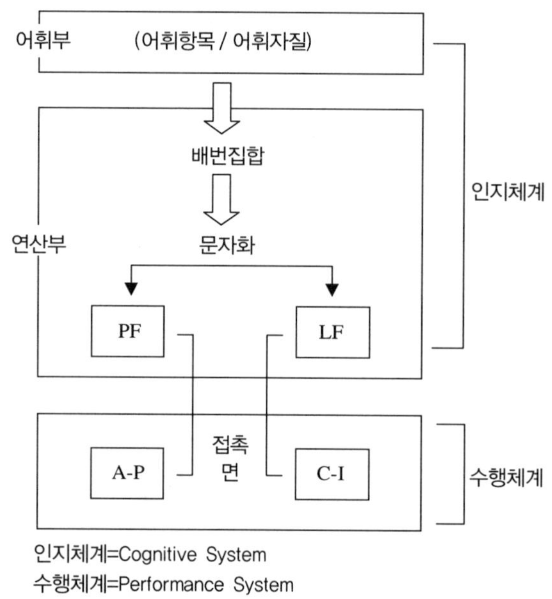

인지체계=Cognitive System
수행체계=Performance System
어휘부=Lexicon
연산부=Computational Component
PF(Phonetic Form)=음성형태
LF(Logical Form)=논리형태
A-P(Articulatory-Perceptual System)=조음-인지 체계
C-I(Conceptual-Intentional System)=개념-의도 체계

[그림 3-2] 최소이론의 문법체계

먼저 개별언어 L을 그 언어능력의 인지체계의 최초의 상태로 가정할 때, L은 음성형태(π)와 논리형태(λ)의 쌍인 (π, λ)를 구성하는 생성절차로

간주할 수 있다. 이러한 쌍 (π, λ)는 접합점에서 필수출력조건(BOC, Bare Output Condition)을 만족시켜야 한다. 또한 π와 λ는 각각 양립할 수 있어야 하므로 이들은 서로 같은 어휘를 선택 공유해야 한다. 따라서 우리는 연산과정을 일련의 어휘들로부터 쌍 (π, λ)로의 투사과정으로 인식할 수 있다. 여기서 어휘부에서 선택된 일련의 어휘들을 배번집합(N, Numeration)이라고 가정하자. 그러면 인간의 연산과정 C_{HL}은 N에서 쌍 (π, λ)로의 투사과정으로 이해된다.

문장생성 과정을 좀더 자세히 살펴보면, 먼저 어휘부에서 어휘자질의 복합체인 어휘항목들이 선택되면 한 집합 안에 순서 없는 형태로 모이게 된다. 이를 배번집합이라고 하는데, 이를 구성하면 각 어휘항목들은 병합(Merge)에 의해 연산체계(Computational System, C_{HL})에 도입되고 거기에 이동(Move)이 적용되어 문자화(Spell Out)까지의 구조가 도출된다. 연산체계에 참여한 어휘항목들의 자질 가운데 음성자질만 음성형태로 떨어져 나가고, 다른 자질들은 논리형태로 도출이 진행되는데, 이것을 문자화라고 한다. 다시 말해서, 문자화는 두 가지 의미를 가지고 있는데, 하나는 음성자질이 음성형태화하는 현상을 뜻하기도 하고 다른 하나는 그러한 현상이 일어나는 지점이나 단계를 뜻하기도 한다.[13]

■ 최적이론(Optimality Theory)

언어학자들은 언어처리 모형을 나타내는데 있어서, 음운론적이든 형태론적이든 또는 통사론적이든 간에 그 입력형과 출력형, 그리고 이 둘 사이의 관계를 파악하려고 노력해왔다. 언어학의 다른 모형들처럼 최적이론도 그러한 관계의 본질을 위해 나름대로의 견해를 제시하고 있다. 1960년대 중반 이래 언어학 연구에서 지배적인 견해였던 변형적인 도출을 고려한다면 입력은 출발점이 된다. 입력에 일련의 작용들이 적용되며, 그 결과는 출력이다. 만일 한 작용이 입력에서 어떤 변화를 하면, 그 변화형은 다시 다음 작용의 입력이 된다. 최적이론에서는 입력과 출력간의 관계가 두 형식적인 장치, GEN(Generator)과 EVAL(Evaluator)에 의해서 조정되는데, GEN은 언어학적 대상을 만들어내고 고려 중인 입력에 충실성 관계를 알아차린다. EVAL은 평가자를 위해서 GEN에 의해서 생성된 후보들 중에 주어진 입력을 위해 가장 훌륭한 후보를 선발하기 위해서 언어의 제약계층을 사용한다. 언어를 위한 제약계층은 제약의 보편적인 집합인, CON의 특별한 등급이다. 그러면 구체적인 예 /xat-en/을 통해 이들의 과정을 자세히 살펴보자.[14]

✔ **입력(Input)**

보편문법은 언어표시를 위한 어휘를 마련하고 있는데, 모든 입력은 이 어휘로부터 구성된다. 입력은 언어학적으로 적형으로 이루어진 대상들이어야 한다. 이것은 입력에 부과된 유일한 제한이다. 모든 다른 제약들은 EVAL에서 발견된다.

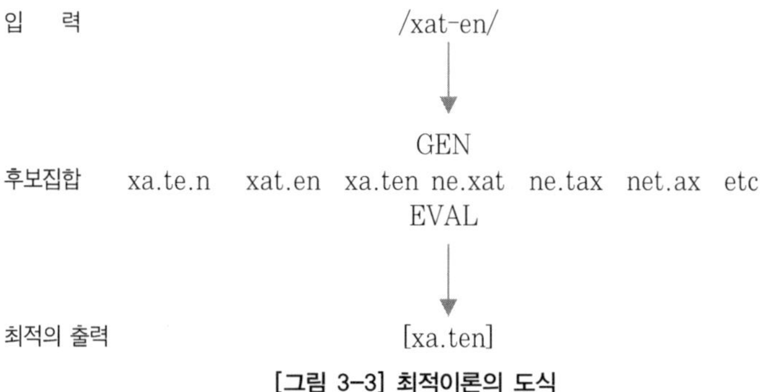

[그림 3-3] 최적이론의 도식

✔ **GEN(Generator)**

GEN은 입력을 후보표시들의 집합에 관련시키는 기능이다. 이들 중의 하나가 특정한 입력을 위한 최적의 출력이 될 수 있다. GEN은 제한 없이 사물들을 부가하고 삭제하고 재정렬할 수 있어 아주 창조적이다. 아무런 제한이 없기 때문에 GEN이 창조해내는 후보집합은 무한할 수 있다. 이 속성은 최적이론을 컴퓨터 모형화하려는 사람에게는 부담이 아닐 수 없다. 또한 GEN은 입력과 출력표시들간의 교신을 나타내는 일을 하고 있다. GEN이 어떻게 교신을 푸는가와 EVAL이 이 교신을 어떻게 취급하는가는 여전히 뜨거운 논쟁거리로 남아 있다.

✔ **보편적 제약들**(CON, The Universal Constraint Set)

CON은 제약의 보편적 집합으로 우리 언어의 내재적인 지식에 속하는 것으로 간주된다. 이 말은 모든 언어가 같은 제약집합을 이용하고 있다는 것이다. 이 가정은 직접적으로 인간언어의 보편적인 양상을 특징짓는 한편, 보편성을 해독하는 형식적 수단으로 작용하고 있다. 더 높이 등급이 매겨진 (따라서 위반 빈도가 약한) 제약들은 언어가 무표적인 방법을 나타내는 데 반해, 낮게 등급이 매겨진 (위반 빈도가 잦은) 제약들은 언어가 유표적인 방법을 나타낸다. 이처럼 유표성(markedness)을 모형에서 직접 해독한다.

✔ EVAL(Evaluation)

EVAL은 GEN이 만들어 낸 후보집합에서 최적후보들을 선발하는 장치이다. EVAL은 위반할 수 있는 제약들의 등급을 이용한다. EVAL이 선발한 것, 즉 최적출력은 이들 제약을 가장 훌륭히 충족시키는 것이다. 이때 최적출력에 이르기 위한 절차는 두 가지다. 먼저 낮은 등급이 매겨진 제약들의 위반은 보다 높은 등급이 매겨진 제약들을 충족시키기 위해서 묵인될 수 있다. 그리고 높은 등급이 매겨진 제약들의 유대는 낮은 등급이 매겨진 제약에 의해 해결된다.

✔ 최적이론의 기본원리

최적이론에서 입력, 생성, 평가, 그리고 출력단계에 필수적으로 요구되는 기본적인 원리들은 다음과 같다.[15]

> (26) a. 위반 가능성(Violability) : 제약은 위반할 수 있다. 그러나 위반은 최소의(minimal) 것이어야 한다.
> b. 등급(Ranking) : 제약들은 개별언어 특유의 등급을 갖는다. 최소의 위반(minimal violation)이라는 개념은 이 등급과의 관계에서 파악된다.
> c. 포괄성(Inclusiveness) : 구조적 적형성(structural well-formedness)에 대한 매우 일반적인 고려 하에서 허용되는 일련의 가능한 분석후보들이 제약의 등급에 의해 평가된다. 특정한 규칙이나 보수전략(repair strategy)은 없다.
> d. 평행성(Parallelism) : 제약 등급에 대한 최대충족은 후보집합 전체를 등급전체에 견주어 얻어진다. 순차적인 도출(serial derivation)은 없다.

예를 들어, 어떤 사람이 부산에서 서울에 가고자 한다고 가정하자. 부산에서 서울로 가는 방법은 상당히 많다. 비행기를 이용할 수도 있고, 기차나 고속버스, 자가용, 심지어 배를 이용할 수도 있다. 비행기를 이용하는 경우도 어느 공항을 이용할 것인지에 따라 여러 가지 방법이 있으며, 기차를 이용할 경우도 어느 역에서 어떤 종류의 기차를 이용할 것인지에 따라 많은 방법이 나온다. 이때 어떠한 방법으로 서울에 갈 것인가를 정하기 위해 고려해야 할 사항이 몇 가지 있다. 먼저 소요되는 '시간'이나 '거리'가 중요하다. 어떤 방법이 가장 빠른지 아니면 가장 짧은지를 고려해야 한다. 또한 '경치'도 중요하다. 가는 도중에 얼마나 즐겁게 갈 수 있는가도 중요하기 때문이다. 그런가 하면 '안전'을 고려해야 하고, '편리함'이라는 요소도 빠져서는 안 된다. 그리고 무엇보다도 '비용'이 얼마나 드느냐도 고려해야 한다. 이러한 모든 요소를 골고루 갖춘 방법을 논리적으로 찾기란 쉽지 않다. 여러 가지 방법들은 각기 나름대로의 장점이 있기 때문이다.

그렇다면 이와 같은 사전 지식을 가지고 앞서 언급한 최적이론의 여러 원칙을 다시 살펴보자. 먼저 (26a)의 제약 위반성은 제약은 위반될 수 있다는 것이다. 일반적으로 제약들은(시간, 거리, 경치, 안전, 편리함, 비용) 보편적인데, 이들 제약을 모두 지킬 수는 없으므로 그 중에서는 위반할 제약이 생긴다는 것이다. 그러나 그 위반은 최소화해야 한다는 것이다. 이 원칙은 최적이론의 가장 큰 특징으로, 이제까지 다른 언어이론에서 제약(constraint)은 절대로 위반할 수 없는 것이었지만, 최적이론에서는 위반은 허용하되 최소화하는 점이 다르다.

이때 중요한 것은 제약 사이의 우선순위이다. 원칙 (26b)는 바로 등급에 관한 것이다. 위의 예에서 각 방법들은 저마다 '제약'의 우선순위를 갖고 있다. 예를 들어 비행기는 시간상 빠르다는 장점이 있고, 기차는 가장 빠르지는 않지만 시간도 경제적이고 안전함과 경치도 괜찮다. 고속버스는 비용면에서 저렴하고, 자가용은 이용하기가 편리하고, 배는 경치를 감상할 수 있다는 점이 좋다.

따라서 최소위반이나 최대충족이라는 것도 바로 이 등급과의 관계에서 파악된다. (26c)는 최선의 방법을 찾기 위해서는 가능한 모든 방법을 포함해야 한다는 것이다. (26c)에서 '구조적 적형성에 대한 매우 일반적인 고려 하에서 허용되는 일련의 가능한 분석후보들'이란 바로 그런 뜻을 가진 것이다. 이들 가운데 오로지 최적의 것을 선택할 따름이지 도중에 방법을 수정하거나 특정 규칙을 삽입하는 것은 허용되지 않는다. (26d)는 제약의 최대충족이란 무수한 방법 전체를 제약의 전 위계에 견주어 선택해야 한다는 뜻이다. 즉 제약들 전부와 가능한 후보 전부를 평행하게 놓고 중간 단계 없이 최적의 후보를 고르는 것이다. 이 과정을 도식화하면 다음과 같다.

[표 3-1] 평가절차

후보자 / 제약	시 간	거 리	경 치	안 전	편리함	비 용
비 행 기			*	*		*!
기 차					*	*
고속버스				*	*	
자 가 용				*		*
배	*!	*		*	*	*

※ 참고 : * = 벌점, *! = 치명적 벌점

예를 들어 위와 같은 제약의 순서를 매길 경우(시간 > 거리 > 경치 > 안전 > 편리함 > 경비) 제일 제약을 덜 위반한 '기차'의 경우가 선택된다. 이러한 방법으로 언어이론에서도 후보자를 선택하고 일반적 제약을 설정하고 순서를 매겨 평가하면 최적의 조건을 갖춘 문장이 좋은 문장이라는 것을 그 생성과정을 통해 보다 자세히 알 수 있다.

    (a) Generator(in_i) → {$cand_1$, $cand_2$⋯}
    (b) Evaluation({$cand_1$, $cand_2$⋯}) = $output_{real}$

✔ 최적이론의 응용가능성

최적이론은 문법의 구성요소들, 예들 들면 형태론과 음운론, 통사론과 형태론, 음운론과 음성학 사이에 상호작용의 영역을 개발하기 위한 새로운 체제를 제공할 수 있다. 그리고 이러한 언어현상 이외에도 최적이론이 적용될 수 있는 영역은 시학, 차용어의 행위, 제2언어습득, 언어습득의 경험적 문제, 언어습득의 논리적 문제, 언어변화, 자연언어인식, 생성, 언어의 컴퓨터 모형화에 이르기까지 매우 다양하다.[16] 예를 들어 자연언어인식(natural language perception)의 경우를 보자. 최적이론은 입력에서 출력으로, 또 출력에서 입력으로 양쪽에서 작용한다. 출력을 조사하고 규칙을 토대로 하는 다른 언어이론에서는 불가능했던 것, 즉 최적의 입력을 결정하는 것이 최적이론에서는 가능하다. 이러한 결과는 언어인식 분야에 매우 고무적으로 작용한다. 왜냐하면 최적이론은 입력과 출력의 상호작용을 위한 형식적인 이론을 제공하기 때문이다. 자연언어생성(natural language production)에서도 최적이론이 적용될 수 있다. 음운론의 표준 생성모델에서는 입력이 출력을 생성하는 일련의 규칙들에 의해서 통제되므로 자연언어생성의 모형으로는 적절하지 않지만 최적이론에서는 전혀 문제가 없다. 최적이론에서 입력-출력의 관계는 생성모델처럼 규칙에 의해 다수 단계를 거치는 것이 아니고 EVAL에 의해 한 단계로 조정된다. 그리고 언어의 컴퓨터모형화(computational modeling of language) 분야에서도 무한한 후보를 생성한다는 문제를 제외한다면 최적이론은 크게 기여할 수 있다.

2. 컴퓨터언어의 체계와 구조

2.1. 개요

컴퓨터언어는 기본적으로 문맥자유문법(CFG, context-free grammar)에 속한다. 그렇다면 문맥자유문법이란 무엇인가? 우리는 특정한 문맥을 고려하지 않고 각각의 변수들이 언어를 표현하는 한정된 집합을 문맥자유문법이라고 한다. 이것은 이른바 종단기호(terminals)와 비종단기호(nonterminals), 또는 통사범주(syntactic categories)로 구성된다. 변수에 의해 표현되는 언어들은 종단기호라고 불리는 초기 기호들과 각각의 여러 단어로 순환적으로 기술된다. 그리고 변수와 관련된 규칙들은 생성규칙(production)이라고 하는데 전형적인 생성은 언어와 주어진 변수가 연관되어 있다는 것을 뜻한다. 문맥자유문법은 본래 자연언어를 표현하기 위해 만들어진 것이었다. 예를 들어 우리는 다음과 같은 생성규칙들을 쓸 수 있다.[17]

⟨sentence⟩ → ⟨noun phrase⟩⟨verb phrase⟩
⟨noun phrase⟩ → ⟨adjective⟩⟨noun phrase⟩
⟨noun phrase⟩ → ⟨noun⟩
⟨noun⟩ → boy
⟨adjective⟩ → little

이때 통사범주는 각진 괄호로 표시하고 종단기호는 그냥 괄호 없이 'boy', 'little'과 같은 단어로 표시한다. 여기서 ⟨sentence⟩→⟨noun phrase⟩ ⟨verb phrase⟩의 의미는 명사구와 이어오는 동사구가 결합하여 문장을 형성한다는 것이다. 그리고 ⟨noun⟩→boy가 뜻하는 것은 하나의 종단기호인 기호 'boy'를 구성하고 있는 문자열이 통사범주 ⟨noun⟩ 자리에 대체된다는 것이다. 그러나 여러 가지 이유 때문에 문맥자유문법은 자연언어 표현에 적절하지 않다는 것이 일반적이다. 문법적으로는 맞지만 의미가 없는 문자열을 허용하지 않기 위해서는 어떤 의미론적 정보가 반드시 필요하기 때문이다. 이때 어원을 지닌 문장의 의미와 관련지어질 때는 더 많은 미묘한 문제들이 생겨난다.

이러한 문제점에도 불구하고 문맥자유문법은 컴퓨터언어학에 있어서 매우 중요한 역할을 하고 있다. 언어학자들이 문맥자유문법을 연구하고 있는 동안, 다른 한편에서는 컴퓨터 과학자들이 베커스 나우어형(BNF, Backus-Naur Form)이라 불리는 개념을 활용하여 프로그래밍 언어를 만들기 시작하였다. 이 BNF는 문맥자유문법의 개념을 이용하여 프로그래밍 언어에서 정의와 컴파일러의 구성을 매우 단순화 시켜주는 역할을 했다. 예를 들어 다음과 같은 생성들의 집합을 살펴보자.

1) ⟨expression⟩ → ⟨expression⟩ + ⟨expression⟩
2) ⟨expression⟩ → ⟨expression⟩ * ⟨expression⟩
3) ⟨expression⟩ → (⟨expression⟩)
4) ⟨expression⟩ → **id**

위의 예에서 +와 *연산자를 이용하여 산술적 표현을 정의하고 있으며 기호 id로 피연산함수들을 표시하고 있음을 알 수 있다. 여기서 ⟨expression⟩은 단지 변수에 불과하고 +, *, (,), 그리고 id가 종단기호인 것이다.

첫 번째 두 개의 생산은 그 표현이 덧셈과 곱셈 기호에 의해 연결된 두 개의 표현을 구성하고 있음을 보여주고 있다. 세 번째 생성은 한 표현이 둥근 괄호로 묶음으로써 다른 표현이 될 수도 있음을 말해주고 있다. 마지막으로 하나의 피연산함수가 표현이 될 수 있음을 나타낸 것이다. 반복적으로 생성을 적용함으로써 우리는 점점 더 복잡한 표현들을 얻을 수 있다. 예를 들면,

$$
\begin{aligned}
\langle expression \rangle &\Rightarrow \langle expression \rangle * \langle expression \rangle \\
&\Rightarrow (\langle expression \rangle) * \langle expression \rangle \\
&\Rightarrow (\langle expression \rangle) * \mathbf{id} \\
&\Rightarrow (\langle expression \rangle + \langle expression \rangle) * \mathbf{id} \\
&\Rightarrow (\langle expression \rangle + id) * \mathbf{id} \\
&\Rightarrow (id + id) * \mathbf{id}
\end{aligned}
$$

기호 ⇒는 유도되고 있는 실행, 즉 각 변수에 대해 생성이 오른쪽 표현에 의해 변수가 대체되어지는 것을 나타낸다. 두 번째 줄은 세 번째 생성의 오른편에 의해 첫 번째 줄에 있는 처음 ⟨expression⟩을 대체함으로써 구해진 것이다. 남겨진 줄들은 (4)(1)(4)(4)생성을 적용한 결과들이다. 마지막 줄에 있는 **(id+id)*id**는 오직 종단기호 기호들만 이루어져있다. 그러므로 이것은 ⟨expression⟩언어에 있어서의 단어이다.

우리는 위에서 문맥자유언어가 많은 프로그래밍언어의 구문과 매우 유사하다는 점을 앞에서 알게 되었다. 이제 다음과 같이 간단한 베커스 나우어형 (BNF)의 구문을 예로 들어 이에 대해 좀더 구체적으로 알아보고자 한다.

⟨digit⟩ : : = 0 | 1 | 2 | 3 | 4 | 5 | 6 | 7 | 8 | 9
⟨unsigned integer⟩ : : = ⟨digit⟩ | ⟨unsigned integer⟩⟨digit⟩

이것은 ⟨digit⟩와 ⟨unsigned integer⟩가 다음의 조건을 만족하는 문자열 중 가장 작은 집합임을 의미한다. 0, 1, …, 9는 숫자이고(즉, 이들은 ⟨digit⟩ 집합에 포함된다), 모든 숫자는 부호 없는 정수이고, 숫자 뒤에 오는 모든 부호 없는 정수는 부호 없는 정수이다. 이 공식을 좀더 대수적인 형태로 다시 쓰면 다음과 같이 된다.

$$D = {}^\iota 0^\iota + {}^\iota 1^\iota + \cdots + {}^\iota 9^\iota$$
$$U = D + U \cdot D$$

이들을 추상적인 공식이라 생각해보자. 그들의 의미는 무엇인가? 미지의 U와 D는 그 값이 언어인 변수이다. 여기서 $X + Y$는 언어 X와 Y의 병합을 뜻한다. 또한 $X \cdot Y$는 언어 X와 Y의 곱셈으로서 X의 문자열과 Y의 문자열을 연결하여 얻어진다. 즉, $X \cdot Y = \{\, xy \mid x\varepsilon X,\ y\varepsilon Y \,\}$ 그리고 '0', '1', 등은 단순히 하나의 기호 0, 1, 등으로 이루어진 언어를 지칭하는 상수이다. 일반적으로 BNF 구문 서술에 준하는 공식들은 우리의 예보다 더 복잡할 수 있다. 전형적인 공식은 다음과 같은 형식을 가질 수 있다.

$$A = abBAAaAb + BaC + ba$$

(문자 a와 b는 단말 기호이다. A, B, C는 변수들이고 곱셈에서 점 부호는 생략되었다) 연산자 $+$와 $\cdot$는 대략 숫자의 덧셈과 곱셈에 유사하다. 그러나 $\cdot$은 교환법칙(communtative rules)이 성립하지 않는다. 즉, X와 Y가 언어라면 $X \cdot Y$는 일반적으로 $Y \cdot X$와 같지 않다. 만약 언어의 곱셈에서 교환법칙이 성립한다면 우리는 $abBAAaAb$를 $aabbA^3$로 쓸 수 있을 것이다. 이것은 변수들이 숫자가 아니라 언어에 관여한다는 점과 계수 $aabb$가 숫자가 아니라 기호의 나열이라는 점을 제외하고는 다항식 표현에서의 4차항과 비슷할 것이다. 언어에서의 곱셈은 교환법칙이 성립하지 않으므로 우리는 각 항들을 이러한 방식으로 재배열할 수는 없다.

그러나 우리는 여전히 이들 공식을 비교한 변수의 다항식이라고 간주할 수 있다. 각 식에서 우변은 유한한 항들의 합이 될 것이고 각 항은 변수와 단말기호의 나열이 될 것이다. 이러한 공식들의 집합은 항상 유일한 최소의 해(解)를 가진다. 그래서 우리의 보기와 같은 공식을 만족시키는 가장 작은 나열의 집합, U와 D를 말하는 것이 항상 이치에 맞게 된다. 다항식에 의해 이러한 방법으로 정의가 가능한 언어들은 정확히 문맥 자유언어로 판명된다. 단순한 예로 언어 $\{a^n b^n \mid n \geq 1\}$는 문맥자유생성인 $S \rightarrow aSb$와 $S \rightarrow ab$에 의해 생성되거나 또는 공식 $S = aSb + ab$의 최소 해(解)에 의해서 생성되는 언어로 명시되어질 수 있다.

덧붙여 각 항(summand)이 기껏해야 하나의 변수생성을 가지고 있으므로, 이 공식이 일차 혹은 '선형' 공식이라는 것을 주목하라. 그러한 공식에 의해 정의되는 언어들을 '선형' 문맥자유 언어라고 부른다. 그들은 또한 선형자유문법—즉, 나열 α가 많아야 하나의 변수발생을 포함하고 있을 때, A$\rightarrow \alpha$ 형식의 생성을 가지는 문맥자유문법—에 의해 생성되는 언어로 특징화 될 수 있다. 이제 우선형문법이 왜 그렇게 명명되어졌는지 명백해진 것이다.

지금까지의 관점에서 보면, BNF에서 기술될 수 있는 모든 프로그래밍언어는 문맥자유언어이다. 일반적으로 거의 모든 프로그래밍언어의 구문이 BNF에서 상술될 수 있다. 그래서 파스칼이나 포트란과 같은 언어는 정확한 의미에서는 문맥자유가 아니지만 문맥자유에 가깝다.

2.2. 문맥자유문법과 형식언어

여기서는 우리가 앞 절에서 소개한 직관적인 개념들을 구체적으로 형식화하고자 한다. 문맥자유문법을 $G=(V,\ T,\ P,\ S)$로 표시하고 여기서 V와 T는 각각 변수와 종단기호들의 유한 집합들이다. 우리는 V와 T가 공통부분을 가지고 있지 않다고 가정한다. 또한 P는 생성들이 유한집합이다. 각각의 생성은 $A \rightarrow \alpha$의 형태이며 여기서 A는 변수, α는 $(V \cup T)^*$에서 나타나는 기호들의 문자열이라고 본다. 마지막으로 S는 시작기호라고 불리는 특별한 변수이다.

예를 들어 BNF에 의한 문법에서 변수에 대한 표현을 E로 대신하여 사용한다고 가정하자. 그러면 형식적으로 이 문법을 $(\{E\}, \{+,*,(,),id\}, P, E)$로써 표현할 수 있다. 여기서 P는

$$E \rightarrow E + E$$
$$E \rightarrow E * E$$
$$E \rightarrow (E)$$
$$E \rightarrow id$$

로 구성되어 있다.

이때 우리는 문법을 생각하는 데 있어서 아래의 사항들을 고려하여 표현하고자 한다.

1) 대문자 A, B, C, D, E, S는 변수를 나타낸다. 그리고 특별한 언급이 없으면 S는 시작기호이다.
2) 소문자 a, b, c, d, e와 아라비아 숫자(0~9) 그리고 획이 굵은 문자열은 종단기호를 뜻한다.
3) 대문자 X, Y, Z는 종단기호이거나 변수인 기호들을 나타낸다.
4) 소문자 u, v, w, x, y와 z는 종단기호의 문자열을 의미한다.
5) 소문자 그리스 문자 α, β, γ는 변수와 종단기호의 문자열을 나타낸다.

위의 사항들을 가지고서 우리는 생성들을 살펴봄으로써 단지 변수들, 종단기호들, 그리고 문법들의 시작기호들을 유도해낼 수 있다. 그러므로 우리는 종종 생성만을 단순히 작성함으로써 문법을 제시할 수 있다. 만약 $A \rightarrow \alpha_1$, $A \rightarrow \alpha_2$, $\cdots$, $A \rightarrow \alpha_k$가 어떤 문법의 변수 A에 대한 생성들이라면 우리는 $A \rightarrow \alpha_1 | \alpha_2 | \cdots | \alpha_k$라는 개념으로 그들을 표현할 수도 있다. 여기서

수직선은 '또한'을 의미하고 있다. 위의 예제에서의 전체 문법은 $E \rightarrow E+E$ | $E*E$ | (E) | id 로 쓰일 수 있다.

다른 예제로 문법 $G=(V, T, P, S)$를 고려해보자. 여기서 $V=\{S\}$, $T=\{a, b\}$ 그리고 $P=\{S \rightarrow aSb, S \rightarrow ab\}$를 의미한다. 이때 S는 단지 변수일 뿐이고 a, b는 종단기호들이다. $S \rightarrow aSb$와 $S \rightarrow ab$인 두 개의 생성들이 있다. n-1번만큼의 두 번째 생성의 적용에 따라와지는 첫 번째 생성을 적용함으로써 우리는 $S \Rightarrow aSb \Rightarrow aaSbb \Rightarrow a^3Sb^3 \Rightarrow \cdots \Rightarrow a^nb^n$을 알 수 있다. 게다가, $n \geq 1$에 대해서 $L(G)$ 안에 있는 유일한 문자열은 a^nb^n이다. 매번 $S \rightarrow aSb$가 사용되고 수많은 S들이 똑같이 남는다. 생성 $S \rightarrow ab$를 사용한 후에 우리는 문장형식에서의 수많은 S가 하나에 의해 줄어드는 것을 알 수 있다. 그러므로 $S \rightarrow ab$를 사용한 후에는 어떤 S도 결과 문자열에 남아있지 않다. 양쪽의 생성들이 왼쪽에 있는 S를 가지고 있기 때문에 생성에 적용되어질 수 있는 유일한 순서는 $S \rightarrow ab$ 의 하나의 적용에 의해 딸려오는 여러 번의 $S \rightarrow aSb$이다. 그러므로 $L(G)=\{a^nb^n \mid n \geq 1\}$이다.

■ 전개 나무들

나무 모양으로 문장의 전개과정을 나타내는 것은 유용한 방법이다. 전개 나무(또는 문장해부)라고 불리는 이러한 그림들은 프로그래밍 언어의 편집 등에 유용하게 적용된다. 전개 가지의 정점들은 종단기호나 문법의 변수 기호들로 표시되거나 ε로 표시되기도 한다. 예를 들어 내부정점 n이 A로 표시되면 n의 하위요소들은 왼쪽부터, X_2, $X_1 \cdots$, X_k로 표시되고 그러면 $A \rightarrow X_1$, $X_2 \cdots X_k$는 분명한 생성규칙이 된다.

이를 좀더 형식적으로 나타내 보면 다음과 같다. 문법 $G=(V, T, P, S)$에 대하여 다음 조건을 만족한다면 그 나무는 G에 대한 전개 나무이다.

1) 모든 정점들은 꼬리표를 가지고 있고 이는 $V \cup T \cup \{\varepsilon\}$의 기호이다.

2) 뿌리의 표시는 S이다.

3) 만약 정점이 내부에 있고 A라고 표시된다면 A는 V안에 있음에 틀림없다.

4) 만약 n이 A라는 꼬리표를 가지고 정점 n의 아들로써 왼쪽부터 차례대로 정점 n_1, n_2, $\cdots$, n_k가 각각 X_1, X_2, $\cdots$, X_k로 표시된다면 $A \to X_1\,X_2\,\cdots\,X_k$가 P 안의 생성임에 틀림없다.

5) 만약 정점 n이 ε로 표시된다면 n은 잎이 되고 n은 이 아버지의 유일한 아들이 된다.

예를 들어 문법 G=({S,A}, {a, b}, P, S)를 살펴보자. 여기서 P는

S→aAS | a
A→SbA | SS | ba

로 구성되어 있다. 이를 전개 나무로 나타내면 다음과 같다.

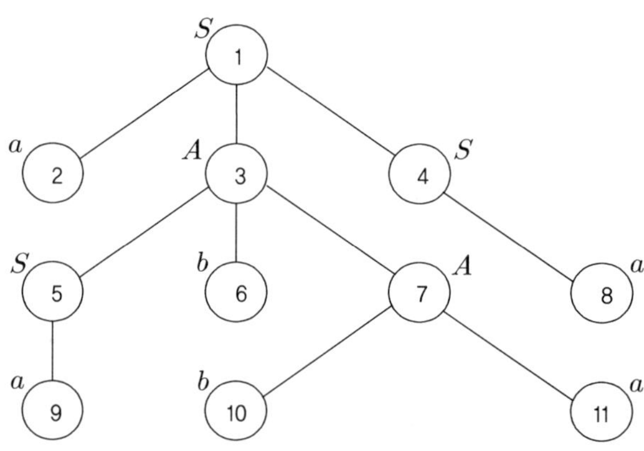

[그림 3-4] 문법 G=({S,A}, {a, b}, P, S)에 대한 전개나무

위의 그림에서 정점들은 점 대신 동그라미로 나타냈다. 정점들은 그 관계(부자관계, 형제관계)에 따라 번호가 매겨질 것이다. 내부 정점들은 1, 3, 4, 5, 7 등이며, 꼬리표(S, b, A 등)는 정점 옆에 표시한다. 예를 들어 정점 1은 S라고 표시하고 그의 아들들은 왼쪽부터 a, A, S라는 꼬리표를 가지고 있다. S→aAS는 생성이라는 점을 주목하라. 마찬가지로 정점 3은 A

라고 표시하고 그의 아들들은 왼쪽부터 S, b, A라고 나타내며 또한 A→ SbA도 생성이다. 정점 4, 5는 각각 S라는 꼬리표를 가지고 있다. 그들의 유일한 아들들은 각각 a라는 꼬리표를 가지고 있고 이때 S→a도 하나의 생성이라고 볼 수 있다. 마지막으로 정점 7은 A라 표시하고 왼쪽부터 b, a 라는 아들이 있으며 A→ba 또한 생성이다. 그러므로 G에 대한 전개나무 가 되기 위한 조건들은 다 이루어진 상태다.

이러한 전개를 통해 우리는 왼쪽에서부터 아들들에게 순서를 주는 행위 를, 모든 잎들의 왼쪽에서부터 오른쪽으로 순서매기는 행위로 확대시킬 수 있다.

2.3. 문맥자유문법과 PDA

이 절에서는 컴퓨터의 계산 방법 중의 하나인 푸시다운 자동장치(PDA, Pushdown Automation)의 개념을 형식화하고 이것이 문맥자유문법과 어떤 관계에 있는지 알아보고자 한다. PDA란 가장 나중에 기억된 정보가 가장 먼저 검색되도록 하는 기억체계를 자동화한 장치를 말하는 것으로, 입력 테이프(input tape), 유한제어(finite control), 스택(stack) 등으로 구성되어 있다. 여기서 스택은 알파벳에서 기호에 이르는 기호열(string)이다. 이 스 택의 가장 왼쪽에 있는 기호가 가장 높은 위치에 있는 것으로 간주된다. 그 계획은 각각의 상황에서 이동들의 어떤 한정된 선택을 가질 수 있으나 결정하지는 못할 것이다. 그 이동들은 두 가지 경우가 될 것이다. 첫 번째 경우 입력기호가 사용된다. 입력 기호에 따라서 스택에서의 맨 위에 있는 기호와 유한제어의 상태, 그리고 수많은 선택들이 가능하게 된다. 각각의 선택들은 한정된 조절과 최상단의 스택기호를 대체할 기호열에 대해서 다 음 단계를 구성한다. 선택을 결정한 후에 입력머리 부분이 하나의 기호로 나아가게 된다. 소위 ε-이동이라 불리는 두 번째 경우의 이동 또한 입력기호가 사용된다는 점을 제외하고는 첫 번째 경우와 유사하다. 그리고 입력 머리부분이 이동 후에는 나아가지는 않는다. 이동의 이러한 형태는 입력기호를 읽지 않고서도 스택을 조정할 수 있도록 PDA를 허락한다.

이제는 PDA에 의해 해당 언어를 정의해보자. 이것을 하기 위한 방법으로는 두 가지의 방법이 알려져 있다. 첫 번째는 모든 입력들의 집합으로 해당 언어를 정의하는 것이다. 이때 모든 입력이란 이동들의 임의의 수열 때문에 푸시다운 자동장치가 자신의 스택을 비우게 되는 것을 말한다. 이 언어는 빈 스택에 의해서 해당 언어로 언급된다. 해당 언어를 정의하는 두 번째 방법은 유한 자동장치가 입력을 받아들이는 방법과 유사하다. 다시 말해서, 마지막 단계들로 임의의 몇몇 단계를 나타내고 모든 입력들의 집합으로 해당 언어를 정의하는 것이다.

여기서 이동의 몇 가지 선택 때문에 푸시다운 자동장치가 마지막 단계로 들어서는 입력들에 대해서 생각하는 것이다. 우리가 알 수 있듯이 위의 두 가지 정의들은 어떤 의미에서는 서로 같은 것이다. 만약 집합이 어떤 PDA에 의한 텅 빈 스택으로 받아들여질 수 있다면 그것은 어떤 다른 PDA에 의한 마지막 단계에 의해 받아들여질 수 있으며, 그 역도 성립하기 때문이다. 마지막 단계에 의한 수용은 좀더 일반적인 개념이다. 그러나 그것은 텅 빈 스택에 의해 수용을 이용함으로써 푸시다운 자동장치의 기본적인 이론을 증명하기 더 쉬워진다. 이 이론은 PDA에 의해 받아들여지는 언어와 문맥자유언어가 서로 필요 충분 관계에 놓여 있다는 사실을 말해 준다.

2.4. 튜링머신과 계산가능언어

튜링 기계(Turing Machine)는 1936년에 알란 튜링(Alan Turing)에 의해서 소개되었다. 기본적으로 튜링 기계는 1) 유한 제어기(finite control), 2) 여러 개의 셀(cell)로 나누어져 있는 입력 테이프와 3) 각 시간에 테이프의 셀을 읽을 수 있는 테이프 헤드로 구성된다. 테이프는 가장 왼쪽 셀이 존재하나, 오른쪽으로는 무한하다. 테이프의 각 셀은 유한개의 테이프 기호(symbol) 중에서 정확하게 하나의 기호를 가지고 있다. 처음에, 왼쪽 n개의 셀에 (n은 0보다 큰 유한한 양의 값) 입력 값을 가지고 있다. 그 입력 값은 테이프 기호의 부분 집합으로부터 선택한 기호들의 문자열(string)인데, 이것을 입력 기호라고 한다. 그리고 남아있는 무한한 셀은 공백으로 남겨놓는다. 공백은 특별한 테이프 기호로서, 입력 기호는 아니다.

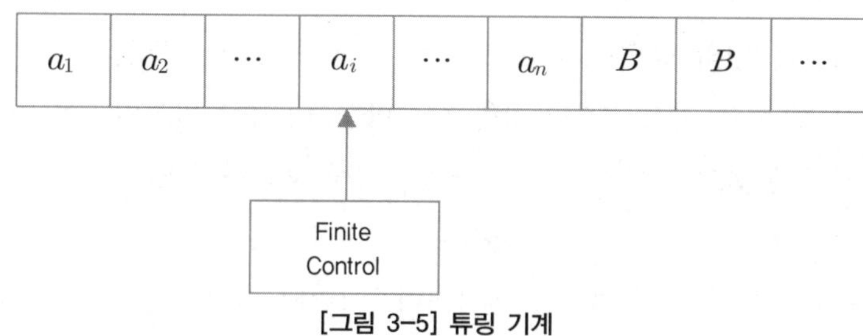

[그림 3-5] 튜링 기계

튜링 기계의 작동은 테이프 헤드에 의한 기호를 읽어들이는 것과 유한 제어기의 상태(state)에 의존한다. 이때, 유한 제어기는

1) 상태(state)를 변화시키고,
2) 테이프 셀을 읽은 후에 (거기에 어떤 기호가 쓰여 있건 간에) 새로운 기호로 대치해서 적고,
3) 그것의 헤드를 왼쪽 혹은 오른쪽으로 한 셀만큼 이동할 수 있다.

이 점이 튜링 기계가 양방식 유한오토마타와 다른 점으로, 그것의 테이프 위에 있는 기호들을 변화할 수 있다는 것을 주목하자. 형식적으로, 튜링 기계(TM)는 다음과 같이 정의된다.

$$M = (Q, \Sigma, \Gamma, \delta, q_0, B, F)$$

여기서 Q는 상태(state)의 유한 집합이고, Γ는 허용된 테이프 기호(tape symbol)들의 유한 집합이고, B는 Γ에 있는 기호인 공백(blank)을 나타내고, Σ는 B를 포함하지 않는 Γ의 부분 집합으로, 입력 기호(input symbol)들의 집합이고, δ는 $Q \times \Gamma$에서 $Q \times \Gamma \times L, R$로 가는 움직임 함수(next move function)이고, ─그러나 δ는 어떤 논의에서는 정의되지 않을 수도 있다.─ Q에 속해 있는 q_0는 시작 상태(start state)이고, $F \subseteq Q$는 최종 상태(final state)들의 집합이다.

예를 들어, 언어 $L = \{0^n1^n \mid n \geq 1\}$을 받아들이는 튜링 기계 M을 생각해 보자. 처음에 M의 유형(type)은 0^n1^n의 뒤에 무한한 공백들을 포함한다. 반복적으로, M은 가장 왼쪽의 0을 X로 바꾸고, 가장 왼쪽의 1이 있는 오른쪽으로 이동하고, 그것을 Y로 바꾸고, 가장 오른쪽에 있는 X를 찾아 왼쪽으로 이동하고, 그 후에는 오른쪽으로 한 칸 이동하여 가장 왼쪽의 0으로 이동하고 그리고 이 과정을 반복한다. 그러나 만약 1을 찾는 과정에서 M이 공백을 찾는 다면, M은 받아들이지 말고 멈춘다. 그리고 1을 Y로 변화시킨 후에 M이 0을 더 이상 찾지 못하면, M은 1이 더 이상 남아있는지 검사를 해 보고, 더 이상 없으면, 받아들인다.

여기서 $Q = \{q_0, \ q_1, \ q_2, \ q_3, \ q_4\}$, $\Sigma = \{0, \ 1\}$, $\Gamma = \{0, \ 1, \ X, \ Y, \ B\}$, $F = \{q_4\}$라 하자. 비형식적으로, 프로그램 내에서 각 상태는 진술 혹은 진술들의 무리로 표현한다. 상태 q_0는 처음에 주어져 설정되어 있고, 가장 왼쪽에 있는 0이 X로 바꾸기 이전에는 언제나 상태 q_0로 설정되어 있다. 상태 q_1은 가장 왼쪽의 1을 찾기 전까지는 0과 Y를 넘어 오른쪽으로 탐색할 때 사용된다. M이 1을 찾아서 Y로 바꾼다면 상태 q_2로 설정된다. 상태 q_2는 X를 찾아서 왼쪽으로 탐색하고, X를 찾은 후 오른쪽으로 움직여 가장 왼쪽의 0에 왔을 때, 상태 q_0로 설정한다. M은 q_1 상태로 오른쪽으로 탐색할 때, 1을 만나기 전에 B나 X를 만나면, 그러한 입력은 거절한다. 0이 너무나 많거나, 0^*1^*에 속하지 않는 입력도 마찬가지로 거절한다. 상태

q_0는 또 다른 역할이 있다. 상태 q_2가 가장 오른쪽의 X를 찾고 난 뒤 거기에 Y가 그 오른쪽에 바로 나타나면, 0을 모두 소비한 것이다. 따라서 상태 q_0에서 Y를 읽어 들이면, 상태 q_3로 설정하고, 1이 더 이상 남아있는지 검사하면서 Y를 지나 오른쪽으로 탐색한다. Y 다음에 B가 나온다면, 상태 q_4를 설정하고, 문자열에 대해서 튜링 기계가 받아들인다. 만약 그렇지 않으면 문자열에 대해서 거절한다. 함수 δ는 다음 그림에 잘 나타나 있다.

[표 3-2] 언어 $L=\{0^n 1^n \mid n\geq 1\}$을 받아들이는 튜링 기계

States	Symbols				
	0	1	X	Y	B
q_0	$(q_0,\ X,\ R)$	—	—	$(q_3,\ Y,\ R)$	—
q_1	$(q_1,\ 0,\ R)$	$(q_2,\ Y,\ L)$	—	$(q_1,\ Y,\ R)$	—
q_2	$(q_2,\ 0,\ L)$	—	$(q_0,\ Y,\ R)$	$(q_2,\ Y,\ L)$	—
q_3	—	—	—	$(q_3,\ Y,\ R)$	$(q_4,\ B,\ R)$
q_4	—	—	—	—	—

■ 계산가능한 언어와 함수

튜링 기계가 받아들이는 언어는 재귀적 계산가능(recursively enumerable : r.e.)하다고 말한다. 여기서 용어 '계산가능(enumerable)'은 이러한 언어들의 문자열(string)이 튜링 기계로부터 계산되고 있다는 사실로부터 나온 것이다. 용어 '재귀적(recursively)'은 컴퓨터에 앞서서 수학적인 용어로, 그것은 전산학자들이 '재귀(recursion)'라고 부르는 것과 비슷한 의미를 가진다. 재귀적 계산가능 언어의 계층(class)은 매우 폭이 넓고, 문맥자유언어(CFL)를 포함한다.

재귀적 계산가능 언어의 계층(class)은 우리가 기계적으로 그 원소들을 완전히 정할 수 없는 언어도 포함하고 있다. L(M)이 이러한 언어라면, L(M)을 인지하는 어떠한 튜링 기계라도 L(M)에 속하지 않는 어떤 입력에 대해서는 멈출 수 없다. w가 L(M)에 속하면, M은 입력 w에 대해서 반드시 멈춘다. 그러나 M이 어떠한 입력에 대해서 여전히 돌고 있는 동안은, 오랫동안 그것이 돌고 나서 M이 결국에 받아들일 것인지 혹은 M이 영원히 돌고 있을 것인지에 대해서 결정할 수 없다. 따라서, 재귀적 집합(recursive sets)이라고 불리는 재귀적 계산가능 집합의 부분 계층(subclass)을 선택하는 것이 편하다. 이것은 모든 입력에 대해서 멈추는 튜링 기계가 적어도 하나 있어서 그것에 의해서 받아들여지는 언어들을 말한다.

3. 결론 및 토의

인간의 고유한 언어능력을 컴퓨터에 보다 유사하게 재연시키려고 시도하면서 언어학 이론과 자연언어처리 연구는 밀접한 관계를 맺게 되었다. 또 인간과 컴퓨터의 언어처리 과정은 두 언어체계와 인지체계에 대해 보다 깊이 연구할 계기를 마련해 주었다. 언어학 관점에서 언어처리 분야에 주도적인 이론과 모형이 생성문법이고, 그것은 문장 생성을 위한 것이므로 그것을 역으로 뒤집어 놓으면 언어를 처리하는 절차가 된다. 또한 언어처리 분야에 인공지능학이 참여하고 언어학에서 축적해 놓은 인간언어의 문법조직이나 처리절차들을 고려하면서 이들간에 상보적 관계가 성립하게 된다. 이를 위해 이 장에서는 인간의 언어체계와 컴퓨터의 언어체계를 조망해 보았다.

인간언어는 그 구조나 체계가 굉장히 정교하고 조직적이기 때문에 언어의 문법적 양상은 언어 연구의 중심을 이루고 있다. 인간언어는 여러 개의 체계로 구성되어 있어서 언어의 체계적 다원성뿐만 아니라 또한 하나의 체계 안에서 유기적으로 잘 조직되어 체계적 단일성을 이루고 있다. 그래서 언어의 음성/음운체계, 의미체계, 통사체계 및 의미/화용체계를 조사하면서 이들 관계의 수평적이고 유기적인 조직성과 기능들을 조사하였다. 또한 생성문법의 기본원리에서부터 최근의 최적이론에 이르기까지 언어이론의 얼개도 살펴보았다.

컴퓨터의 체계와 구조에서는 문맥자유문법의 성격에 대해 알아보고, 이것이 형식언어와 어떻게 관련을 맺고 있는지를 개괄해 보았다. 특히, 프로그래밍 언어에 이용되는 전개 나무에 대해 소개하는 한편, 컴퓨터의 계산 방법 중의 하나인 푸시다운 자동장치(PDA, Pushdown Automation)의 개념을 형식화하고 이것이 문맥자유문법과 어떤 관계에 있는지도 알아보았다. 또한 문법자유문법이 튜링머신이나 계산가능언어에 어떻게 관련이 되는지에 대해서도 검토해 보았다. 이러한 검토를 통해 우리는 이 두 언어의 공통점을 발견할 수 있었고, 자연언어가 컴퓨터언어로 발전될 수 있다는 가능성을 엿볼 수 있었다.

그러나 한편으로는 이 두 언어 사이에 차이가 분명하게 존재한다는 점도 알았다. 언어이론에서 자연언어를 문맥의존언어로, 프로그래밍 언어를 문맥자유언어로 분류하는 것도 이러한 차이를 잘 말해 준다. 자연언어는 많은 사람들이 생각하는 것보다 훨씬 더 은유적이다. 동일한 단어가 맥락과 상황에 따라 아주 다른 것을 의미할 수 있기 때문이다. 예를 들어 우리는 상당히 많은 대명사들을 사용한다. 즉, 자연언어는 문맥의존문법인 것이다. 따라서 컴퓨터로 자연언어처리를 하기 위해 컴파일러와 유사한 방법으로 처리를 할 경우, 문맥의존에 따른 중의성 해결에 많은 어려움이 따르게 된다. 자연언어처리에서 이러한 중의성을 해결하는 것은 핵심적인 문제가 아닐 수 없다. 다음 장에서 이러한 고민의 흔적들을 좀더 구체적으로 살펴보기로 하자.

제 4 장 컴퓨터언어가 자연언어로 접근 가능한가?

자연언어를 닮은 컴퓨터언어는 가능한 것인가? 앞장에서 우리는 자연언어와 컴퓨터언어의 체계와 구조를 살펴보았다. 우리는 이러한 비교를 통해 두 언어의 공통점과 차이점을 인식할 수 있었다. 이 장에서는 과연 어떤 방법으로 이러한 차이점을 극복할 수 있는지에 대해 고찰해 보기로 한다. 즉, 문맥의존언어인 자연언어를 처리하기 위해 문맥자유언어인 컴퓨터언어는 어떤 방법을 모색해 왔는가를 제시할 것이다.

이를 위해 이 장에서는 먼저 컴퓨터를 이용한 지능구현과 그 한계에 대해 컴퓨터의 계산능력을 중심으로 살펴볼 것이며, 컴퓨터의 정보처리기법을 이용한 자연언어처리의 현황과 그 문제점에 대해서도 언급할 것이다. 그리고 마지막으로 뇌정보처리 개념을 이용한 자연언어처리에 대해 소개하고, 그 발전가능성에 대해서도 제시할 것이다.

1. 컴퓨터를 이용한 지능구현

1.1. 컴퓨터를 이용한 지능구현의 방법

컴퓨터는 주어진 문제의 해결방법, 즉 알고리즘(algorithm)을 구현한 프로그램을 수행하는 시스템이다. 다시 말해 컴퓨터는 입력으로 '자료(data)'를 받아들여 처리해서 출력으로 '정보(information)'를 내보내는 것이라 할 수 있다. 여기서 자료는 처리되지 않은 모든 것이 될 수 있으며, 정보는 자료 처리를 통해 사용자에게 의미 있는 것으로 변환된 형태라 할 수 있다. 따라서 '정보처리(information processing)'는 자료를 처리해 의미가 있는 정보를 만들어내는 일련의 과정이라 할 수 있으며, 이 과정은 컴퓨터언어로 작성된 프로그램(program)에 의해 제어된다. '컴퓨터 시스템(computer systems)'은 이러한 정보처리를 수행하는 것을 말한다. 그러면 이러한 컴퓨터 시스템을 이용해 어떻게 지능적인 문제를 풀 수 있는지에 대해 알아보자.

■ 인공지능이란 무엇인가?[1]

먼저 우리는 지능(intelligence)에 대해 살펴볼 필요가 있다. 『표준국어대사전』에는 지능을 "계산이나 문장 작성 따위의 지적 작업에서, 성취 정도에 따라 정해지는 적응 능력"으로 정의하고 있으며, 웹스터 신사전에서는 "경험으로부터 배우는 능력이나 지식을 획득하는 능력"이라고 정의하고 있다. 또, "새로운 사태가 발생했을 때, 신속하고 적절하게 대응하는 능력도 지능이며, 문제를 올바르게 보고 이것을 해결하기 위해서 추론을 사용하는 것도 지능"이라고 정의하고 있다. 그러나 현재의 컴퓨터는 이와 같은 지능을 구현하지 못하는 것이 사실이다. 학습능력도 없어서 경험한 것을 지식으로 축적하지도 못한다. 또한 새로운 사태가 발생했을 때, 이에 신속하고, 적절히 대응하는 능력은 전혀 없을 뿐만 아니라, 새로운 사태를 문제라고 인식할 수도 없다. 더욱이 그 문제해결에 추론을 사용할 수도 없다. 이에 반해 인간은 학습능력을 통해 경험이나 지식의 축적이 가능해 새로운 문제에 부딪히면 축적한 경험과 지식을 동원해 추론을 통해 문제를 해결한다. 인공지능의 연구는 컴퓨터에 이와 같은 일을 시킬 목적으로 탄생한 것이다.

　따라서 인공지능은 사람과 같이 지적인 일을 할 수 있는 기계의 출현을 목적으로 한다. 여기서 기계라는 것은 컴퓨터이인, 인공지능이란 바로 이 컴퓨터가 사람과 같이 지적인 일(판단과 추론)을 할 수 있도록 프로그램을 만드는 과정에서 탄생한 개념이다. 그렇다고 해서 지금까지의 컴퓨터가 지적인 일을 할 수 없다는 것은 아니다. 예를 들어 사람의 손으로는 계산이 불가능한 천문학적인 수치를 컴퓨터는 쉽게 할 수 있으며, OA의 분야에서도 사무원보다도 고속으로 사무처리를 할 수 있다. 또, 대량의 데이터나 정보를 기억하고 있어서 이 정보를 즉시 검색해서 인쇄하거나, 터미널 화면에 나타낼 수도 있다. 이렇게 보면 컴퓨터는 정보의 기억능력이나 검색능력면에서는 사람을 능가한다고 말할 수 있겠다. 이들은 모두 사람의 지적 노동을 대체하기 때문에 한 때는 이와 같은 능력을 가진 컴퓨터를 인공지능이라고 부르던 시대도 있었다. 그러나 시대의 흐름에 따라 컴퓨터가 이와 같은 일을 하는 것은 당연하다고 생각되기에 이르렀고 지금은 이것을 인공지능이라고 말하는 사람은 없다.

　그렇다면 사람에 가까운 지능을 가진 인공지능을 실현하려면 컴퓨터에 어떤 능력이 필요한 것일까? 우리는 다음과 같은 세 가지 능력을 가정해 볼 수 있다.

① 학습 : 지식의 획득능력
② 인식 : 외계에서 일어나는 것(패턴)을 인식하는 능력
③ 추론 : 축적한 지식을 바탕으로 추론에 의해서 문제를 해결하는 능력

　현재로서는 ①의 학습능력을 갖춘 컴퓨터를 찾아보기가 어렵다. ②의 이해능력은 사람의 눈과 귀에 해당하는 것으로, 이것은 패턴 인식 시스템이라고 해서 부분적이지만 어느 정도 수준으로는 이미 실현되고 있다. ③의 추론능력은 '생각하는 컴퓨터' 혹은 '추론하는 컴퓨터'에 대한 것으로,

추론능력을 이용한 문제해결 시스템이 부분적으로 만들어지고 있다. 따라서 이 세 가지 능력을 합한 학습 시스템, 패턴 인식 시스템, 문제해결 시스템이 완성될 때야 비로소 어느 정도 사람의 지능에 가까운 인공지능 컴퓨터가 실현되지 않을까 생각한다.

■ 생각하는 컴퓨터의 기초-추론이란?

우리는 일상생활 가운데에서 항상 추론을 해가며 생활하고 있다. 추론이라는 것은 잘 알고 있는 것을 바탕으로 해서, 잘 모르는 것이나 이제부터 발생할 일을 바르게 예측하는 것이다. "신중하게 생각해서 바르게 추론한다."라고 하는 것은 사람이 살아나가기 위해서는 매우 중요한 지적 활동이다. 항상 신중하게 생각해서 바른 추론을 할 수 있으면 우리는 미래를 예측해서 위험을 피하고, 문제를 해결해 새로운 가능성을 전개할 수 있다. 인공지능의 한 응용분야인 전문가 시스템은 컴퓨터에 문제를 주면 추론에 의해서 그 문제를 자동적으로 해결해 주는 프로그램을 만드는 것으로서 가능해진다. 따라서 전문가 시스템을 문제해결 시스템이라고도 한다.

추론이라는 것은, 앞서 말한 바와 같이, 잘 알고 있는 것, 즉, 전제라고 부르는 명제의 집합으로부터 어떤 명제를 결론으로 도출하는 일련의 지적 행위이라고 할 수 있다. 주로 삼단논법에 의한 추론을 수행하고, 이것을 형식적 추론이라고 부르기도 한다. 이것은 전제가 옳으면 결론이 옳다는 것이 증명되었다. 그리고 이와 같은 추론의 구조를 연구하는 학문을 형식논리학이라고 한다. 현재의 인공지능의 추론은, 이 형식논리학에 의해서 연구된 연역적 추론을 사용하고 있다. 이와 같은 연역적 추론 이외에 귀납적 추론과 유추에 의한 추론이 있으나, 이들 추론을 사용한 인공지능은 아직 실용화되어 있지 않다.

그렇다면 사람은 무엇 때문에 생각(추론)을 할까? 그것은 다름 아닌 문제를 해결하기 위해서다. 문제를 해결하는 방법에는 몇 가지가 있는데 이들마다 차이가 있다. 예를 들어 대수의 문제해결과 기하의 문제해결에는 뚜렷한 차이가 있다. 전자의 경우, 가령, 이차방정식을 풀 때는 그 해법 공식이 만들어져 있으므로, 그것을 적용하면 바로 문제해결이 가능하다. 이와 같이 추론의 순서가 공식 등으로 주어진 문제해결을 절차형 추론 또는 알고리즈믹 추론이라 한다. 이러한 문제해결은 컴퓨터로 가능하다.

다음으로, 기하의 문제를 푸는 경우를 생각해 보자. 이 경우는 문제를 해결하기 위해 도형을 분할하거나 보조선을 그어 보면서 알고 있는 정리나 공리를 적용시킨다. 그 과정에서 몇 번의 시행착오를 통해 순간적으로 머리 속에서 해법이 떠오른다. 다시 말하면 지금까지 알고 있는 정리나 공리와 같은 지식의 조합방법을 탐색하고 이를 통해 문제를 해결했다는 것이다. 이와 같이 시행착오에 의해서 문제해결에 임하는 것을 발견적 기법이라고 하며, 이를 통한 문제해결을 탐색형 추론이라고 한다. 탐색형 추론은 해결에 이르는 알고리즘이 정해져 있지 않으므로 대수의 문제해결과는 달리 컴퓨터로는 풀 수 없다. 인공지능에 의한 문제해결(추론)은 이와 같은 탐색형 추론으로, 기하의 문제해결이 그 대표적 사례이다. 이에 비해서, 현재의 컴퓨터로 해결 가능한 문제해결은 알고리즘(해결의 절차)이 정해진 절차형 추론으로, 대수의 문제해결이 그 대표적 사례이다.

인공지능이 탐색형 추론이라면, '탐색'이라는 개념은 인공지능을 연구하는 데 있어서 하나의 중요한 발견이 아닐 수 없다. 결국 생각한다는 것은 합목적적(合目的的)인 지식의 조합방법을 탐색하는 것이라고 할 수 있기 때문이다. 예를 들어, "서울에서 부산까지는 몇 시간에 갈 수 있지?" 이와 같은 수학 문제는 현재의 컴퓨터로 해결할 수가 있다. 그러나, "서울에서 부산까지 최저요금으로 내일 아침에 출발해서 오전 11시까지 도착하려면 어떤 교통수단으로 몇 시에 출발해야 하지?"라는 문제는 현재의 컴퓨터(절차적 추론)로는 해결할 수가 없다. 이것은 "최저의 요금으로 11시까지 부산에 도착한다."라는 과정의 탐색문제가 되므로, 사람이나, 인공지능이 아니면 해결할 수 없다. 이 문제를 풀자면, 서울에서 부산까지의 과정과 교통수단, 그리고 그 요금이라는 지식을 먼저 외워두지 않으면 해결할 수 없다. 즉, 생각한다는 것은 합목적적인 지식의 조합방법을 탐색하는 것이라는 사실을 알 수가 있다.

■ 인공지능의 한계

컴퓨터는 넓은 의미에서 기호를 처리하는 기계이다. 기호에 숫자를 할당하면 계산할 수 있고, 문자를 할당하면 정보처리가 된다. 인공지능이라는 것은 컴퓨터의 기초 처리능력에 명제(참과 거짓이 분명히 구별되는 문장)를 할당해서 삼단논법 즉, 형식논리학에 의해서 바른 결과를 추론하는 컴퓨터이다. 추론하는 컴퓨터에 의한 문제해결은 [그림 4-1]에서 보는 바와 같이, 초기상태에서 목표상태로, 혹은 목표상태에서 초기상태의 방향으로 지식의 조합방법을 탐색하는 것이다.

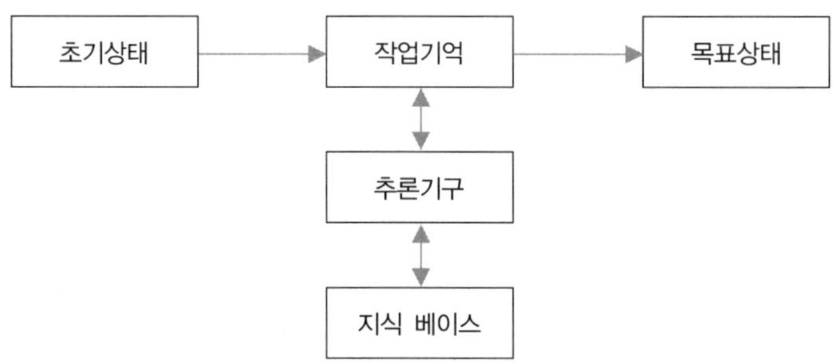

[그림 4-1] 추론하는 컴퓨터의 기본적인 처리

따라서, 추론하는 컴퓨터는 그림에서 보는 바와 같이 초기상태를 입력하면 목표상태를 출력하는 컴퓨터이다. 이 컴퓨터에는 지식 베이스가 있고 거기에 이미 알고 있는 정보나 지식이 기억되어 있어서, 입력(초기상태)에 대응해서, 합목적인 출력(목표상태)을 출력하기 위해서 지식이나 정보의 조합방법을 탐색한다. 이를 위해서, 그림에 나타난 추론기구라는 탐색 알고리즘이 있고, 여기서 합목적적인 지식의 조합방법을 탐색해서 문제를 해결한다.

그러나 사람과 같이 유연성을 갖고, 환경의 변화에 적응하는 지능적인 시스템을 구현하기 위해서는 문제해결 시스템과 패턴 인식 시스템뿐만 아니라, 학습 시스템까지도 포함되어야 한다. 사람은 보고 듣고 또는 행동한 것에 대해 노하우나 경험을 외우고 있다. 다른 사람이 발견한 정리나 지식과 더불어 이 노하우나 경험이라는 자신의 체험을 지식으로서 사용할 수 있도록 만들어(이것을 개념화한다고 한다) 기억하고 있다. 이것을 다른 말로 하면 학습이다. 사람은 이 학습능력이 있기 때문에 막대한 지식이나 상식이라는 정보를 기억하고, 새로운 사태가 발생했을 때, 이를 사용해서 문제를 해결할 수가 있는 것이다.

반면에 대부분의 인공지능 시스템에서 지식 베이스를 한 번 설정해 놓으면, 이것을 경험에 따라 학습하는 일은 매우 어렵다. 또한 주어진 상황에서 지식 베이스에서 주어진 명제에서 정의되어 있지 않은 경우, 적합한 응답을 주기가 어렵다. 그러나 사람의 경우 일단 가지고 있는 지식에 근거해 상황에 가장 적합한 추론을 내릴 수 있다. 앞으로 인공지능 시스템이 보다 사람에 가까운 지능적인 시스템이 되기 위해서는 앞서 언급한 학습의 문제, 그리고 보다 유연한 추론이 가능한 정보처리의 문제가 해결되어야 할 것이다. 머지않은 장래에 추론, 이해, 학습이라는 소프트웨어 처리에 대한 연구와 병렬처리가 가능한 하드웨어에 대한 연구가 함께 발전한다면, 능력 면에서 사람의 두뇌에 다소 가깝고, 사람보다 매우 처리속도가 빠른 컴퓨터가 출현할 수 있을 것이다.

그렇다고 해도 이것은 대부분 제한적으로 지능적인 정보처리를 가능케 해 주는 시스템이 될 것이다. 즉, 인간의 지적인 활동, 사물을 판단하고, 추론하는 능력을 보완해 주는 역할을 할 것이다. 따라서 지능처리 컴퓨터가 제대로 역할을 하고 있는지를 평가하는 것도 인간의 몫인 셈이다. 이렇게 보면 인공지능 기술이 발달해서 보다 지적인 수준의 컴퓨터가 실현된다고 하더라도 그것은 어디까지나 사람의 심부름꾼에 지나지 않는다 점을 상기할 필요가 있다.

1.2. 컴퓨터를 이용한 지능구현의 비판

그러면 인공지능은 어느 정도까지 인간의 지능에 접근 가능한 것인가? 만일 인간과 같은 능력을 지닌 컴퓨터가 개발되어 번역이나 창작까지 하게 된다면 그 영향은 상상하기 어려울 만큼 대단할 것이다. 컴퓨터의 발전은 이미 인문학 분야에 상당한 변화를 일으키고 있으며 인문학 분야도 컴퓨터의 영향을 받고 있다는 것을 인식하고 있다. 이 절의 목적은 컴퓨터를 이용한 지능구현이 실현되는 것이 원리상 가능한지를 조사하는 것이다. 그 가능성을 진단해 보기 위해 먼저 오늘날 인문학 분야가 정보 처리 기계화의 어떤 결과를 어떻게 이용하고 있는가를 검토해 보자.[2]

■ 정보 처리 기계화와 인문학의 접합점

오늘날 언어학을 포함한 인문학 분야에서는 워드프로세서를 비롯하여 정보처리 기계화를 다방면에서 활용하고 있다. 예를 들어, 문학 작품의 활동에 있어서 워드프로세서의 사용이 작가의 감정을 단절시키거나 변화시킬 수 있기 때문에 부정적으로 받아들여지고 있기는 하지만, 문자 인식기(scanner)의 개발이 이 문제를 해소시키고 있다고 생각한다. 작가가 원고지 위에 글을 쓰면 기계는 이것을 읽어서 컴퓨터 속에 입력시켜 준다. 또한 작가는 자신의 작품을 프린터로 활자화시켜 봄으로써 독자가 읽을 모습과 유사한 형태로 미리 자신의 작품을 독자의 입장에서 감상하고 수정할 수 있는 기회를 가질 수 있다. 따라서 워드프로세서와 프린터의 발전은 책의 발간을 용이하게 해 주었다.

인문학 분야에서 정보처리의 결과를 가장 많이 이용할 수 있는 것은 자료처리와 컴퓨터 통신일 것이다. 자료처리는 문헌의 분류와 내용 요약, 그리고 색인 만들기와 같은 작업이 될 것이다. 컴퓨터의 발달과 고도화된 문자 인식기의 개발은 색인 만들기는 물론 그 어휘가 사용된 책의 출처를 밝혀 주는 종합 색인 목록도 만들 수 있다. 또한 컴퓨터 통신을 이용해 국내외의 학자와 많은 정보를 교환하고 있으며 학문 발전에 지대한 효과를 미치고 있음이 분명하다. 게다가 최근 번역기의 출현은 만족스럽지는 않지만 어느 정도 우리의 일을 경감시켜주고 있는 듯하다. 장차 인간 능력에 못지 않은 번역기의 출현은 가능한 일이고 단지 시간 문제라는 생각을 가능하게 해주고 있다.

우리의 질문, 즉 인공지능은 어느 정도까지 인간 지능에 접근 가능한가? 다시 말해서 인간 능력에 못지 않은 완벽한 수준의 번역기, 언어인식기, 작품 창작기 등이 원리상 가능한가? 이 문제에 대한 답을 하기 위해서는 오늘날 정보처리 기계화가 어느 정도까지 발전했으며 앞으로 어디까지 발전 가능할 것인가를 진단해 보아야 할 것이다. 정보처리 기능주의라고 불리는 정보처리 기계화 개념은 인간의 마음도 정보처리 체계라는 생각으로 인공지능과 인지과학의 토대를 이루었다.

■ 정보처리 체계로서의 컴퓨터

복잡한 인지적 능력을 이해하기 위해서는 행동뿐만 아니라 내적 현상도 고려할 필요가 있다. 최근 컴퓨터 과학은 정보처리 체계와 계산 모형을 채택함으로써 복잡한 체계의 지능적 행동과 의미까지도 분석할 수 있는 가능성을 예시했다. 디지털 컴퓨터의 출현은 하나의 가능한 설명 모형을 제공해 준다. 우리는 기본적인 정보과정에 다다를 때까지 행동을 설명하기 위해 그 과정의 하부 과정을 설정하고, 또다시 그 하부과정의 하부–하부 과정을 설정한다. 따라서 분해를 통해 기계 언어로 지시가 가능한 수준에 다

다를 것이다. 정보 처리 체계의 생각에서 물리적 기호 체계로의 이행이 이루어지며, 의미는 물리적 체계의 기능적 상태로 분석될 수 있다. 컴퓨터는 지능적 수행능력과 의미론적 수행 능력이 물리적인 정보 처리 체계의 산물일 수 있다는 증거를 제공한다. 디지털 컴퓨터가 행동주의로부터 정보 처리 기능주의로의 전이를 가능하게 했으며, 인공지능학자는 번역 컴퓨터 및 창작 컴퓨터의 가능성을 긍정적으로 검토하고 있다.

이제 자연언어 이해와 사용 부분에 대해 살펴보자. 최근 자연언어를 진정으로 이해하는 듯한 프로그램들이 개발되었다. 현재 자연언어 처리분야는 인간언어의 구문론적 구조를 처리하는 프로그램이 제작되기에 이르렀다. 이것은 인간의 구조에 대한 통찰과 계산적 처리 기술의 덕택이다. 물론 의미론적 부분을 다루기는 쉽지 않지만, 구문 처리만으로도 상당한 일을 할 수 있다는 것을 보여주고 있다.

예를 들어 엘리자(ELIZA)를 생각해보자. 엘리자를 수행하고 있는 컴퓨터는 대화를 정말로 이해하고 있는 것처럼 보인다. 그러나 실제로는 아무것도 이해하지 못하고 있다. 컴퓨터의 대답은 대체로 이전 질문에 대해 간단히 변형시킨다든지 아니면 핵심어로 만들어진 문장을 토대로 이루어진다. 그것은 개념을 가지고 있지 않으며 단어가 무엇을 의미하는지도 이해하지 못한다. 따라서 대화에 성공적으로 참여하는 데에는 이해가 별로 필요하지 않을지도 모른다.

또한 위노그래드(T.Winograd)의 쉬르들루(SHRDLU)도 좋은 예가 될 수 있다. 이 프로그램은 블록의 세계라는 매우 제한된 영역에서 작동하기는 하지만 구문뿐만 아니라 의미도 어느 정도 이해하는 능력을 지니고 있다. 전문가로서 설계된 것이다. 아주 복잡한 지시 사항을 수행할 수 있을 정도로 언어적 지식면에서는 매우 세련된 모습을 보여주기도 하고 지시 사항이 실제로 이해되었다는 것을 보여주기도 한다. 쉬르들루가 하는 것은 상담자의 질문에 대답하고 대상에 대한 명령을 수행하고 그 결과를 보고하는 것이다. 쉬르들루의 언어 구사와 이해 능력의 수준은 획기적이며 그 프로그램은 요구 사항이 무엇인지 이해하고 있는 것처럼 차이점을 식별하고 명령을 수행한다.

위노그래드의 프로그램은 전문적 분석기(전문가)를 사용함으로써 훨씬 더 세련된 것이 되었다. 전문적 분석기의 예로는 문장을 의미 있는 어휘 그룹으로 분해하는 구문 전문가, 문장 전문가, 시나리오 전문가 등이 있다. 이외에도 믿음 체계, 지식 체계, 발언에 대해 질문, 명령, 또는 코멘트인지를 식별하는 전문가 등을 가지고 있다. 이 프로그램은 and, the, but과 같은 기능어 사이의 의미상의 차이를 파악할 수 있는 적절한 의미론적 정보를 가지고 있지만 스스로 배울 수 있는 능력은 갖고 있지 못하다.

새로운 정보처리 방식으로 '연결주의' 또는 '피디피(PDP)' 연구와 같은 병렬처리 방식이 고안되었다. 병렬분산처리는 중앙처리 장치뿐만 아니라 복잡한 연결 체계에 의해서도 수행되기 때문에 매우 높은 계산 강도를 필요로 하는 문제가 매우 빠른 속도로 해결된다. 병렬 처리기의 체계 구조가 표준 컴퓨터의 직렬구조보다 인간의 두뇌를 훨씬 더 닮고 있기 때문에 인지과학에서 큰 관심을 보이고 있다.

■ 정보처리 기계화 가능성에 대한 진단

인간 능력을 닮은 완벽한 정보처리 기계(즉 컴퓨터)가 등장할 수 있을 것인지에 대해 단지 시간 문제라는 낙관적인 견해가 있는가 하면, 매우 비관적인 견해 또한 존재한다. 비관적인 견해의 대표적인 예가 바로 서얼(Searle)과 퍼트남(Putnam)이다. 서얼(Searle)은 '중국어 방(Chinese room)'에 대한 주장을 통해, 퍼트남은 총체론적 주장(Holism Argument)과 괴델적 주장(Gödelian Argument)을 중심으로 계산적 기능주의에 대해 비판하고 있다.

서얼의 '중국어 방' 주장은 컴퓨터가 마음이자 강한 인공지능(A.I.)이라는 주장을 정면으로 공격하고 있다. 그 내용은 이렇다. 만약 중국어를 전혀 모르는 영어 사용자가 중국어만을 사용해야 하는 방에 갇힌다면? 물론 이때 영어로 된 규칙 편람이 함께 제공된다. 이 편람만 있으며 중국어 문자라도 자료를 적절히 잘 처리할 수 있다면? 그렇다면 영어 사용자는 중국어 자료를 완벽하게 잘 처리할 수 있을 것이다. 그렇다고 해서 그 영어 사용자가 중국어를 이해했다고 할 수 있는가? 물론 아니다. 그는 중국어 문자의 규칙에 따라서 그 자료를 처리했을 뿐이기 때문이다. 컴퓨터도 이와 같다. 서얼은 컴퓨터 프로그램이 마음을 가지고 있는지 알기 위해 마련한 튜링 테스트도 그 여부를 가려줄 수 있는 진정한 기준은 되지 못한다는 것을 주장한다. 이런 주장은 완벽한 수준의 정보처리 기계가 존재한다 할지라도 그것이 문학작품의 내용을 이해하여 비평하거나 창작할 수 있다고 말할 수 없다는 것이다.

문제는 인간 능력에 준하는 완벽한 수준의 작품 비평기나 창작기가 존재할 수 있느냐는 것이다. 퍼트남은 저서 『표상과 실재』에서 그러한 것이 인간에 의해 개발된다는 것은 원론적으로 불가능하다고 하면서 계산적 기능주의에 대해 비판을 가한다. 그의 총체론은 인간의 능력에 준하는 완벽한 수준의 프로그램을 짜려면, 인간의 일반 지능, 이성, 또는 이해의 전능력을 알고리즘화해야 하는데, 그러한 알고리즘은 사실상 불가능하다는 것이다. 괴델적 주장은 일반 지능, 또는 이해의 전능력을 알고리즘화할 수 있다 할지라도, 그 알고리즘이 옳다는 것을 원리상 알 수 없다는 것이다. 만약 어떤 천재가 일반 지능, 이성, 또는 이해의 전능력에 관한 알고리즘을 제시하더라도, 우리는 항상 그 알고리즘이 잘못되었다는 것을 보여줄 반례를 원리상 구성할 수 있다는 것이다. 괴델적 주장은 "이성이 형식화할 수 있는 것이 무엇이든지 간에 이성은 항상 그것을 넘어설 수 있다"는 것을 말해 주고 있다.

결국, 자연언어를 인간의 수준에서 이해하려면 인간이 가지고 있는 것과 견줄 만한 세계에 대한 전반적인 지식이 필요하다는 것이다. 괴델의 주장은 그러한 것에 관한 총체적인 이해를 알고리즘화하려는 시도는 원리상 불가능하다는 것이다. 그러나 이상적인 인간이 지니는 것과 같은 수준의 완벽한 기계를 만들려는 기대를 갖지 않는다면, 보다 나은 정보처리 기계를 만들려는 노력을 포기할 필요는 없다. 퍼트남도 인정하듯이, 인식론적 주장은 기계적 번역 프로그램, 자연언어처리 프로그램이 불가능하다는 것을 의미하지는 않기 때문이다.

2. 컴퓨터의 정보처리기법을 이용한 자연언어처리

2.1. 컴퓨터의 자연언어 처리과정

자연언어처리란 컴퓨터가 자연언어를 이해하고 인간과 의사소통이 가능하게 하기 위한 여러 장치를 개발하는 것을 목표로 한 전산과학의 한 분야이다. 따라서 자연언어처리의 연구개발은 컴퓨터의 발전과 함께 진행되어왔다. 컴퓨터가 개발되면서 프로그래밍 언어가 개발되었고, 이에 따라 인공언어라는 말이 생겨나게 되었다. 인공언어라는 말 때문에 인간이 쓰는 언어는 자연언어라는 말로 구분하게 되었다. 컴퓨터의 언어는 인간의 정보를 기계로 처리하기 위한 매개자이므로 둘 사이의 관계는 밀접하다고 할 수 있다.

컴퓨터가 처음 생겨나던 1940년대에는 컴퓨터는 단지 계산기에 불과했다. 그러던 중에 계산하는 기계에 문자를 기억시키고 언어를 번역하게 하자는 아이디어를 낸 사람이 나타났는데, 그가 바로 위버(Weaver)였다. 이때는 영어와 불어간의 번역을 염두에 두고 일을 진행했는데, 영어의 단어를 불어의 단어로 직접 바꾸면 모든 일이 끝날 것이라는 생각을 했다. 이를 위해 문자를 컴퓨터에서 다루는 것과 영어-불어의 대응사전을 기억시키는 작업이 진행되었다. 이것은 이후 기계번역이라는 새로운 분야가 탄생하게 된 계기가 된 것이다. 이를 계기도 1954년에는 본격적인 기계번역 사업이 시작되어 영어-러시아어의 기계번역 프로젝트가 이루어졌다. 이 시대의 기계번역 방식은 단어를 단어로 치환하고 어순을 적절히 바꾸어주는 직접번역방식이 주를 이루었다. 1960년도에 들어서면 촘스키의 영향으로 구문분석이나 형태소분석의 작업이 이루어졌다. 그러나 이러한 결과는 지금 생각하면 너무도 소박한 것이었다.

1980년대에 들어서면 언어 연구의 환경이 크게 달라진다. 인공지능이라는 개념이 본격적으로 도입되면서 컴퓨터에 의한 인간언어이해의 가능성이 조심스럽게 제기된 것이다. 이와 더불어 기계번역, 정보검색, 자동요약 등의 여러 응용분야의 가능성이 나타나면서 자연언어처리 시스템의 개발에 박차를 가하게 되었으며, 전산언어학이라는 컴퓨터를 이용한 언어 연구 분야가 새롭게 등장하게 된 것이다.

자연언어처리의 연구 영역으로는 자연언어생성, 자연언어의 문법적 형식구조 분석, 인간과 기계의 인터페이스 개발, 어휘부의 구조 및 조직, 담화분석, 의미연구 및 지식표현, 담화 연구 등을 생각할 수 있으며, 그 응용 분야로는 기계번역, 정보검색, 컴퓨터를 활용한 교육, 문서작성 도구개발, 사전편찬 등을 열거할 수 있다. 한편 전산언어학도 두 가지 영역으로 크게 나눌 수 있는데 하나는 컴퓨터를 위한 언어연구이고, 다른 하나는 컴퓨터를 활용한 언어연구이다. 전자는 자연언어처리의 최종목표인 인간의 의사소통능력을 컴퓨터에 구현할 수 있는 도구개발에 필요한 언어연구를 말하고, 후자는 언어학자가 컴퓨터를 이용해서 행하는 모든 연구활동을 말한다.

2.2. 컴퓨터의 정보처리기법을 이용한 자연언어처리의 방법

인간의 고유한 언어능력을 컴퓨터에 재연시키려고 시도하면서 언어학

이론과 자연언어처리 연구는 밀접한 관계를 맺게 되었다. 인간과 컴퓨터의 언어처리 과정의 고찰은 두 언어체계와 인지체계의 단면을 함께 비교할 수 있는 장을 제공한다.

인지심리학자는 언어의 의미가 인간의 기억 속에 저장되고 회생되는 방식을 찾으려고 노력했지만 결과는 미약했다. 인간 두뇌의 일을 알아내는 것은 매우 어려운 일이고 관찰이 가능한 자료를 얻을 수 있는 것이 쉽지 않다. 언어학 관점에서 언어처리 분야에 최초로 기여한 것은 생성문법이고 그 이론과 모형은 언어처리 분야의 주도적 입장에 서게 된다. 생성문법의 기본모형은 문장 생성을 위한 것이므로 그것을 역으로 뒤집어 놓으면 언어를 처리하는 절차가 될 것이라고 생각했다. 다시 말하면 음성적 표층구조에 탈변형화 절차를 거쳐서 의미중심의 심층구조를 얻어내는 과정이 언어처리의 기본과정일 것이라고 생각했다. 그러나 문법중심의 접근법이 타당성이 없다는 것을 발견하면서 변형문법의 한계성이 나타나게 된다. 문법을 이해하는데 문법보다는 의미적 규칙을 더 많이 이용하게 되고 또 화용론적 규칙이나 일반 지식도 중요한 역할을 한다는 것이 밝혀지게 된다. 따라서 의미론적 언어처리 모형을 모색하기 시작한다.

언어처리 분야에 자연언어와 비슷한 것을 기계적으로 창조하는 것을 목표로 삼는 인공지능학이 참여하게 된다. 인공지능학은 언어학에서 축적해 놓은 인간언어의 문법조직이나 처리절차 등을 고려하면서 이들 학문간에 상보적 관계가 성립된다. 인간의 언어사용을 일련의 언어처리 절차로 본다면 컴퓨터는 규칙이나 처리절차의 과학성과 효율성을 측정할 수 있는 최선의 도구인 것이다.

언어처리 분야에서 생성문법은 처음부터 대단한 비중을 차지했다. 생성문법학자는 언어 구조에서 통사부가 그 중심에 있다고 생각하기 때문에 언어처리에 대해서도 같은 원칙을 적용하여, 언어이해의 단위를 문장으로 보고 언어이해의 기준을 의미에 두지 않고 문법규칙에 두었다. 생성문법을 그대로 원용함으로써 언어학 선도의 전통이 서게 되었다. 그리하여 생성문법은 물론 의미론이나 화용론과 같이 통사론 이외의 것도 이 영역에서 다루게 되었다.

인간이 자연언어를 생성하고 이해할 때, 문장이나 텍스트는 더 작은 단위로 분석되어야만 이해될 수 있다. 언어행위 과정 중에서 통사적 분석이 중심적이므로 컴퓨터로 하여금 자연언어를 자동처리하도록 하기 위해서는 통사적 분석이 선결되어야 하며, 각 단어의 품사를 인식해 한 문장 안에서 단어가 구성되는 방법을 인식하는 통사적 이해를 다루어야 한다. 자연언어를 기술하는데 구구조문법이 효과적이어서 자연언어 자동처리 분야에서 이 문법의 중요성과 활용 가능성이 널리 인정되고 있다. 구구조문법은 문맥자유문법으로 문맥자유 언어를 인식하고 생성하는데 매우 효과적인 알고리즘을 제공할 수 있기 때문에 자연언어 자동처리 분야에서 대표적인 것이 되었다.

이제 자연언어처리를 위해서 언어학 이론에 따라 생성문법, 어휘기능문법, 일반구구조문법, 핵중심구구조문법에 대한 특성과 방법을 분석하며 컴퓨터언어를 자연언어로 효과적으로 처리하는 방식을 살펴보려고 한다. 문장의 통사적 체계를 나타내는 대표적 문법인 생성문법을 조사해 촘스키의 구구조규칙을 적용함으로써 문장 구조를 표현하는 수형도(tree-diagram)를 검토해 본다. 또한 구구조문법을 바탕으로 발전하게 된 어휘기능문법, 일반구구조문법, 그리고 핵중심구구조문법에서의 자연언어처리에 관한 여러 모델을 살펴보겠다.

■ 생성문법과 자연언어처리

1950년대에 촘스키에 의해서 제창된 생성문법은 언어학 혁명이라고 불릴 만큼 언어학 전체에 강한 영향을 주었고 또한 이 문법은 계산기 처리에 좋은 점이 많기 때문에, 언어학자뿐만 아니라 계산기 처리에 종사하는 사람도 관심을 가지게 되었다. 구성성분이 결합되는 방식을 다음 문장에서 조사해 보자.

(1) a. John broke the cup.
  b. [John [broke [the cup]]]

(1b)는 구성성분의 결합을 나타낸다. 'the'와 'cup'은 결합되어 명사구를 구성하고, 또 'broke'는 명사구 'the cup'과 결합하여 동사구 'broke the cup'을 구성한다. 또한 'John'은 동사구 'broke the cup'과 결합하여 문장 "John broke the cup"을 구성한다. 이와 같이 촘스키는 구구조규칙을 생성문법의 출발점으로 삼는다.

구구조문법은 다시쓰기 규칙(rewriting rule)으로 통사범주에 의해서 이론을 간결하고 이해하기 쉽게 함으로써 단어구의 통합을 보여준다. 문장 (1)을 구성하는 성분의 통합을 수형도로 나타내면 다음과 같다.

(2)

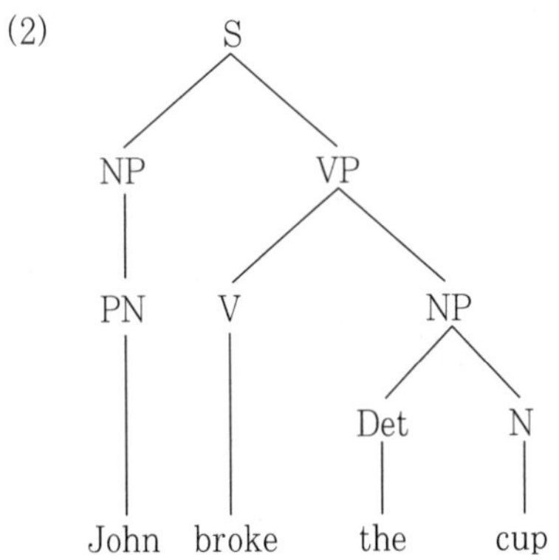

일반적으로 구구조문법 G는 V와 P로 구성된다.

(3) G = ⟨V, P⟩

여기에서 V는 기호의 유한집합으로 Vs와 Vw로 나뉘고, Vs는 통사범주의 집합으로 문장기호 S, Vw는 단어의 집합을 나타낸다. 또한 P는 $\alpha \rightarrow \beta$의 형태를 하는 다시쓰기 규칙의 유한집합으로 α는 Vs의 1개의 기호, β는 V의 기호열을 나타낸다. 예를 들어 문장 (1)의 문법을 살펴보자.

    (4) a. G1=⟨V1, P1⟩
        b. V1=Vs1 U Vw1
        c. Vs1={S, NP, VP, PN, V, DET, N}
           Vw1={John, broke, the cup}
        d. P1={S → NP VP
                NP → PN
                VP → V NP
                NP → Det N}

이것은 문법 G1에 의해서 생성되는 문장을 나타낸다. G1에 의해서 생성되는 모든 문장의 집합을 L(G1)이라고 하면 다음과 같이 표시된다.

    (5) L(G1) = {John broke the cup, John broke John, the cup broke John, the cup broke the cup}

구구조문법 G1에 의해서 생성되는 언어 L(G1)을 구구조언어라고 부른다. 여기에는 의미적으로 이상한 문장도 생성된다. 만약 V1의 기호와 P1의 규칙을 점차 늘려가면, 구구조문법이 영어에서 어느 정도를 파악하는지를 알아보기 위해서 다음 예문을 생각해 보자.[3]

    (6) a. John did not break the cup.
        b. Did John break the cup?
        c. The shock caused John to break the cup.
        d. John broke the cup which his mother bought.

(6)의 문장은 모두 문장 (1)을 기본으로 구성된 것이고, 구구조규칙으로 가능하게 만들 수 있다. 그러나 구구조규칙이 명확하게 나타내거나 설명할 수 없는 것이 있는데, 가령 능동문 (7a)에서 수동문 (7b)를 생성하는 방법

이다. 그래서 수동이나 부정 등과 같이 구구조규칙으로 설명할 수 없는 것을 위해서 변형규칙을 도입한다.

    (7) a. John broke the cup.
        b. The cup was broken by John.

    (8) 수동화 변형 (수의적)
        SD　：　NP － Aux － V － NP － X
               1　　　2　　3　　4　　5
        SC　：　4　　　2　　be+en+3　0　5+by+1
        Cond：SC에서 by+1은 PP.

수동화 변형규칙을 살펴보면, 문장은 구조기술 SD에 NP, Aux, V 및 NP라는 4개의 요소로 구성되어 있고, 구조변화 SC에는 규칙을 적용한 뒤의 각 요소에 대해서, 순서와 변화의 내용이 나타나 있다. 또, Tense, Past 및 en은 문법적 표지로서 각각 시제, 과거 및 과거분사형을 나타낸다. 문장 (7a)에 수동화 변형규칙을 적용하면 (9a)와 같이 표시되고 다시 접사도약(affix hopping)[4]을 적용시키면 (9b)와 같이 표시된다.

    (9) a. the cup Past be en break by John
        b. the cup Past be break en by John

마지막으로 형태음소규칙에 의해서 ‘Past be’는 ‘was’로, 또 ‘break en’은 ‘broken’으로 삽입된다. 생성문법에서는 구구조규칙으로 기본적인 문장의 구조를 포착하고, 변형규칙으로 그것 이외의 복잡한 문장 구조를 포착하고 있다는 것을 알 수 있다.

■ 어휘기능문법과 자연언어처리

어휘기능문법(Lexical-Functional Grammar)은 1980년대에 각광을 받은 자연언어 문법이론 중의 하나로 브레스넌(Bresnan)과 카프란(Kaplan)에 의해서 처음 제시되었다. 브레스넌(1982)[5]의 발표로 어휘기능문법이 어휘부에 중요한 역할을 부여하는 완성된 자연언어 문법형식으로 받아들여지면서 자연언어처리 기법 연구에도 널리 이용되어왔다. 이것은 화자의 통사적 지식을 표시하기 위한 형식적 체계로서 자연언어의 문장 구조에 관한 일반적인 원칙을 설명하고 있다.

어휘기능문법의 특성은 모든 종류의 자연언어를 목표로 하여 인간의 두뇌속에 문장의 정보가 표현되는 형태를 추정하는 것이다. 같은 의미의 문장에 대해서는 분석된 최종 구조가 언어에 관계없이 동일한 결과를 지니도록 한다. 어휘기능문법은 통사범주 대신에 SUBJ, OBJ, OB$_\theta$ 등의 문법관계를 문법 기술을 위한 기본 개념으로 삼으며, 또한 이 문법은 세 단계로 분류된 분석과정을 취하여 성분구조 분석단계, 기능구조 분석단계, 그리고 실사이론(substantive theory) 적용단계를 지니고 있다. 이 문법은 어휘 자체가 갖는 정보를 중요시하므로 추출되는 정보의 원천은 각 어휘의 어휘정보이며 사전의 구성 및 어휘규칙의 적절한 도입도 중요시한다.[6]

✓ 성분구조와 기능구조

어휘기능문법은 자연언어를 통사적으로 기술하는데 있어서 문장의 구구조를 통사적으로 구성성분간의 계층적 결합관계를 표시하는 성분구조(constituent structure, c-구조)와 문법관계를 중심으로 문장성분간의 문법기능을 명시하는 기능구조(functional structure, f-구조)인 두 가지 층위로 구분한다. c-구조는 구구조문법에 의한 문장의 통사 분석이고 f-구조는 주어, 목적어, 보어의 전통적인 통사적 기능에 대한 개념을 규정한다. f-구조는 의미부를 구성하는 유일한 자료이고, 이 의미부는 f-구조를 논리언어 형식으로 전환하고 f-구조에 대한 모형론적 해석을 지니게 된다. 이렇게 c-구조와 f-구조를 포함하는 통사적 문법현상을 어휘 표제어를 포함하는 어휘적 문법현상이나, 논리적인 추론 등을 포함하는 의미적 문법현상으로부터 구분할 수 있어 어휘부, 통사부, 의미부, 음운부의 분할을 용이하게 한다.

이 문법의 처리과정을 소개하기 위해 그 분석과정을 살펴보자. 다음 문장은 문맥자유문법인 구구조규칙 (11)에 의해서 (12)와 같은 c-구조를 나타낸다.

(10) The boy gave the girl a flower.
(11) a. S → NP VP
　　 b. NP → Det N
　　 c. VP → V NP NP
(12)

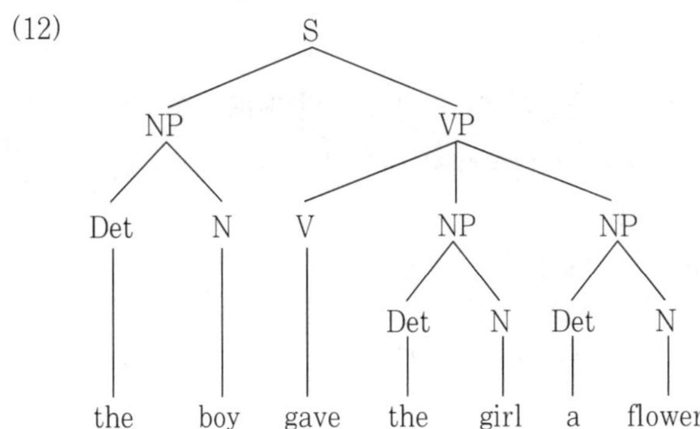

f-구조는 구구조규칙에 결합된 등식으로부터 다음과 같은 상위변항을 사용해 만들어진다.

직접지배 상위변항(immediate domination metavariables) : ↑, ↓

직접지배 상위변항 '↑'는 직접지배하는 상위절점의 f-구조를 가리키며 '↓'는 하위절점의 f-구조를 나타낸다. 직접지배 상위변항과 이들 사이의 관계를 이용해 구구조규칙 (11)을 (13)과 같이 나타낼 수 있다.

(13) a. S →　　 NP　　　 VP
　　　　 (↑SUBJ)＝↓　↑＝↓

b. NP → Det N
c. VP → V   NP   NP
            ($\uparrow$OBJ) = $\downarrow$ ($\uparrow$OBJ2) = $\downarrow$

규칙 (13a)는 문장(S)에서 f-구조의 주어는 첫 번째 명사구(NP)의 f-구조에 의해 나타나며 문장의 f-구조는 바로 동사구(VP)의 f-구조와 같다는 것을 나타낸다. (13c)는 동사구의 직접목적어, 간접목적어가 동사구에 직접 지배되는 명사구라는 것을 나타낸다.

✔ 어휘부와 의미형태

어휘의 통사적 자질과 의미적 내용은 어휘 표제어에서 직접 주어진다. 어휘 표제어가 삽입되어 만드는 문장의 의미 형식이 나타내는 정보가 모두 어휘부에 있게 된다. 예를 들면 문장 (10)에서 어휘의 입력 자료는 다음과 같다.

(14) the   DET, ($\uparrow$SPEC) = THE
     boy   N,   ($\uparrow$NUM) = SG
                    ($\uparrow$PRED) = 'BOY'
     gave   V,   ($\uparrow$TENSE) = PAST
                    ($\uparrow$PRED) = 'HAND$\langle$($\uparrow$SUBJ)($\uparrow$OBJ2)($\uparrow$OBJ)$\rangle$'
     girl   N,   ($\uparrow$NUM) = SG
                    ($\uparrow$PRED) = 'GIRL'
     a   DET, ($\uparrow$SPEC) = A
                    ($\uparrow$NUM) = SG
     flower   N,   ($\uparrow$NUM) = SG
                    ($\uparrow$PRED) = 'FLOWER'

문장에 대한 f-구조는 문장의 술어-논항 형식을 나타내는 의미부의 정보를 제공한다. 문장 (10)의 f-구조는 명사구 'the boy'가 주어이고, 동사 'gave'가 의미적 술어이고, 명사구 'the girl'은 목적어, 'a flower'는 제2목적어로 기능을 한다는 것을 명시한다. f-구조는 이 정보를 〈속성, 값〉 쌍의 집합으로 나타나는데, 속성은 문법기능 혹은 자질들 (SUBJ, PRED,

OBJ, NUM, CASE 등)의 명칭이다. 이 속성에 대한 값은 세 가지 기본 유형으로 기호, 의미 형식, 그리고 f-구조가 있다. 실제로 f-구조는 이 〈속성, 값〉 쌍의 계층 구조이다. 문장 (10)에 대한 f-구조를 〈속성, 값〉 쌍으로 나타내면 다음과 같다.[7]

(15) SUBJ 　 SPEC THE
　　　　　　 NUM SG
　　　　　　 PRED 'BOY'
　　　 TENSE 　 PAST
　　　 PRED 　 'GIVE 〈(↑SUBJ)(↑OBJ2)(↑OBJ)〉'
　　　 OBJ 　 SPEC THE
　　　　　　 NUM SG
　　　　　　 PRED 'GIRL'
　　　 OBJ2 　 SPEC A
　　　　　　 NUM SG
　　　　　　 PRED 'FLOWER'

위의 f-구조에서 속성 'PRED'의 인용부호가 붙은 값은 의미형태를 나타낸다. 따라서 문장 (10)의 의미 해석은 문장 전체의 속성 'PRED'의 값으로 (16)과 같이 의미형태로 표시된다. 이 의미형태는 의미적 술어-논항의 표시로 3항 술어 'GIVE' 뒤에 논항 목록이 뒤따라 논리적 논항인 행위자, 수여자, 대상자 등과 f-구조의 문법 기능간의 대응관계를 한정한다. 이 논항 목록은 술어논리의 논항 순으로 배열되면 (17)과 같은 형태를 취한다.

(16) 'GIVE 〈(↑SUBJ)(↑OBJ2)(↑OBJ)〉'
(17) 술어〈(주어)(직접 목적어)(간접 목적어)〉

따라서 술어 'GIVE'의 논리적 구조는 문장 (10)의 표층구조와는 목적어 두 개의 위치가 다르고, 그 논리적 구조는 다음과 같이 나타난다.

(18) GIVE (the boy, a flower, the girl)

그러므로 문장 (10)의 f-구조에서 'OBJ'와 'OBJ2'의 순서가 의미형태에는 바뀌어 있다. 문장의 의미형태와 f-구조는 일대 일로 대응되어야 하므로 술어 'GIVE'의 또 다른 의미형태는 (19)와 같고 문장 (10)에 해당하는 의미형태가 아니다.

(19) 'GIVE ⟨(↑SUBJ)(↑OBJ)(↑TO OBJ)⟩'

이 의미형태는 문장 (20)과 같이 표시된다.

(20) The boy gave a flower to the girl.

위 의미형태 (16)과 (19)는 동사 *gave*의 다른 의미형식을 나타내며 각 의미형식에 따라 문장 (10)과 (20)이 생성된다. 이 문법은 문장 구성성분의 기능이 문장의 표층구조에서 직접 나타나기 때문에 자연언어 자동처리에서 상당히 유리하게 작용한다.

마지막으로 어휘가 삽입되는 과정은 3단계 실사이론 과정이다. 먼저 문맥자유문법을 써서 모든 말단 절점이 어휘범주로만 된 c-구조를 만들고, 다음에 각 말단 절점에 적합한 어휘를 삽입한다. 어휘기능문법은 언어를 초월해 같은 의미의 문장일 경우 의미역이 일정하게 존재한다고 전제하고 있다. 따라서 분석된 기능 구조가 갖는 의미를 파악하기 위해서는 표층 문법관계와 내재된 의미역 사이의 사상(mapping)이 필요하므로 어휘항목의 사전 정보에는 이런 사상관계에 대한 정보가 존재해야 한다. 다시 말해서 GIVE에 대해 문법관계 SUBJ에는 행위자, OBJ에는 수여자, OBJ2에는 대상자라는 의미역을 부여할 수 있으며 이 사상관계는 사전 정보로서 저장되어 있어야 한다.

■ 일반구구조문법과 자연언어처리

일반구구조문법(Generalized Phrase Structure Grammar)은 1985년에 가

즈더(Gazdar) 등[8]에 의해 제안된 것으로 자연언어에 대한 체계적인 설명과 자동처리를 목표로 주로 단일화에 근거한 통사자질 이론과 규칙의 형식문법이다. 이 문법의 특징은 통사적으로 변형이 없으므로 표층구조만이 인정된다. 또한 통사범주가 〈자질, 값〉 쌍의 집합으로 구성되는 자질구조를 이룬다. 이 문법은 형식문법 체계를 문맥자유문법의 부류로 단순화하기 위해 일반원리와 형식적 제약에 중점을 두고 발전한다. 그래서 자연언어 자동처리 시스템에 활용되고 핵중심구구조문법(Head-Driven Phrase Structure Grammar)의 모태가 된다.

✔ 일반구구조문법의 구조

일반구구조문법에서는 통사부가 가장 발달되고 중심적인 역할을 수행한다. 의미론은 단지 통사부와 몬테규 의미론 유형의 형식의미론 간의 매개체로서 역할을 한다. 또한 어휘부는 통사부와 의미부와의 사이에서 그 역할이 제한되고, 내부구조를 나타내는 일반적인 어휘이론은 제시되지 않는다. 이 문법에서 어휘 표제어 'weep', 'love', 'give'는 다음과 같은 형태를 갖는다.[9]

(21) 〈weep, [[-N], [+V], [BAR 0], [SUBCAT 1]], {wept}, weep′〉
(22) 〈love, [[-N], [+V], [BAR 0], [SUBCAT 2]], { }, love′〉
(23) 〈give, [[-N], [+V], [BAR 0], [SUBCAT 3]], {gave, given}, give′〉

이것은 각각 네 부분으로 나뉘어 네 가지 정보를 표시하는데 첫 번째가 음운적 형태, 두 번째가 통사적 범주, 세 번째가 형태적 특이성, 그리고 네 번째가 몬테규 문법의 논리 정항에 해당하는 의미 형태를 가리킨다. 통사적 범주는 〈통사자질, 자질값〉의 쌍으로 나타내며, 통사적 범주의 'BAR 0'은 어휘범주이고 'BAR 1' 이상은 통사범주임을 의미한다. 자질 'SUBCAT 1'에는 'weep'과 같은 자동사, 'SUBCAT 2'에는 'love'와 같은 직접목적어만을 취하는 타동사가 속한다. 또한 'SUBCAT 3'에는 직접목적어와 전치사 ‘to’로 이끌리는 간접목적어를 요구하는 동사 ‘give’ 등이 속한다.

이와 같이 일반구구조문법에서는 동사뿐만 아니라 형용사, 명사, 전치사까지도 통사 환경에 따라 하위범주화함으로써 체계적이고 일관성 있는 이론을 위한 근거를 제공한다.

✔ 일반구구조문법의 통사부

일반구구조문법은 통사부 기본 규칙으로 직접지배(ID, immediate dominance)규칙을 두고 있다. 이것은 하나의 구와 그 직접구성성분 간의 지배 관계를 나타내며 직접구성성분 간의 선형적 순서는 무시한다. 반면 직접구성성분 간의 순서를 명시할 필요가 있을 때에는 선형적 선행(LP, linear precedence)규칙을 도입하는데, 이것은 직접구성성분 간의 구조적인 순서를 정해 주는 역할을 한다. 이와 같이 문장 구성성분과 그 직접구성성분 간의 관계를 직접지배규칙과 선형적 선행규칙으로 나누어 규정하는 문법을 ID / LP형 문법이라 한다.

선형적 선행규칙은 일반적인 구조적 특성을 간편하게 나타낼 수 있다. 직접지배규칙 (24)를 살펴보면 이것은 (25)와 같은 두 가지 다시쓰기규칙 모두를 의미한다. 그러나 (25b)와 같은 구조는 잘못된 통사구조여서 문법에서 배제되어야 하므로 (26)과 같은 선형적 선행규칙이 이 문제를 해결해 준다.[10]

(24) VP → V, NP
(25) a. VP → V, NP
    b. VP → NP, V
(26) [SUBCAT] 〈 ~ [SUBCAT]

규칙 (26)은 속성 ‘SUBCAT’을 가지는 문장 구성성분은 이 속성을 가지지 않는 모든 형제 구성성분보다 선행한다는 것을 의미한다. 즉 속성

'SUBCAT'이 붙는 동사는 형제 마디에 위치하는 이 속성이 없는 명사구나 전치사구 보다 선행한다는 일반적인 통사특성을 나타낸다.

일반구구조문법은 직접지배 규칙을 어휘 / 비어휘 직접지배규칙으로 나눈다. 어휘 직접지배규칙은 어휘핵을 도입하는 역할을 하며 (21), (22), (23)의 어휘 표제어가 각각 삽입될 수 있는 구조를 규정하는 (27), (28), (29)와 같은 규칙을 말한다. 일반구구조문법에서 핵의 개념은 문장이나 구에서 중심적인 역할을 하는 어휘를 뜻하며 'H'로 표시되는데, 동사구의 핵은 동사이므로 (27), (28), (29)의 규칙은 핵의 개념을 도입해 표시된 것이다.

> (27) VP → V[1]
> (28) VP → V[2], NP
> (29) VP → V[3], NP, PP[to]

, 이 규칙은 모두 동사구를 나타내지만 하위범주화되는 보어의 개수와 성질이 각각 다르다. 따라서 규칙 (27), (28), (29)를 적용해 각각 생성되는 동사구의 예는 다음과 같다.

> (30) Mary weeps.
> (31) John loves Mary.
> (32) John gives a flower to Mary.

이제 비어휘 직접지배규칙을 살펴보면 다음과 같은 것이 있다. 이 규칙은 화살표 우측에 어휘핵을 갖지 않으므로 비어휘적이라고 불린다.

> (33) VP[+SUBJ] → NP, VP[-SUBJ]
> (34) VP[that] → that, VP

이때 동사구 'VP[-SUBJ]'가 문장 'VP[+SUBJ]'의 핵이지만 이것은 어휘가 아니다. 규칙 (33)은 다음과 같은 구조의 문장에 해당된다.

(35)

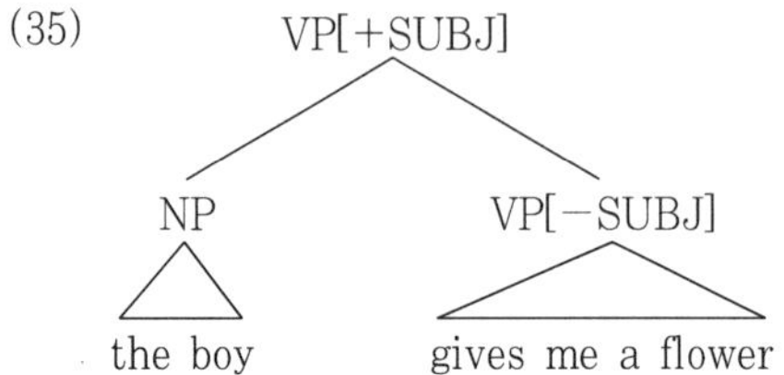

문장은 주어를 가지므로 자질 '[+SUBJ]'을 가지는 동사구 즉 'VP[+SUBJ]'
로 나타나고, 일반 동사구는 주어가 없으므로 자질 '[-SUBJ]'와 함께
'VP[-SUBJ]'로 나타난다. 이것은 일반구구조문법이 구를 단위로 하는 구
구조문법이라는 것을 잘 나타내고 있다.

상위규칙(metarule)은 규칙에 적용되어 새로운 규칙을 만들어 내므로 규
칙 자체보다 한 단계 상위의 일반화를 가능하게 한다. 일반구구조문법에서
는 상위규칙은 어휘 직접지배규칙에만 적용되도록 제한되고 이 조건은 어
휘성 조건(lexicality condition)이라 불린다. 상위규칙 중에 가장 전형적인
것이 수동태 상위규칙이다.[11]

(36) 수동태 상위규칙
 VP → W, NP
 ↓↓
 VP[PAS] → W, (PP[by])

수동태 상위규칙은 하나의 동사구와 적어도 하나의 명사구를 가지는 모
든 규칙, 즉 모든 타동사구에 해당하는 규칙에 적용되고, 변항 W는 명사
구를 제외한 나머지 직접구성성분을 모두 가리킨다. 이 규칙을 적용하기
위해 위에서 언급된 어휘 직접지배규칙을 살펴보자.

(37) a. VP → H[3], NP, PP[to]
 b. VP[PAS] → H[3], PP[to], (PP[by])

수동태 상위규칙의 적용으로 (37a)에 해당하는 동사구 (38a)가 (37b)

로 생성되는 수동태 동사구 (38b)로 변형된다.

> (38) a. John gives a flower to Mary.
>   b. A flower is given to Mary by John.

이 규칙은 생성문법의 수동태 변형규칙과 형태적으로 유사하지만 근본적으로 다르다. 일반구구조문법의 수동태 상위규칙은 어휘 직접지배규칙에 적용되는 것이고 문장의 통사구조 전체 차원에서 적용되는 것이 아니다. 따라서 이 상위규칙은 수형도에서 한 마디와 이 마디를 구성하는 직접구성성분사이의 관계만을 규정한다.

결국, 일반구구조문법은 문맥자유문법에 속하는 문법이론이다. 그러나 문맥자유문법은 자연언어의 현상을 설명하기에는 부족하기 때문에 일반구구조문법에서는 통사 자질의 단일화, 범주 값을 가지는 자질, 상위규칙을 도입한다. 그러나 일반구구조문법의 상위규칙은 언어학 이론이나 자동처리 관점에서 가장 많은 비판을 받고 있다. 일반구구조문법 지지자는 상위규칙을 어휘적 일반 규칙과 통사적 일반 규칙간의 중개자로 보고 있으나 오히려 이것으로 문법이 복잡해진다. 결과적으로 휴렛-패커드(Hewlett-Packard) 연구소에서 수행된 연구와 폴라드(Pollard)의 연구는 핵중심구구조문법을 탄생시킨다.

■ 핵중심구구조문법과 자연언어처리

핵중심구구조문법(Head-Driven Phrase Structure Grammar)은 폴라드와 사그(Pollard와 Sag, 1987)[12]에서 처음 발표되었고, 그 후 폴라드와 사그 (1994)[13]에서 수정·보완되었으며 어휘기능문법, 일반구구조문법과 지배-결속이론의 세 가지 문법 모델을 수정하고 종합해 만들어졌다. 이 문법은 자연언어의 체계적인 면과 자동처리 분야에 초점을 둔 연구와 작업의 결과를 정리한 핵문법(Head Grammar)을 발전시킨 것이다.

핵중심구구조문법은 통사적 정보뿐만 아니라 음운론적 정보와 의미적 정보도 포함하는 모든 형태의 정보간의 상호작용을 통합적으로 다룬다. 이 문법에서는 문법이론의 통사적인 면과 의미적인 면을 분리하지 않고 통합된 방식으로 구성한다.

✔ 핵중심구구조문법 구조

핵중심구구조문법은 언어적 정보의 표현 도구로 기호(sign)를 이용한다. 또한 기호로 지칭되는 다양한 문장 구성성분을 나타내기 위해 각기 속성을 지니는 자질구조(feature-structure)를 사용한다. 기호의 정보는 크게 음운(PHONology), 통사(SYNtax)와 의미(SEMantics)를 지니고, 이 외에 자식 절점으로부터 얻어지는 하위성분(DTRS : Daughters) 자질이 있다. 자질구조 일치-값(agreement-value)은 속성으로 인칭(PERSON), 수(NUMBER), 성(GENDER)을 지닌다. 이와 같이 자질구조는 분석 대상의 여러 가지 속성에 대한 값을 정함으로써 그 분석 대상을 설명하고 표시하는 정보를 포함한다. 자질구조는 속성-값 모형(Attribute-Value Matrices)으로 표시되는데, 가령 어휘 'cookie'의 부분적인 정보를 나타내는 자질구조는 다음과 같다.[14]

$$
\begin{array}{ll}
(39)\ \text{PHON} & \left[\begin{array}{l} \text{cookie} \\ \text{MAJ N} \end{array}\right] \\
\qquad\text{SYN} & \text{AGR 3S} \\
\qquad\text{SEM} & \text{COOKIE}
\end{array}
$$

이 문법은 통사적 요소가 음운적 요소 및 의미적 요소와 통합적으로 관계한다. 속성 SYN은 구성성분의 통사적 정보의 목록이고, 속성 SYN의 값이 통사범주이고, 이 범주를 기술하는 속성은 통사 자질이다. 핵의 역할이 매우 중요해서 각 표현의 통사적 특성의 대부분이 그들의 핵에 의해 규정된다.

또한 통사자질은 다시 국부(LOCal)자질과 결속(BINDing)자질을 구분해야 한다. 국부자질은 어휘범주나 동사 변화, 하위범주화 같은 문장 구성성분의 내재적인 통사적 특성을 명시하고, 반면 결속자질은 관계사나 의문사 같이 결속된 구조를 야기하는 문장 구성성분에 관한 정보를 나타낸다. 국부자질에는 세 가지 자질, 즉 핵 명시하는 핵(HEAD)자질, 하위범주화에 대한 정보를 나타내는 하위범주화(SUBCATegorization)자질과 국부적 / 비국부적 문장 구성성분을 구별하는 어휘성(LEXicality)자질이 있다. 또한 결속자질에도 세 가지 자질, 즉 격리된 구조에 관한 정보를 직접적으로 제공하는 사선(SLASH)자질, 관계사와 선행사 사이의 관계를 나타내는 관계화(RELativization)자질과 의문사에 관한 정보를 명시하는 의문사(QUEstion)자질이 있다.

의미자질은 상황의미를 표현하는 내용(CONTent)자질과 무제한 의존 관계나 대용어 등을 위해 지표(INDICES)자질로 나뉜다.

핵중심구구조문법에서는 문장 구성성분을 내재적 구성성분을 갖는 구 표현과 자신의 독립된 구성성분을 갖지 않는 어휘 표현의 하위범주로 구분한다. 이와 같은 어휘 표현의 일반적인 속성 PHON, SYN, SEM 외에도, 구 표현의 자질구조는 하위자질 DTRS를 갖고 어떤 구 표현의 직접구성성분에 해당하는 정보를 제공한다. 또 자질 DTRS는 핵 하위성분을 값으로 갖는 HEAD-DTR, 보어 하위성분을 갖는 COMP-DTRS, 핵의 결속된 구조의 조건을 충족시키는 요소인 filler를 값으로 갖는 FILLER-DTR, 종속절에 존재하는 상응하는 직접구성성분을 값으로 갖는 CONJ-DTRS 등의 하위성분으로 나뉜다.

모든 자질을 포함한 문장 구성성분 표시의 표준적인 형태는 다음과 같이 표시될 수 있다.[15]

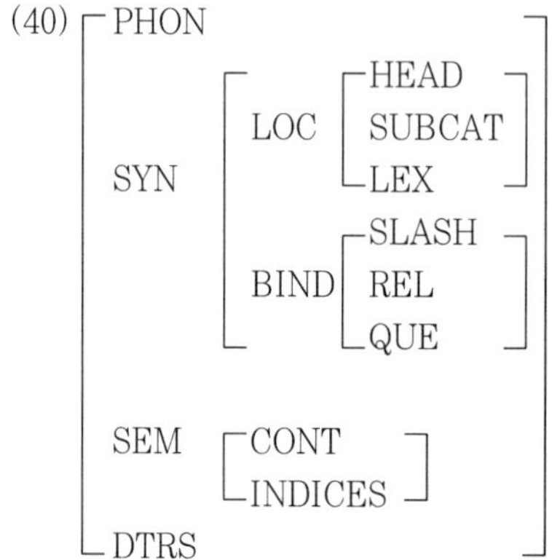

핵중심구구조문법은 통사적 특성의 대부분이 핵에 의해 규정된다. 핵중심의 문법에서 가장 중요한 원리 중 하나가 핵자질 원리이며, 만일 한 구절에 핵하위성분이 있으면 그 구절과 핵하위성분은 핵자질을 공유한다는 것을 나타낸다. 핵중심구구조문법의 자질을 조사하기 위해 다음과 같은 전치된 문장과 그것의 수형도를 살펴보자.

(41) a. Bagels, John likes.

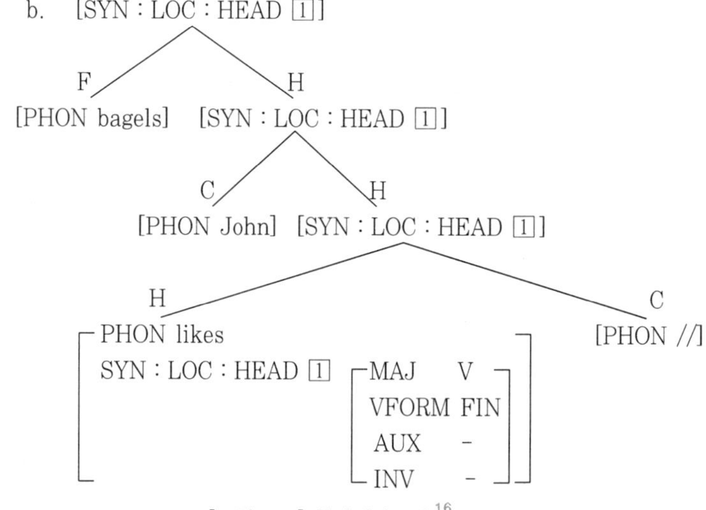

[그림 4-2] 핵자질의 공유[16]

위 그림에서 'likes', "John likes", 그리고 "Bagels, John likes" 구절의 핵자질은 어휘핵인 'likes'와 핵자질을 공유한다. 핵자질에서 MAJ(MAJOR) 자질은 핵의 품사를 나타내어 그 값으로 V(동사)를 가진다. VFORM은 동사의 형태정보를 나타내어 자질값은 FIN(finite)이고, AUX는 조동사와 다른 단어를 구분하기 위한 자질이고, INV는 도치되는 조동사와 도치될 수 없는 조동사를 구분하기 위한 자질이다. 그리고 F는 속성 FILLER-DTR, H는 HEAD-DTR, C는 COMP-DTRS를 각각 가리킨다.

또한 핵중심구구조문법에서도 하위범주화는 필수적인 역할을 한다. 이 문법은 자연언어의 통사적인 양상과 의미적인 면을 처음부터 분리하지 않고 포괄적으로 통합해 다루고 있어서 하위범주화는 기능적, 형식적 정보와 의미적 정보를 동시에 고려한다. 이 중에서 기능적인 정보는 하위범주화 목록에 나타나는 요소의 순서로 명시되고, 형식적인 정보는 속성 SYN의 값으로 나타나며, 의미적인 정보는 속성 SEM의 값으로 나타난다.

✔ 핵중심구구조문법 구조

핵중심구구조문법(1994)의 기호는 세 가지 속성 PHON(ology), SYN(tax)-SEM(antics) 그리고 DTRS로 구성된다. 폴라드와 사그(1987)의 핵중심구구조문법과의 차이는 SYN과 SEM으로 나뉘어 처리되던 언어정보를 SYNSEM으로 모두 포함하는 것이다. 따라서 폴라드와 사그(1994)의 핵중심구구조문법의 속성-값 모형은 다음과 같이 표시된다.

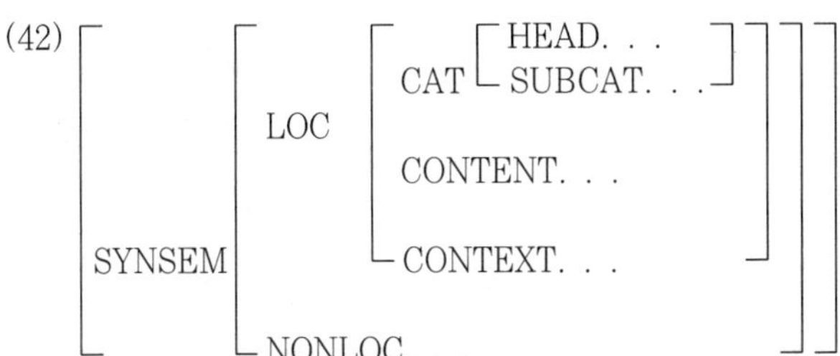

핵중심구구조문법이 자질구조를 속성-값 모형으로 나타내는 것은 같으나, 폴라드와 사그(1994)에는 자질구조가 분류되어 있어서 각 기본 유형마다 분류 명칭이 있고, 또한 자질구조가 유형별로 잘 정리되어야 한다. 따라서 분류 명칭 *word*의 자질구조는 속성 명칭 PHON과 SYNSEM을 포함하고, 분류 명칭 *synsem*의 자질 구조는 속성 명칭 LOC과 NONLOC을 갖고, 또한 분류 명칭 *local*의 자질 구조는 속성 명칭 CATEGORY, CONTENT와 CONTEXT를 포함할 수 있다. 예를 들어 동사 'walks'의 속성-값 모형을 나타내면 다음과 같다.[17]

$$
(43)\ walks
\begin{bmatrix}
\text{CAT} & \begin{bmatrix} \text{HEAD} & verb[fin] \\ \text{SUBCAT} & \langle \text{NP}[nom]_{\boxed{1}\,3rd.\ sing]} \rangle \end{bmatrix} \\[2em]
\text{CONTENT} & \begin{bmatrix} \text{RELN} & walk \\ \text{WALKER} & \boxed{1} \end{bmatrix}
\end{bmatrix}
$$

위 모형에서는 동사형의 값으로 한정동사를 갖고 주격의 격을 갖는 주어를 하위범주화하고 주어의 지표는 3인칭 단수이어야 한다. CONTENT의 값은 동사 'walks'가 걷는 관계를 나타내고 이 걷는 관계의 WALKER의 역할은 주어의 지표에 의해서 수행된다. 이와 같이 핵중심구구조문법(1994)에서는 주어까지도 동사에 의해 하위범주화되는 요소로 간주하는 핵과 수식어의 상관관계 구조분석 방식을 택한다. 또한 주어의 자질구조도 표제어에서 직접 주어지므로 구구조문법의 특성인 어휘화에 중점을 두는 성향을 나타낸다.

폴라드와 사그(1994)에서도 기호는 어휘 표현과 구 표현으로 나뉘며 각각의 분류 명칭은 단어(*word*)와 구(*phrase*)이다. 구는 DTRS를 가지며 그 값은 그 구의 직접구성구조를 나타내는 *constituent-structure(con-struc)*의 자질구조이다. 분류 명칭 *con-struc*에 관계되는 하위 분류 명칭으로는 모든 핵을 가진 구조에서 쓰이는 *headed-structure(head-struc)*가 있다.

분류 명칭 *head-struc*의 속성으로는 HEAD-DTR와 COMP-DTRS가 있으며 ADJ-DTR, FILLER-DTR, MARKER-DTR 같은 속성은 '*head-struc*'의 더 특정한 하위 분류 명칭에 나타난다. head-struc의 기본 구조는 다음과 같이 표시된다.

(44)

$$\textit{head-struc} \begin{bmatrix} \text{HEAD-DTR} & \text{(a sign)} \\ \text{COMP-DTRS} & \text{(a list of signs)} \end{bmatrix}$$

위에서 나타나듯이 모든 head-struc는 오직 한 개의 핵 하위성분을 포함하지만 보어 하위성분은 여러 개가 있을 수도 있고 하나도 없을 수도 있다. 문장 "Kim walks"를 분류 명칭 핵-보어 구조 (head-complement-structure)로 표시하고 간단한 도식으로 나타내면 다음과 같다.[18]

(45)

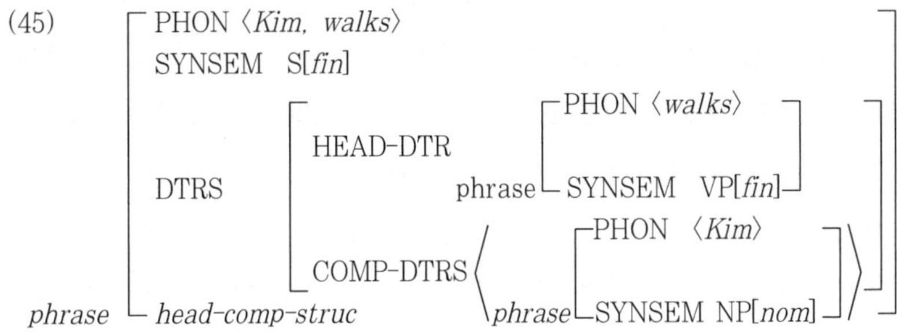

(46)

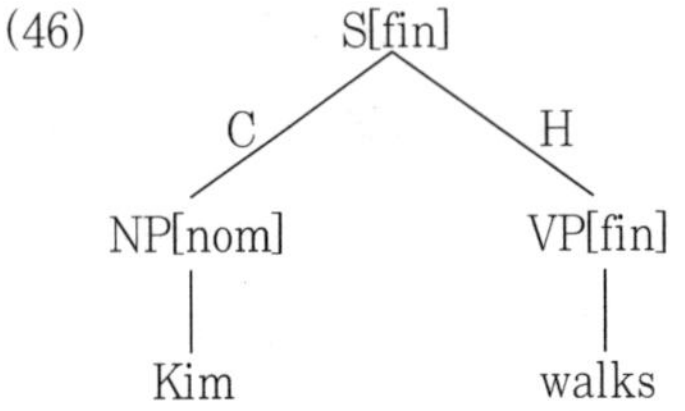

구구조 (45)를 도식으로 표시한 (46)에서 구 표현은 그것의 SYNSEM 값으로 명칭이 붙은 마디로 나타난다. 또 그 표현의 여러 하위성분은 이 마디에서

갈려나온 선 끝에 위치하는데, 그 명칭으로는 H(HEAD-DTR), C(COMP-DTRS), A(ADJ-DTR), F(FILLER-DTR), M(MARKER-DTR)이 있다.

결과적으로 핵중심구구조문법의 특성은 문장 구성성분 같은 자연언어의 단어를 기술하기 위해 속성-값 모형을 사용하는 것이다. 문법으로 설명하는 모든 양상을 이 속성-값 모형으로 처리하려고 한다. 따라서 자연언어의 현상을 설명하기 위해 형식적인 도구를 사용함으로써 자연언어를 표상하려는 형식언어는 실제 자연언어의 구성성분을 나타낸다.

2.3. 자연언어처리의 문제점

컴퓨터로 자연언어를 처리한다는 것은 궁극적으로 인간이 가지고 있는 모든 '언어능력(language competence)'을 컴퓨터에 그대로 재현하고자 하는 작업이다. 실제로 인공지능분야에서는 이러한 목표를 실현하기 위해 끊임없는 작업을 시행하고 있고, 구체적인 프로그램이 개발되기도 했다. 그러나 이제까지 개발된 결과는 우리의 기대를 충족시키기에는 너무나 부족한 것이었다. 그렇다면 문제는 무엇일까? 여기에서 우리는 자연언어를 컴퓨터 언어로 처리하는 데 있어 가장 핵심적인 문제로 언어의 중의성(ambiguity)을 제기하고자 한다. 실제로 자연언어에는 여러 가지 종류의 중의성이 존재하지만, 우리는 이러한 중의성을 문장이나 문맥, 그리고 상황을 통해 자연스럽게 해결할 수 있다. 이것이 가능한 이유는 바로 우리가 자연언어를 분석하고 이해할 수 있는 다양한 언어지식을 갖고 있기 때문이다. 그러나 컴퓨터에서는 아직도 이러한 풍부한 언어지식이 결여되어 있는 것이 사실이다. 인간의 언어능력에 대한 지식을 유형별로 간략히 살펴보면 다음과 같다.

① **음운 / 음성지식** : 단어가 어떤 소리로 실현되는가에 대한 지식
② **형태지식** : 형태소로부터 단어가 어떻게 구성되는가에 대한 지식
③ **구문지식** : 단어가 모여 어떻게 올바른 문장을 구성할 수 있는가, 그리고 각 단어는 문장 안에서 어떤 구조적 역할을 하는가에 대한 지식
④ **의미지식** : 단어의 기본적 의미는 무엇이고, 이들이 문장의 의미를 구성하기 위해 어떻게 결합되는가에 대한 지식
⑤ **화용지식** : 문장이 여러 다른 상황 속에서 어떻게 사용되는가에 대한 지식
⑥ **텍스트지식** : 문장의 해석에 있어, 바로 선행하는 문장이 어떤 영향을 미치는가에 대한 지식

인간은 이러한 다양한 언어지식을 통해 자연언어의 중의성을 자연스럽게 해결할 수 있는 반면, 컴퓨터의 자연언어처리에서는 여러 가지 문제가 발생한다. 이 장에서는 먼저 자연언어의 중의성을 종류별로 간략히 살펴보고, 이들이 컴퓨터언어에서는 어떻게 극복될 수 있는가를 모색하고자 한다.

자연언어의 중의성

✔ 품사적 중의성(part of speech ambiguity)

품사적 중의성은 하나의 형태소가 여러 가지 품사로 사용될 경우에 나타나는 중의성이다. 한국어에서는 단일형태소로 이루어진 단어에서 주로 나타나고, 조사나 어미와 결합해 나타날 때에는 품사적 중의성이 중첩된다. 예를 들어 형태소 '가'는 명사와 자동사, 보조동사, 조사, 어미, 접두사, 접미사 등으로 사용되어 품사적 중의성이 발생한다. '정치가'에서 '가'의 형태는 다양하게 나타날 수 있기 때문이다.[19]

   (47) 정치⟨Noun⟩ - 가⟨Suffix⟩
               - 가⟨Post⟩
               - 가⟨Noun⟩
               - 가⟨Verb⟩

우리는 문장에서 성분 사이의 통사·의미적 관계를 통해 예 (47)과 같은 품사적 중의성 문제를 해결할 수 있다.

✔ 어휘적 중의성(lexical ambiguity)

어휘적 중의성은 하나의 동일 품사어가 다양한 의미를 가지고 있을 때 일어나는 현상이다. 앞의 예에서 접미사 '가'는 다양한 의미를 갖는 어휘의 집합이다.

> (48) 가1〈사람〉　　 : 사업가
> 　　 가2〈가치〉　　 : 영양가
> 　　 가3〈노래〉　　 : 응원가
> 　　 가4〈집〉　　　 : 처가
> 　　 가5〈거리〉　　 : 대학가
> 　　 가6〈가장자리〉 : 우물가
> 　　 가7〈휴가〉　　 : 병가
> 　　 가8〈성씨〉　　 : 김가

위에서처럼 어휘적 중의성의 대표적인 예는 형태가 같고 의미가 다른 동음이의어의 경우이다. 그러나 다의어의 경우에서도 어휘적 중의성은 나타난다. 다음 예에서처럼 하나의 단어가 다양한 파생의미를 가질 때 중의성이 생길 수 있다.

> (49) a. 정치가가 가는 길은 험하다.
> 　　　b. 그 집은 쓰러졌다.

위의 예 (49a)에서 '길'은 '도로'나 '인생역정'의 이중적 의미를 띠기도 하고, (49b)의 '집'은 '건물'이나 '집안'을 의미하기도 한다. 우리는 이러한 경우도 문맥을 통해 중의성을 해결할 수 있다.

✔ 구문적 중의성(syntactic ambiguity)

구문적 중의성은 단어보다는 문장구조에서 나타나는 중의성을 말한다.

(50) a. Flying planes can be dangerous.
　　b. Visiting relatives can be difficult.

(50a)의 경우 그 구조에 따라 '나는 비행기'가 위험하다는 뜻과 '비행기를 타고 나는 것'이 위험하다는 두 가지의 해석이 가능해지고 (50b)의 경우도 구조에 따라 '방문중인 친척'이 대하기 어려울 수 있다는 뜻과 '친척을 방문하는 것'이 어려울 수 있다는 두 가지 해석이 될 수 있다. 다음의 예에서도 구조의 차이가 보여주는 중의성을 발견할 수 있다.

(51) 준호는 영희보다 순희를 더 좋아한다.
(52) a. (준호+영희)가 순희를 좋아한다.
　　b. 준호가 (영희+순희)를 좋아한다.

위와 같이 구조적 중의성은 서로 다른 심층구조를 보여줌으로써 설명이 가능하다.

✔ 의미적 중의성

양화구문에서는 양화사의 영역에 따라 문장의 의미가 달라질 수 있다.

(53) Everyone loves someone.
(54) All didn't pass.

이 문장은 의미적으로 가능한 해석의 수만큼 각각 다음과 같은 두 가지 표상이 가능하다.

(55) a. 모든 사람은 누군가를 사랑한다.
　　b. 모든 사람은 같은 한 사람을 사랑한다.
(56) a. 모두가 불합격했다.
　　b. 모두가 불합격한 것은 아니다.

이러한 의미적 중의성도 서로 다른 논리구조를 보여줌으로써 올바른 해석이 가능하다.

✔ 문장의 동의성

인간은 서로 다른 구조가 동일한 의미를 갖는다는 것을 언어지식을 통해 알 수 있다. 다음의 예를 보자.

> (57) a. Latin is difficult to learn.
> b. It is difficult to learn Latin.
> c. Learning Latin is difficult.

위의 세 문장은 서로 다른 문장처럼 보이지만, 사실은 하나의 심층구조를 갖으며, 단지 변형을 통해 표층구조가 달라진 것이다. 따라서 의미는 서로 같다.

✔ 문장의 모순성

자연언어에서는 구조와 더불어 의미결합의 정보도 매우 중요하다. 우리는 의미의 구조정보를 통해 다음과 같은 문장의 문법성을 판단할 수 있다.

> (58) a. *John is a good boy and girl.
> b. John is a good man and teacher.

(58b)의 문장은 성립될 수 있지만, (58a)의 경우는 (58b)와 똑같은 통사구조를 가지고 있는데도 불구하고 의미자질(semantic feature)면에서 모순된 문장이다. 즉, 'boy'는 '+MALE'의 자질을 갖고 있고 'girl'은 '−MALE'의 자질을 갖고 있기 때문에 서로 상반되는 자질을 갖고 있는 'boy'와 'girl'은 양립할 수 없는 것이다.

✔ 강세와 억양에 따른 중의성

화자의 억양이나 강세도 문장의 의미를 결정하는 중요한 요소가 된다.

(59) a. Can you open the window?
　　 b. No. It's a red tie.

(59a)의 문장에서 억양에 따라 묻는 이의 의도가 여러 가지로 달라지게 된다. 예를 들면 어린아이에게 정말 문을 열 수 있는지의 능력을 물어보는 질문이 될 수도 있고, 창문을 열어 달라는 일상적인 요청이 될 수도 있으며 또한 끝을 내려서 말했을 경우 조금은 단호한 요청의 뜻을 내포하게 된다. (59b)의 문장은 어느 단어에 강세를 주느냐에 따라 질문자의 의도를 짐작할 수 있을 것이다. 만일 질문자가 'Is that a pink tie?' 하고 물었다면 'red'에 강세를 주어 대답했을 것이고 'Is that a red handkerchief?'라고 물었다면 'tie'에 강세를 주어 대답했을 것이다.

✔ 화용상의 중의성

말하는 사람의 의도나 태도에 따라 문장의 의미는 달라진다. 따라서 문장의 구조와 의미뿐만 아니라 화용적인 지식이 필요한 것이다.

(60) It's getting cold.

위의 문장은 언제 누구에게 무슨 의도로 말했느냐에 따라 여러 가지 의미로 해석된다. 언어철학자 서얼(Searle)은 이러한 언어의 화용적 지식을 언표내적 행위(locutionary act)와 언표외적 행위(illocutionary act), 그리고 언향적 행위(perlocutionary act)로 분류했다.[20] 예를 들어 친구가 서로 만나 의례적으로 날씨에 관해 이야기를 꺼내며 대화를 시작했다면 이는 정말 문장에 나타난 액면 그대로의 의미대로 '날씨가 쌀쌀해지고 있음'을 나타내는 언표내적 행위이다. 그런데 만일 거실에서 TV를 보다 몸을 움츠리면서 이 말을 했을 경우, 이는 날씨에 관한 정보를 알려준다기보다는 쌀쌀해지므로 '창문을 닫아주었으면 하는 것'을 간접적으로 표시하는 언표외적 의미를 나타낸다. 만일 출근하는 남편이 옷깃을 여미며 이런 말을 했다면 아내는 '이제 두꺼운 옷을 꺼내 놓아야겠구나' 하는 생각을 하게 될지도 모르며 또는 '집안의 난방시설을 점검해 보아야겠다'는 생각을 하게 될 수도 있다. 그리고 화자의 의도와는 상관없이 아내는 나름대로 자신이 해야 할 일을 환기시켜주는 의미로 해석을 하게 될 때 언향적 의미를 나타낸다고 본다. 이처럼 언어 행위가 언어 상황에 의해 좌우되고 있음을 알 수 있는데 이때 언어 상황에 대한 정확한 인식이 뒤따르지 않으면 이러한 문장의 중의성을 파악하기 어렵다.

✔ 의미상황(context)의 필요성

텍스트상에서의 정보도 문장의 의미를 제대로 해석하기 위해서 필요한 것이다.

> (61) a. That boy is a woman.
>   b. The stone danced with Jane.

(61a)의 문장은 의미자질면에서 'boy'가 '+MALE, −ADULT'의 자질을 갖고 있기 때문에 '−MALE, +ADULT'의 의미자질을 갖고 있는 'woman'과는 양립할 수 없으므로 모순된 문장이다. (61b)의 문장은 'dance'라는 동사가 '+ANIMATE'의 의미자질을 지닌 주어를 필요로 하는 동사이기 때문에 모순된 문장이라고 볼 수도 있다. 그러나 소설과 같은 상상의 세계에서는 돌도 얼마든지 사람과 춤을 출 수 있으므로 의미상황에 따라 'dance'라는 동사에 '−ANIMATE'의 의미자질을 지닌 주어가 올 수 있다. 이 경우 이를 모순된 문장이라기보다는 비정상적인 문장으로 보아야 할 것이다. 문장의 모순성은 단지 단어의 의미자질에만 의존하는 것이 아니라 전체적인 의미상황도 함께 고려되어야 한다.

■ 컴퓨터를 이용한 자연언어처리에서 중의성과 해결방법

인간 언어가 다양한 언어능력을 토대로 한 하나의 내재적인 메커니즘이라고 할 때, 바로 이 메커니즘의 실체를 파악해 컴퓨터에 응용할 수만 있다면 컴퓨터에 인간과 동일한 언어 능력을 부여해 주는 작업이 실제로 가능할지도 모른다. 1950년대를 전후해 인공지능분야에서는 언어능력의 메커니즘에 대한 가설을 세우고, 그것을 밝혀내기 위한 여러 가지 이론과 모델을 제시했었다. 그 가운데 대표적인 몇 가지 사례만을 간략히 제시하기로 한다.

✔ 인공지능의 연구 : 대화시스템 ELIZA

실제로 인공지능 분야에서는 인간처럼 생각하고 말하는 컴퓨터를 구현하려는 노력이 있었다. 그 대표적인 예가 1960년대 MIT에서 개발된 대화시스템 ELIZA이다. 다음은 대화 시스템의 한 예이다.

> User : Men are all alike.
> Eliza : In what way?
> User : They are always bugging us about something or other.
> Eliza : Can you think of a specific example?
> User : Well, my boyfriend made me come here.
> Eliza : Your boyfriend made you come here?

대화시스템 ELIZA는 언어이해와 생성을 위한 어떠한 언어이론도 없이 작동할 수 있는 시스템이었으며, 핵심단어로 간주되는 일정 특수 단어의 데이터베이스를 통해 구현되었다. 초창기 이 시스템은 매우 각광을 받았는데, 그 이유는 사용자가 대화시스템 ELIZA의 대답의 의미를 사용자 자신의 지식으로 파악했기 때문이다. 실제로 ELIZA는 아무 것도 주장하지 않았고, 논쟁도 벌이지 않았으며, 어떠한 질문에 답하지도 않는다. 다만, 모든 질문에 대해서 또 다른 형태의 질문으로서 대답을 피하는 것이다. 그러나 이 프로그램은 인간이 서로 대화하는 것과 같은 느낌을 받을 정도로 환상적인 것으로 보였지만, 실제로는 대화내용을 전혀 이해하지 못했다. 예를 들어 다음 대화를 보자.

> User : Necessity is the mother of invention.
> Eliza : Tell me more about your family.

위의 예에서 Eliza는 문장의 의미해석을 전혀 하지 못했다. 또 다음의 예를 보자.

> User : Green the adzabak are the a ran four.
> Eliza : What if they were not the a ran four?

위의 예에서 Eliza는 문장의 구조도 제대로 파악하지 못했다는 것을 알 수 있다. 이러한 Eliza의 실패는 인간이 사용하는 자연언어를 컴퓨터를 위해 만든 인공언어와 유사할 것이라는 단순한 가정과 믿음에 기인한 것이었다. 인간의 언어능력과 관련된 다양한 지식정보 및 추론·이해능력이 뒷받침될 때에만 비로소 인간을 닮은 컴퓨터가 등장할 수 있을 것이다.

✔ 태깅(tagging)과 중의성 해결

자연언어처리 시스템이 실용화되기 위해서 최근 강력해진 컴퓨터의 기능과 이른바 말뭉치(corpus)라는 대량의 자료를 기반으로 하는 경험주의적 방법이 다시 도입되었고, 그 대표적인 응용분야는 태깅(tagging)이다. 태깅이란 문장에서 각 단어에 대해 품사범주나 문법적, 관계적 기능을 나타내는 기호인 태그(tag)를 부여하는 것을 말한다. 자동태깅시스템(automatic tagging system)은 태깅된 말뭉치에서 얻어진 통계적 데이터를 기반으로 하여 입력 문장의 각 단어에 태그를 부여하고, 그 태그열로부터 다시 통계적 데이터를 토대로 구문분석을 하는 것이다. 이때 자동태깅시스템은 기존의 형태소 분석기에 중의성 해결부분이 결합된 기능을 하고, 구문분석의 경우에도 태그열 간에 계산되는 확률값을 기초로 하여 분석의 범위를 넓히고 중의성을 줄이는 방법을 사용한다. 이렇게 단어를 분석할 때 나타나는 어휘적 중의성을 해결하고 정확한 태그를 선택하는 것이다. 현재까지 알려진 태깅 시스템은 Brown corpus, TAGGIT, LOB corpus, CLAWS(Constituent Likelihood Automatic Word-Tagging System) 등이 있다.

자연언어처리에서 언어분석시 해결해야 할 문제도 역시 중의성(ambiguity)이다. 품사적 중의성, 어휘적 중의성, 구문적 중의성, 의미적 중의성, 화용적 중의성 가운데 현재의 방법으로는 어느 것 하나 완벽히 해결할 수 있는 방법은 없다. 다만 형태소 분석기와 태깅의 방법을 통해 품사적, 어휘적, 구문적 중의성을 해결하려는 시도가 있을 따름이다. 여기에서는 그 내용을 간략히 살펴보기로 한다.

✔ 품사적 중의성 해결

형태소분석과 관련되는 것은 품사적 중의성과 어휘적 중의성이다. 앞의 자연언어의 중의성에서 다루었던 예를 다시 살펴보자. 형태소 '가'는 다양한 품사적 중의성이 발생한다.

    (62) 정치〈Noun〉 - 가〈Suffix〉
                    - 가〈Post〉
                    - 가〈Noun〉
                    - 가〈Verb〉

위에서 '가'에 대한 4가지 분석 가능성은 하나의 형태소가 갖는 품사적 중의성의 유형이다. 자연언어처리에서는 이와 같은 중의성을 해소하기 위해 어휘형성에 대한 정보뿐 아니라 '어절형성'에 대한 정보, 나아가서는 '구문구조'에 대한 정보도 필요하다.

✔ 어휘적 중의성 해결

어휘적 중의성은 하나의 동일 품사어가 다양한 의미를 가지고 있을 때
일어나는 현상이다. 자연언어의 어휘적 중의성 문제를 다루면서 우리는 다
음과 같이 접미사 '가'가 다양한 의미를 갖는다고 가정했었다.

       (63) 가1〈사람〉   : 사업가
            가2〈가치〉   : 영양가
            가3〈노래〉   : 응원가
            가4〈집〉   : 처가
            가5〈거리〉   : 대학가
            가6〈가장자리〉 : 우물가
            가7〈휴가〉   : 병가
            가8〈성씨〉   : 김가

이러한 어휘적 중의성은 각 단어의 의미적 어휘적 쓰임을 체계적으로
기술하지 않으면 해결하기가 어렵다. 그러나 현재 어휘적 중의성은 자연언
어처리의 형태소분석 단계에서 연구가 충분히 이루어지지 못한 상태이며,
여전히 해결해야 할 문제로 남아 있는 셈이다.

✔ 구문적 중의성 해결

'정치가'가 다음과 같은 두 가지 의미를 갖는다고 할 때, '정치〈Noun〉＋
가〈Suffix〉'인지 '정치〈Noun〉＋가〈Post〉'인지는 그 구문구조를 파악하지
않고서는 해결할 수 없다.

       (64) a. 한국 정치가 모임이 새로 구성된다.
            b. 한국 정치가 변하고 있다.

자연언어에서는 이러한 중의성이 전체 문장의 구조와 문맥에 의해서 해
결될 수 있다. (64a)의 '정치가'는 '정치하는 사람'의 의미로 해석되고,
(64b)의 '정치가'는 '정치＋주격조사'의 의미로 해석된다. 그러나 자연언어

처리에서는 이 문제도 해결되지 않은 채로 남아 있다. 문장 성분간의 관계 정보와 문장구조정보, 그리고 문맥정보가 구축될 때, 해결의 실마리가 보일 것이다.

통사적 수형도는 문장에 있어서 중의성에 대한 가능한 해석을 일목요연하게 보여줌으로써 각 문장 의미에 따른 통사적 구조를 잘 설명해 준다. 다음 문장을 살펴보자.

(65) This boy observed the man with the telescope.

문장 (65)는 두 가지로 해석될 수 있고 각각의 의미 해석에 따른 수형도는 다음과 같다.

(66) a.

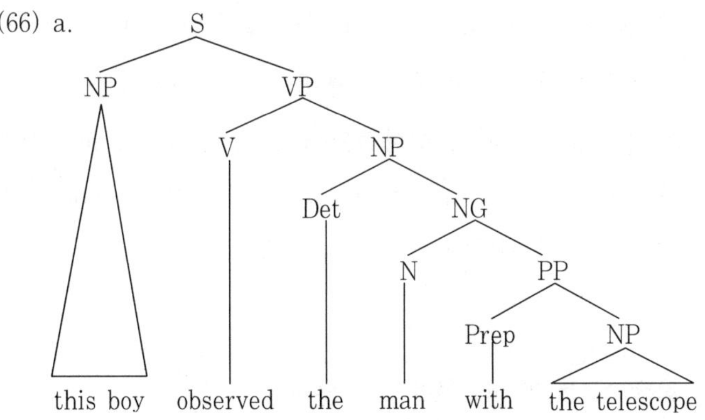

b.

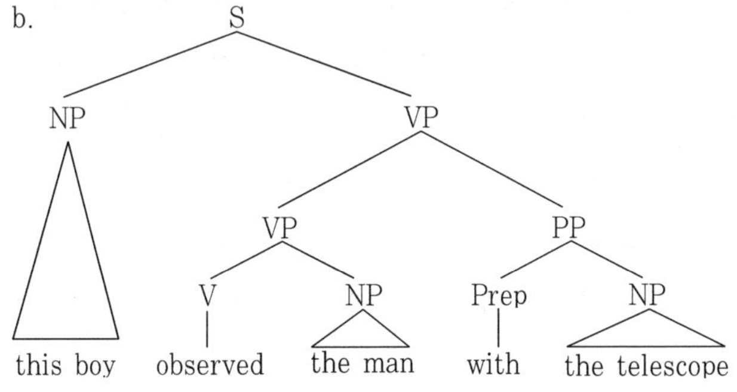

위의 두 수형도에서 해석이 달라지는 부분은 'with the telescope'이다. (66a)의 해석에 따르면 "이 소년이 망원경을 가지고 있는 그 사람을 관찰했다"라는 뜻이고 (66b)의 해석에 따르면 "이 소년이 망원경으로 그 사람을 관찰했다"라는 의미이다. 통사적으로 (66a)의 해석에서는 'with the telescope'가 'man'의 부가형용사의 역할을 하지만 (66b)의 해석으로는 'with the telescope'가 상황보어가 된다.

이와 같이 통사분석과 수형도는 불가분의 관계에 있으며 문장 구성 성분의 기능을 수형도에서의 구조적 특성으로 파악하려는 시도는 매우 바람직하다. 형식화, 체계화하기 힘든 의미적, 화용적 정보에 의존하지 않고 통사적인 정보만으로 문장의 기능별 구조를 파악할 수 있다는 희망은 상당히 고무적이다. 컴퓨터에 의한 자연언어처리 분야에서는 이러한 시도가 매우 큰 관심과 반향을 불러 일으켜 이에 대한 연구가 활발히 진행중이다. 그러나 이 수형도의 구조에 의한 기능의 인지는 영어와 같이 문장 내에서의 위치가 곧 그 구성성분의 기능이 되는 형상언어(configurational languages)에서는 유용하지만, 한국어와 같이 조사로서 기능을 할당받으며 문장내의 위치 배정이 비교적 자유로운 언어에서는 얼마나 역할을 할 수 있을지는 여전히 미지수다.

✔ 문맥과 화용적 정보의 필요성과 남은 문제

효율적인 정보검색 시스템을 구현하기 위해서는 앞서 언급한 품사, 형태, 어휘, 구문 정보 이외에도 문맥정보와 화용정보가 필수적으로 요구된다. 그러나 이러한 작업이 시도되고 있기는 하지만 아직은 시도자체로 만족할 수밖에 없는 실정이다. 그만큼 해결해야 할 과제가 많다는 것이다. 예를 들어 문맥정보에서 가장 기본적인 지시표현에 대한 연구를 간략히 살펴보자.[21] 지시표현의 경우 다음 문장에서와 같이 바로 '앞 문장'에 나타난 정보를 참조해야 한다.

(67) <u>그 지역</u> 감나무밭에는 농약을 너무 사용해서 올해 오히려 감 생산량이 감
　　　소했다.

위의 예에서 '그 지역'이 어디를 나타내는지를 알기 위해서는 먼저 바로 앞의 문장에 나타난 지명을 찾아보고, 그 다음으로 설정된 후보 가운데 가장 적절한 것을 연결시켜야 한다.

(68) <u>천안지역</u>의 올해 농산물 수확현황을 살펴보면, <u>입장읍</u>에서 포도의 생산
　　　량은 <u>중부 지역권</u> 내에서는 가장 큰 폭으로 증가했다. 그러나 〈그 지역
　　　감나무밭에는 농약을 너무 사용해서 올해 오히려 감 생산량이 감소했다〉

위의 예에서처럼 '그 지역'과 연결될 수 있는 지명은 모두 세 가지나 된다. 여기에서 '그 지역'의 올바른 지시물을 찾아내어 관련 문서에 연결시키기 위해서는 몇 가지 정보가 필요하다.

(69) a. '지명'을 나타내는 고유명사를 인식하기 위한 어휘적 정보
　　　b. 어느 유형의 어절이 그 선행사가 될 수 있는지를 결정하기 위한 구문
　　　　 적 정보
　　　c. 어느 것이 논리적으로 더 연계성을 갖는지를 결정하기 위한 의미적 정보

이러한 추가 정보가 체계적으로 연구될 때 지시표현의 해석이 가능해질 것이다. 정보를 통해 컴퓨터언어에 자연언어의 언어능력과 지식을 불어 넣으려는 시도는 끊임없이 계속되어 왔지만, 현재 상태에서는 (68)의 '그 지역'이 가리키는 올바른 지시물을 찾아낼 수 있는 명시적 방법이 아직은 없는 실정이다.

현재 단계는 인간을 닮은 컴퓨터를 구현해 보려는 희망을 품기에는 너무 보잘 것 없는 수준에 머물러 있다. 앞에서 제시한 몇몇 사례에서도 알 수 있듯이 자연언어처리는 인간언어의 극히 초보적인 단계를 수행하고 있을 따름이다. 그것은 역설적으로 그만큼 인간언어가 갖고 있는 정보와 지식이 다양하고 풍부하다는 의미일 것이다. 또한 인간의 종합적인 판단과

추론능력 또한 컴퓨터가 따라갈 수 없는 영역이기도 하다. 따라서 진정한 인간언어를 닮은 컴퓨터를 위해서는 형태정보, 구문정보 뿐만 아니라 문맥과 상황 속에서 인간처럼 자유롭고 유동적인 언어능력을 구현할 수 있는 방법을 찾아야 할 것이다.

3. 뇌정보처리 개념을 이용한 자연언어처리

3.1. 뇌정보처리

현재의 알고리즘 위주의 프로그래밍의 문제를 개선하기 위해 새로운 패러다임의 변화가 필요하다. 학습을 이용한 프로그래밍 방법으로 보다 유연한 정보처리를 구현하고자 하는 시도가 바로 이것이다. 이러한 접근방법의 하나로 등장한 것이 인공신경회로망을 통한 연구이다. 인간의 뇌와 같이 뉴론과 같은 기본 연산소자로 자료를 대량으로 분산처리하는 방법이 추진되고 있다. 여기서는 이에 대해 자세히 살펴보고자 한다.

■ 인공신경회로망의 개요 : 정의, 분류, 학습, 응용

정보 처리를 실행하는 고도의 장치로서, 현재 컴퓨터와 뇌를 비교해 보면 기본적으로 정보 처리의 방식이 전혀 다르다는 것을 알 수 있다. 컴퓨터는 주어진 프로그램에 따라서 한 번에 하나의 명령을 처리해 정보를 변환하고, 또 이 정보에 기초해 다음에 무엇을 할 것인가를 결정한다. 한 번에 하나의 명령어가 처리되기 때문에, 이를 직렬정보처리(serial information processing)라고 부른다. 또한 모든 정보는 0 또는 1의 숫자를 포함해, 기호로서 표현되어 프로그램에 의해 처리되고, 변화되는 것이기 때문에 컴퓨터에 기초한 정보 처리의 기본은 기호 조작이라 할 수 있다. 이러한 처리의 수학적 기초는 수리논리학에서 제공하고 있다.

반면에 뇌에서 다수의 뉴런이 복잡하게 결합된 네트워크를 이루고 있으며 입력 정보가 들어오면 그것을 수용한 뉴런이 흥분해, 이 흥분이 다른 뉴런에 전달된다. 뉴런간의 결합에는 흥분성과 억제성의 두 종류가 있는데, 하나는 상호 협조해 함께 흥분하려 하는 뉴런간의 협조적 상호작용이고, 다른 하나는 자신이 흥분하면 상대의 흥분을 억제시키려 하는 억제 경합적 상호작용이다. 이러한 상호작용이 뇌 전체에 퍼져, 동시에 병렬적으로 흥분 상태의 다이나믹스(dynamics)가 진행된다. 이것이 뇌의 정보 처리 과정이며, 그 성격은 병렬정보처리(parallel information processing)이다.

따라서 정보 처리에는 처음부터 직렬과 병렬의 두 가지 기본원리가 존재했다고 생각할 수 있다. 컴퓨터는 직렬의 길을 선택해 기호 조작의 가능을 발전시킨 반면에 생물은 진화의 과정에서 병렬의 길을 채용하여, 인간의 뇌에서 보여주듯 고차원적인 정보 처리의 길을 개척했다. 인간은 언어에 의한 기호 조작을 필요로 하게 되는데, 이를 위해 직렬원리를 이용해 병렬의 하드웨어 상에서 실현했다고 할 수 있다. 의식의 개념도 바로 이러한 발전과정에서 생겨났다고 생각된다.

따라서 앞으로의 정보 처리 모델의 방향은 인간의 경우와 마찬가지로 병렬 처리의 다이나믹스와 기호 조작이라는 두 가지 측면을 바탕으로 이루어질 것이다. 이러한 뇌의 정보원리를 뇌와는 다른 형태의 공학 기술로 실현하는 것도 가능할 것으로 보인다. 이를 위해 반드시 분자기구를 사용할 필요는 없으며, 현재의 VLSI기술이나 광학(optics)기술로도 어느 정도 실현 가능할 것으로 판단된다.[22]

여기서 우리는 인경신경회로망에서 중추적인 역할을 하는 뉴런(neuron)에 대해 좀더 구체적으로 알아보자. 뉴런은 생체 속에서 정보처리를 위해 특별한 분화를 이룬 세포이다. 다음 그림에서 보듯이 뉴런은 본체인 세포체 부분과, 복잡하게 갈라진 수상돌기(dendrite)라고 불리는 부분, 그리고 본체에서 한 줄만 뻗어 나왔다가 말단에서 여러 갈래로 갈라진 축색(axon)이라고 하는 부분 등 크게 세 가지로 나누어져 있다. 축색은 세포체 본체로부터의 신호를 다른 뉴런에 전달하는 섬유(nerve fibers)이다. 수상돌기는 다른 뉴런으로부터의 신호를 받아들이는 부분으로, 나무에 비유하면 햇빛을 받는 잎에 해당한다. 즉, 다른 뉴런의 축색의 말단이 여기에 연결되어 있다. 이 연결부분을 시냅스(synapse)라 부른다.

하나의 뉴런은 평균해서 수천 개, 보다 많은 것은 수만 개의 축색으로부터 신호를 받고 있다고 한다. 따라서 다수의 축색을 결합하기 위해서는 수상돌기를 이와 같이 복잡하게 만들어 축색과 결합하는 장소를 넓힐 필요가 있다. 세포 본체는 많은 입력신호를 가지고 '계산'을 실행하고, 그 답은 축색을 통해 다른 뉴런에 전달된다. 이때 신경회로망에서 어떠한 계산(혹은 정보처리)을 할 것인가 하는 문제는 수상돌기의 연결부분, 즉 시냅스에 분산되어 저장된다.

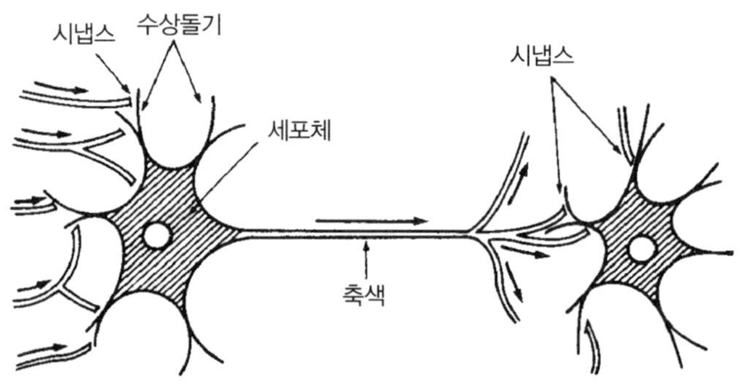

[그림 4-3] 뉴런(neuron)

여기서 축색을 통과하는 뉴런의 신호는 어떤 것일까? 전기생리학을 통해 알아본 결과, 뉴런 내부의 전위(potential)는 외부에 비해 보통 때는 낮다고 한다. 그러나 외부로부터의 입력신호가 도달하면, 뉴런이 '흥분'하고 내부 전위가 갑자기 높아진다. 물론 이것은 시간적으로 보면 1msec(1/1000초)밖에 지속되지 않는 매우 짧은 순간이다. 이 순간을 뉴런이 '발화'했다고 하며, 시간 폭으로 해서 1msec, 전압으로 해서 0.1V 정도의 펄스가 축색을 통해 지나간다. 그리고 이것은 신호로서 다른 뉴런에 전달된다.

그러면 뉴런은 어떠한 경우에 발화하게 되는 것일까? 수상돌기에 다른 뉴런으로부터의 전기 펄스가 오면 여러 곳의 전압이 약간씩 변동된다. 이 변동 값이 본체까지 도달해 여기서 더해진다. 합계가 어떤 임계치(threshold)를 넘을 때 이것이 계기가 되어 뉴런은 발화하고, 임계치를 넘지 못할 경우 아무 반응도 일어나지 않는다. 그런데 펄스가 들어오면 전압이 바뀐다고 말했지만, 이 변동에는 양과 음이 있다. 양이냐 음이냐는 원래 뉴런의 종류에 달려 있다. 양인 뉴런을 흥분성 뉴런이라고 하고, 여기를 떠나는 펄스는 다른 뉴런의 수상돌기의 전압을 약간 상승시키고, 그 뉴런을 흥분시키려고 한다. 한편 음의 효과를 갖는 뉴런을 억제성 뉴런이라고 하고, 여기를 떠나는 펄스는 다른 뉴런의 수상돌기의 전압을 약간 저하시켜, 그 뉴런의 흥분을 억제하려고 한다. 뉴런은 다른 뉴런으로부터의 신호를 받아들이고 그것에 가중치(시냅스의 신호전달 효율)를 곱한 값(이 가중치에는 양·음 양쪽이 있음)을 더하고, 그 결과 발화하느냐 하지 않느냐를 결정한다. 이것을 기본으로 뉴런의 수리 모델을 만들 수가 있다. 이때 중요한 것은 다음 두 가지 측면이다.

① **선형가산성** : 뉴런은 다른 뉴런으로부터 오는 신호에 가중치(시냅스의 신호전달 효율)를 곱하고 더한다.
② **비선형 임계치 특성** : 합계가 임계치를 넘지 않으면 아무 일도 일어나지 않고, 넘으면 펄스를 하나 내보내는 비선형적인 동작을 한다.

이러한 두 가지 측면을 수리적인 모델로 표시하고 이를 바탕으로 회로망을 구성한 것이 인공신경회로망이다.

뇌는 과거의 경험을 기억해서, 그것을 활용해 정보를 처리한다. 더 나아가 학습에 의해 자기의 동작을 보다 적절한 것으로 바꾸어 간다. 뇌의 동작은 다수의 뉴런으로 구성되는 회로망의 다이나믹스(dynamics)로 실현되기 때문에 뇌 특성의 변화는 뉴런간의 상호 결합 강도의 변화(결합을 끊는다거나 새로운 결합을 만드는 것도 포함해)를 통해서 실현된다. 즉, 뉴런간의 결합의 가중치, 즉 시냅스(또는 효율, 영향도)를 바꿈으로써 외계의 일이나 경험을 기억하고 학습한다. 따라서 어떠한 문제를 인공신경회로망을 이용해 풀고자 할 때 컴퓨터의 프로그래밍과 같은 과정으로서 학습이 필요하다. 이때 학습의 원리로서 적용되는 것이 심리학자 Hebb가 뇌의 해마(hippocampus)에서 관찰된 결과를 토대로 제안한 방식이다.[23] 이것은 뉴런이 흥분했을 때 그 원인이 되는 입력신호의 효율을 높이는 방향으로 시냅스를 변화시키는 것이다. 이것을 수리적으로 보면 입력신호와 뉴런의 출력신호 간의 상관관계(correlation)로 표시될 수 있다.

이러한 학습은 크게 두 가지 종류로 나누어지는데 하나는 감독학습(supervised learning)이고 다른 하나는 비감독학습(unsupervised learning)이다. 감독학습의 경우, 학습되어야 될 입력 및 출력패턴이 주어진다. 이에 따라서 신경회로망의 시냅스는 주어진 입력에 대해 출력패턴이 최대한 잘 표시될 수 있도록 시냅스의 값이 변화하게 된다. 비감독학습의 경우, 입력 또는 출력패턴의 구분이 없이 어떤 특정한 패턴이 주어진다. 이에 따라서 신경회로망의 시냅스는 그 특정한 패턴이 신경회로망에 저장될 수 있도록 시냅스의 값이 변화하게 된다.

그럼 신경회로망의 학습과 컴퓨터의 프로그래밍을 비교해 보자. 먼저 신경회로망 학습의 경우, 주어진 패턴을 학습하게 되면 그 결과로 패턴에 내재된 법칙을 추출하게 되며, 이것은 시냅스의 크기(혹은 효율)로 분산되어 표시된다. 반면에 컴퓨터의 경우, 학습이 필요 없지만 문제의 해결과정, 즉 알고리즘을 컴퓨터언어로 표시해야 한다. 그 결과 컴퓨터와 신경회로망은 일반화 성능(generalization capability)에서 차이점을 보이게 된다.

다시 말하면, 컴퓨터의 경우 프로그램에서 정의된 입력에는 잘 반응하지만 프로그램 되지 않은 입력에는 아무런 결과를 내지 못한다. 반면에 신경회로망의 경우는, 학습되지 않은 입력에 대해서도 그 동안 학습된 결과에 따라 유추된 값을 출력하게 된다. 이러한 점에서 인공신경회로망의 방법은 컴퓨터 프로그래밍보다 '유연한' 처리를 한다고 말할 수 있다.

　이제 인공신경회로망의 구조를 살펴보자. 인공신경회로망의 구조는 크게 두 가지로 나눌 수 있다. 하나는 전방향 신경회로망(feedforward neural network)이고 다른 하나는 회귀 신경회로망(recurrent neural network)이다. 여기서 전방향 신경회로망은 신호의 전달방향이 한 방향으로만(입력에서 출력으로) 전달되는 것을 의미하고, 회귀 신경회로망은 신호의 전달방향이 (입, 출력) 양방향으로 전달될 수 있는 것을 의미한다(그림 4-4 참조).

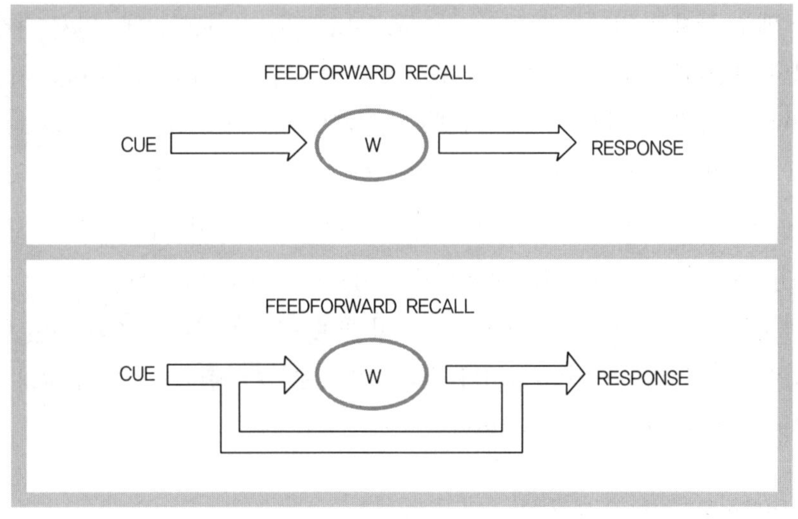

[그림 4-4] 전방향 및 회귀 신경회로망

　앞서 언급한 회로망의 구조와 학습의 유형에 따라 인공신경회로망은 다음의 표와 같이 분류된다.

[표 4-1] X - 인공신경회로망의 분류

	감독학습	비감독학습
전방향 신경회로망	Perceptron, Adaline Multilayer Perceptron Boltzmann Machine	SOFM, OLAM FAM, CPN
회귀 신경회로망	Brain-State-in-a-Box Fuzzy Cognitive Map	ART1, ART2 Hopfield Netowork BAM

전방향 신경회로망의 역할은 주로 입출력의 비선형사상(nonlinear mapping)의 문제에 적용된다. 현재 가장 많이 사용되는 회로망은 다층 퍼셉트론(Multilayer Perceptron)으로 이것은 여러 개의 기본소자로 이루어진 층(layer)으로 구성되어 있고 각층은 바로 전 층에서 입력을 받아 신호를 처리한 후 다음 층에 전달하는 구조로 되어 있다.[24] 반면에 회귀 신경회로망은 매우 복잡한 비선형 동역학(nonlinear dynamics)을 보이는데, 현재 가장 많이 사용되는 회로망은 시냅스의 양방향 크기가 같은 Hopfield network이다.[25] 이 경우 어떤 특정한 패턴을 저장하는 데 사용된다. 이것은 컴퓨터의 메모리와는 전혀 다른 형태를 보인다. 컴퓨터의 RAM(random access memory)에서 어떤 자료를 찾는 경우, 그 자료가 저장된 메모리의 주소를 이용하는 반면에, 회귀 신경회로망을 이용하는 경우는 어떤 메모리의 일부분(혹은 단서)를 주면 전체 메모리를 찾아낸다. 이것은 마치 우리가 어떤 이야기를 기억해낼 때 어떤 단서가 주어지면 그로부터 하나씩 꼬리에 꼬리를 물며 기억해 내는 것과 유사하다.

▣ 인공신경회로망의 응용

인공신경회로망은 기존 컴퓨터의 한계를 극복할 수 있는 특징으로 인해 기존의 인공지능 기법이나 계산 이론 기법으로 해결하기 힘들었던 분야, 즉 패턴 인식, 음성인식, 자연언어 이해 등의 응용 분야에 주로 많이 적용되고 있으며, 그 이외에도 적용 가능한 분야가 많이 남아 있다. 지금까지 인공신경회로망 기술이 응용된 대표적인 분야는 다음과 같다.

✔ 음성합성

존스 홉킨스 대학의 세즈노브스키(Sejnowski)와 프린스턴 대학의 로젠버그(Rosenberg)는 문장을 음성으로 변환하는 신경회로망 시스템을 만들었다.[26] 이 시스템에서는 문자입력을 음소로 출력하는 부분에 신경회로망 모델을 사용하고 NETtalk라는 음소를 소리로 합성하는 음성 합성기를 통해 출력된 음소를 합성했다. 사용된 신경회로망은 다층 퍼셉트론이며 그 과정은 다음과 같다. 임의의 가중치를 가진 비훈련된 상태에서 시작해 짧은 훈련 시간을 거친 후에는 NETtalk는 계속적이고 서투른 발음을 시작한다. 이 단계에서는 모든 발음이 연결되고 단지 하나의 말소리로 들리게 된다. 그러나 훈련을 통해 학습을 계속하면 소리가 분리되고 하나 이상의 말소리가 들리게 된다. 이 단계에서 출력은 유아의 발음과 같다. 학습이 계속될수록 NETtalk의 출력은 어린이처럼 발음하기 시작하고 단어는 명백히 분리 가능해진다.

✔ 언어학습

캘리포니아 대학교 샌디에고 분교의 루멜하트(Rumelhart)와 카네기멜론 대학의 맥클랠란드(McClelland)는 영어 동사의 과거시제를 배우는 신경회로망을 개발했다.[27] 연구의 목적은 신경회로망이 아이가 자라면서 동사의 과거 시제에 관한 법칙을 배우는 것과 같은 능력을 가질 수 있는가를 시험하기 위한 것이다. 여기서는 원형동사의 음소 표현을 입력으로 받아 과거 시제의 음소 표현을 출력한다. 이 신경회로망에서는 모델의 구조가 좌우 대칭인 경우에 유용한 볼츠만 기계(Boltzmann Machine)를 사용했다.[28] 초기 학습을 거친 후에는 언어적 법칙을 발견하지만 모든 원형동사에 동일한 법칙을 적용한다. 그 다음 단계에서는 규칙과 불규칙을 구분하게 되고 마지막 단계에서는 변형 법칙까지도 학습하게 된다. 이러한 응용 결과는 신경회로망이 학습능력이 있고, 훈련을 통해 주어진 정보를 일반화시킴으로써 신경회로망을 새로운 입력정보에 적응시킬 수 있다는 것을 보여준다.

✔ 영상처리

신경회로망은 영상처리 분야에도 유용하게 활용될 수 있다. 그로스버그(Grossberg) 등은 시각처리 네트워크(visual processing network)라는 신경회로망을 개발해 원형에 의한 영상분할(template-driven image segmentation)과 이동, 확대 또는 축소, 그리고 회전에 불변하는 영상 패턴의 인식에 이를 이용했다.[29] 펜실베니아 대학에서는 신경회로망을 훈련해 여러 가지 항공기의 레이더 영상을 식별하도록 했는데, 이 시스템은 영상의 20%만 제공되어도 폭격기를 인식할 수 있다. 한편 미국의 국방연구원(D.A.R.P.A) 주관으로 행한 최근의 신경회로망 응용 연구로 잠수함에서의 장애물 인식을 들 수 있다. 잠수함은 바다 속에서 항해할 때 음파를 쏘아서 이의 반사파를 분석함으로써 앞에 있는 장애물이 암초인지, 적의 잠수함인지, 아니면 물고기인지 등을 구별한다.

✔ 문자인식

네스터(Nestor)사에서는 디지타이져(digitizer)에 전자 펜으로 쓴 글씨를 입력받는 신경회로망을 만들었는데, 각기 다른 사람의 독특한 필체를 학습해 이를 인식할 수 있다. 또한 일본의 한자(Kanji)를 필기하면 이를 컴퓨터 내의 정해진 코드로 변환하는 문자 인식 신경회로망을 만들어 자료 입력의 어려움을 극복하려고 시도했다. 또한 넥(NEC)사에서 개발한 신경회로망을 이용한 문자 인식 시스템은 기존의 시스템이 1.5%의 오류율을 나타내는 데 비해, 0.2%의 오류율을 보인다고 발표했다.

✔ 음성인식

음성인식 분야에서도 최근 신경회로망을 이용해 화자에 독립적인 음성을 인식하는 방법을 찾으려는 연구가 진행 중에 있다. 넥(NEC)사에서도 동적 프로그래밍(Dynamic Programming)과 신경회로망 기술을 결합해 숫자를 인식하는 음성인식 시스템을 만들어 기존의 방법을 사용한 시스템보다 오류율을 1/3로 줄일 수 있다고 발표했다.

✔ 기타

이 외에도 제품 검사, 품질 검사, 비디오 영상에서 얼굴 인식, 신용조사, 재고관리 등의 다양한 분야에 적용되고 있으며, 각 분야에서 상당한 가능성을 보이는 시스템이 개발되고 있다.

3.2. 뇌정보처리를 이용한 언어처리 방법

이 절에서는 인공신경회로망과 같은 대량분산처리를 이용해 보다 유연한 언어처리 방법을 소개하고자 한다.[30]

■ 신경회로망을 이용한 자연언어처리

자연언어에 관한 컴퓨터의 사용 연구는 인공지능과 전산언어학에서 수십 년 간 진행되어 왔다. 이러한 학문은 1960년대와 70년대에 많은 흥미를 일으켰지만, 초기에 기대했던 지능적인 언어처리 수준에 도달하지 못했고, 이젠 정체기에 이른 것처럼 보인다. 이러한 방향의 대안으로 연결주의적(혹은 인공신경회로망을 이용한) 자연언어 처리가 어느 정도의 가능성을 제시할 수 있을까? 무엇보다도 연결주의적 접근은 예전의 문제를 새롭게 볼 수 있는 새로운 방법을 제공한다는 점이 특징이다. 예를 들어 연결주의적 체계는 예제로부터 학습할 수 있기 때문에 굳이 규칙에 기초한 시스템(rule-based system) 안에서 모든 규칙을 찾아내어 특성화될 필요는 없다. 그리고 연결주의적 체계는 매우 강력한 일반화 능력을 갖는다. 즉, 주어진 문제에 대해 학습한 내용에 기초해서 원하는 정보를 자연스럽게 찾아낸다.

그러나 여전히 새로운 연구자에게 연결주의는 언어를 바라보는 새로운 방법임에 틀림없다. 학습과 표현의 통합으로 새 이론의 기본이 될 가능성이 있다. 연결주의적 시스템은 주어진 도메인(domain)의 통계적 균형으로부터 표현을 만드는 데 매우 좋다. 이러한 시스템은 주어진 문제를 정확히 파악하지 못했다 하더라도, 그 시스템을 하나의 블랙박스(black-box)로 놓고 문제를 풀 수 있게 한다. 최근에는 연결주의적 시스템을 자동화된 언어 처리 문제를 해결할 수 있는 새로운 방법으로 활용하고 있다. 그러면 이제 자연언어처리 분야에서 연결주의적 시스템이 어떻게 적용되고 있는지 좀 더 구체적으로 알아보고자 한다.

✔ 구구조의 처리

레저(Rager)는 파서에서 주어진 입력에 오류가 있을 경우 이것을 해결하는 방안으로 연결주의 모델을 적용했다. 그의 방법은 연결주의적 망과 두 단계 문법에 근거한 언어학 이론에 기초해 문맥 일치에서 생기는 오류, 성분 문자열의 길이에서 생기는 오류, 그리고 성분을 잃어버릴 때의 오류로부터 찾아내고 복구하는 방법을 제시했다.

쉬넬과 도우스트(Schnelle and Doust)는 표기법이 언어학 체계의 내용에 부차적이라고 주장한다. 다시 말해, 표기하는 것은 다른 방법으로 표현될지라도(예를 들어 연결주의적 망이나 상징적 규칙 시스템), 언어학적 구조는 기본적으로 추상적인 본질로 기술되어야 한다고 주장한다. 상징적 규칙 시스템은 이론적 언어학에서 사용되는 표준적인 기술 방법이므로, 그 목표는 구문구조규칙에서 표현되는 것과 같은 (결합적이고 혼합적인) 언어학적 내용이 연결주의적 망으로 구현 가능한가를 찾아내는 것이다. 이러한 주장에 대해 포더와 피리신(Fodor와 Pylyshyn)은 하나의 가능성을 제시했고, 쉬넬과 도우스트는 임의의 문맥자유문법에 대해 연결주의적 망으로 기술되는 일반적인 번역 알고리즘을 제시했다.

✔ 의미체계의 처리

의미론에서 연결주의 망은 사전적 의미론으로 가장 잘 특성화될 수 있는 것에 적용된다. 다이어 등(Dyer et al.)은 패턴으로 구성되어 있는 상징에 대한 기억을 분산된 연결주의적 망으로 구현했다. 이때 주어진 기억은 내용을 주소로 하는 것으로, 동적으로 분포된 표현을 수정하는 방법을 논의한다. 그 과정을 좀더 구체적으로 살펴보자. 먼저 상징적 표현은 임의의 패턴으로부터 출발한다. 요구되는 상징적 과제를 통해 여러 시간에 걸쳐 재순환 되고, 그 결과로 점차 이러한 과제의 수행을 도와주는 분포표현을 형성한다. 이렇게 분포된 상징은 다른 상징과 함께 관계를 형성하게 되고, 그때 분포된 표현의 형상이 나타나게 된다. 기억은 잡음을 허용하는 한편, 유사성에 근거한 일반화가 가능하다. 자연언어 처리의 경우에, 결과로 나오는 상징 기억은 사전의 성분, 상징, 그리고 상징 사이의 관계에 대한 하나의 저장으로 쓰일 수 있고, 이를 통해 결국 의미론적인 정보를 표현할 수 있게 되는 것이다.

워트머와 레너트(Wermter and Lehnert)는 자연언어 처리와 연결주의적 학습을 결합하는 접근법을 제시한다. 과학적 언어의 영역과 구조적 명사구를 밝히는 과제를 통해, 그들은 명사구를 이해하기 위한 기저로 기억 모델인 NOCON을 제시했다. NOCON은 두 단계로 이루어져 있는데, 명사 사이의 의미 체계적 관계를 학습하기 위한 밑거름이 되는 학습단계와, 구조적 명사구를 밝히기 위한 의미론과 구문론의 제약을 통합하는 상위의 통합단계가 있다. 워트머와 레너트는 이러한 기술이, 잠정적으로 자연언어 체계에 대해 기억모델을 학습하고 통합하게 할 수 있을 것이라고 주장했다.

존과 메크리랜드(St. John and McClelland)는 연결주의적 모델의 제약과 만족구조가 유용한 언어 이해 알고리즘이라고 주장한다. 이러한 구조는 구문론과 의미론적 제약이 쉽게 결합되어 대부분의 제약을 만족하는 해석을 가능하게 한다는 것이다. 또한 해석이 쉽게 교정되고, 다른 문맥으로부터의 지식이 공유되게 해서, 추론이 이해의 기본적인 부분이 되게 한다. 그들은 문장 이해의 방법이 이야기 이해로 확장될 수 있다는 것을 보이기도 했다. 문장과 이야기 이해 모델 두 가지 모두에 있어서 입력은 완전한 번역에 제약을 가하는 증거로 본다. 이러한 관점은 주제의 역할을 지정하는 것과 같이 문장 이해에 있어서 어려운 양상을 수월하게 해 준다. 그것은 또한 잃어버린 가정을 추론하기, 발음을 결정하기, 그리고 문맥 사이의 지식을 분배하는 등의 이야기 이해의 양상을 수월하게 해 준다.

■ 언어이해 모델

✔ 상호작용적 활성화모델(interactive activation model)을 이용한 단어인식

맥클랠란드와 루멜하트(1981)에 의해 제안된 상호작용적 활성화모델은 그들에 의해 제창된 PDP(parallel distributed processing)를 이용한 단어처리모형을 설명한다. PDP모델에서 정보처리는 기본적인 처리 단위인 노드(node), 그리고 이 마디를 이어주는 연결(link)에 의해서 이루어진다. 여기서 제안된 단어처리모델은 3층의 구조로(그림 4-5 참조) 가장 아래층에 있는 노드가 글자의 특징을 표시하고, 그 위가 문자 노드, 그리고 가장 위에 있는 것이 단어 노드이다.

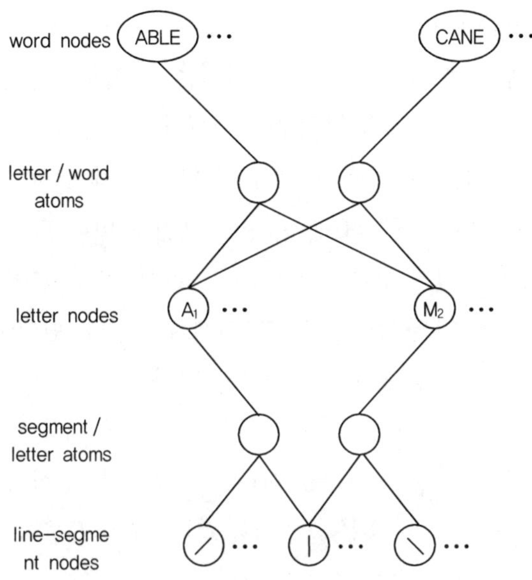

[그림 4-5] 상호작용 활성화모델의 구조

세부 특징 마디는 자극의 감각적 분석을 수행하는 처리기로서 문자의 특징이 되는 직선, 사선, 곡선 등에 반응한다. 주어진 자극 속에 각 마디가 표상하는 세부특징이 존재하면 그 마디의 활성화 수준은 상승한다. 이들 세부특징 마디는 바로 위의 문자 마디와 연결된다. 문자 마디는 영문자를 표상한다. 따라서 문자 마디의 수는 영문자의 수만큼 존재한다. 문자 마디가 표상하는 문자와 특징마디가 표상하는 세부특징이 전체-부분의 관계에 있으면, 두 마디는 흥분성 연결을 하며, 기타의 경우에는 억제성 연결을 한다.

예를 들어, 문자 'T'를 표상하는 마디는 수평선을 탐지하는 특징 마디와는 흥분성 연결을 하나, 사선을 탐지하는 특징 마디와는 억제성 연결로 연결된다. 즉 원래의 자극에 사선이 나타나지 않았다면 그것은 문자 'T'일 가능성이 없으므로 'T'를 표상하는 문자 마디의 활성화 수준은 억제되어야 하는 것이다. 문자 마디 사이의 연결은 모두 억제적이다. 즉 문자 마디는 서로 경쟁적인 상태에 있다. 하나의 마디가 다른 마디에 가하는 억제력은 현재의 활성화 수준에 비례하기 때문에 결국에는 단 하나의 마디만이 활성화가 높은 상태에 있게 되고 다른 모든 마디는 그 활성화의 수준이 기본 수준 이하로 떨어지는, 빈익빈 부익부의 현상이 나타난다.

문자수준의 마디는 바로 위의 단어수준의 마디와 연결되어 있다. 단어수준의 마디는 단어를 표상하며 그 수는 개인에 따라 다른데, 그 개인이 지금까지 습득한 단어의 수만큼 존재한다고 보면 된다. 단어수준의 마디와 문자수준의 마디의 연결에도 흥분성과 억제성이 있다. 단어 마디가 표상하는 단어와 문자 마디가 표상하는 문자가 전체-부분의 관계에 있으면, 두 마디는 흥분성 연결을 하며 그 밖의 경우는 모두 억제성 연결을 한다. 예를 들어, 단어 'TAKE'를 표상하는 마디는 문자 'T'를 표상하는 마디 및 문자 'A'를 표상하는 마디와 흥분성 연결을 하나, 문자 'S'를 표상하는 마디와는 억제성 연결을 한다. 단어수준의 마디와 문자수준의 마디 사이의 연결은 양방향적이다. 문자 마디 'T'의 활성화는 단어 마디 'TAKE'의 활성화를 상승시킨다(이것을 피드백이라고 한다). 양자 사이에는 계속적인 활성화의 주고받기가 일어나며 이것이 다시 빈익빈 부익부에 의한 활성화 수준의 불균형을 가져와서 결국 단어수준의 마디 중에서 단 하나의 마디만이 활성화되어 있는 상태에 이르게 된다. 그리고 어떤 하나의 마디가 미리 설정된 활성화 수준을 넘어서게 되면 단어 인지과정은 끝나게 된다.

✔ HEARSAY 모델

음성인식 모델 HEARSAY-II에서는 가공되지 않은 음성자료를 수치화된 음성신호로 바꾸어 HEARSAY의 입력으로 공급한다.[31] HEARSAY의 출력은 '구(phrase)' 차원으로 음성신호의 번역인데, 음성을 문법적 구조를 띤 일련의 단어로 나타낸다. 또 인공지능 시스템이 원 음성에 반응하도록 필요한 뜻(의미규칙)에 관한 일련의 정보도 나타낸다. 이때 이와 같은 시스템을 구축하는 데 문제가 되는 것이 있는데, 그것은 단어가 분명하게 발음되지 않을 수 있다는 점과 단어 사이의 간격이 명확하지 않을 수 있다는 점이다. 이처럼 음성입력이 모호해지면 이를 위해 다양한 가설이 고려되어야 하고, 그 중 몇몇은 다른 것보다 더 개연성을 가지게 된다.

HEARSAY는 '가설과 검증'이라는 이론적 테두리에 기초하고 있다. 즉, 하나의 반복이 문제점의 몇 가지 양상에 관해 하나의 가설을 창조하고 그 가설의 개연성을 검증한다. 이러한 일련의 반복처리과정을 해답 찾기 과정으로 간주하는 것이다. 각 단계는 문제점에 대한 이전의 지식과 역시 이전에 생성된 가설에 기초를 둔다. 처리과정은 총체적 해답의 요구를 만족시키는 가장 일관된 가설이 생성되면 멈추게 된다. 이러한 모든 가설을 쫓아가기 위해 HEARSAY는 '흑판(blackboard)'이라 불리는 다양한 차원으로 분할되어 있는 동적 글로벌 자료구조를 이용한다. 이 시스템은 '지식원(knowledge source)'이라 불리는 처리과정을 이용해 다른 차원에서의 가설을 생성시킨다.

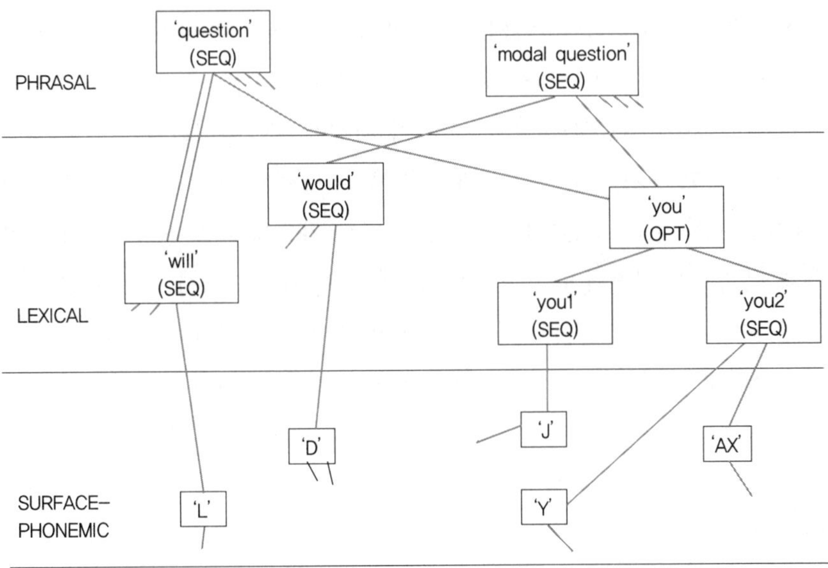

[그림 4-6] 세 단계의 HEARSAY 구조

위의 그림에서 지식원은 한 차원에서 가정을 받아들여 다른 차원의 가정을 창조하거나 입증한다. 여기서 우리는 HEARSAY 흑판의 서로 다른 차원에 존재하는 복수의 가설과 그 가설이 지지하는 다른 가설로의 연결을 보고 있다. 예를 들어 'L'은 'will'을 지지하고 그것은 다시 구 차원의 부류인 'question'을 지지한다. 'D'는 'would'를 지지하고 'modal question'을 지지한다.

[그림 4-6]에서는 매개변수 차원 위에 존재하는 세 가지 차원을 보여주고 있다. 처음에 지식원은 매개변수 차원의 자료를 입력받아서 '표면음소(surface-phonemic)' 차원에서 음소를 가정한다. 이때 서로 다른 많은 음소가 음절의 가능한 해석으로서 배치될 것이다. '어휘지식원(lexical knowledge source)'은 음소가정을 받아들여 사전에서 음소자료와 일치하는 단어를 찾는다. 여기서 자구차원에서의 가정을 얻게 되고 몇 가지 음소가정을 삭제함으로써 검색공간에서 후보들을 압축한다. '구' 차원의 가정을 얻기 위해 구문과 의미규칙을 수록하고 있는 지식원에 노력이 쏟아진다.

요약하자면 시스템의 목표는 원래의 음성입력을 중간차원을 경유해서 구문법과 의미규칙의 제약을 동시에 만족시키는 구 차원으로 나타내는 것이다. 시스템이 작동하는 동안 항상 각 차원에서는 활성화된 다양한 가정이 있게 되고 수치적인 현재 신뢰 수준이 각 단계에 할당된다(이것은 그림 4-6에는 나타나 있지 않다). 각 가정은 다른 차원에서 그것을 지지하는 가정과 분명하게 연결되어 있다. 그리고 역시 [그림 4-6]에서 나타나 있지 않지만, 각 가정은 그 자신의 차원뿐 아니라 그것이 일어날 것이라고 가정된 시간간격에 의해서도 지시된다. [그림 4-6]은 그 중에서 음소 'L'과 'D'가 몇몇 음절(매개변수 차원으로 처리되지 않은 상태다)과 일치한다는 표면음소가정이 있는 흑판의 상태를 보여주고 있다. 이 음소는 더 높은 차원에서의 다른 가정을 지지하고 있는데 'L'은 'will'이라는 자구가정을 지지하고 있고 차례로 'question'이라는 구 가정을 지지하고 있다. 'D'는 'would'라는 자구

가정을 지지하고 있고 구 차원에서는 'modal question'이라는 가정을 지지하고 있다.

지식원은 오류를 범할 수 있고 모호함을 생성시킬 수도 있다. 다른 지식원은 이러한 실수와 관련된 문제를 제한하기 위해 서로 협동한다. 그러므로 HEARSAY는 높은 차원으로 상승하게끔 작동하는 자료구동형 처리과정뿐 아니라 가설구동형 처리과정(한 차원에서 부분적 자료에 기초해 하나의 가정이 형성되었을 때 그것을 지지하는 자료를 낮은 차원에서 찾기 위해 검색이 시작되는 과정)도 이용하는 것이다. 여기서 자료구동형, 가설구동형이란 용어는 'bottom-up', 'top-down'이라는 용어로 불리기도 한다. 'L'과 'D'를 해석할 때 후에 단어가정의 총체적 무게가 'question'이라는 가정을 지지할지 아니면 'modal question'이라는 가정을 지지할지를 이 음성의 다른 곳에서 찾아내는 방법은 가설구동형 처리과정이다. 여기서 논의된 HEARSAY-II 의 처리과정은 소리신호(매개 변수적 차원)에서 단어가정의 차원으로 흐르는 'bottom-up' 방식이지만, 어떤 면에서는 'bottom-up'과 'top-down' 두 가지를 반복적으로 적절히 이용하는 가정이기도 하다.

예를 들어 'pompous circus dance'라는 구문에서 마지막 음절을 'stance'로 듣지 않는다면 우리는 마지막 세 음절을 하나의 단어를 이루는 것으로 듣지 않을 것이다. 그러나 우리는 's'가 'dance'에서 분리되면 안 된다는 것을 배우고 나서 'stance'를 인식할 수 있다. 그렇다면 어떠한 인식이 먼저 오는가? 이것은 닭이냐 달걀이냐의 문제다. 그 대답은 자료 구동형 처리과정을 이용해 '신뢰의 섬'을 찾는 것이다. 즉, 다른 가정의 결정에 문맥을 공급하는, 충분한 신뢰도로 활성화된 몇몇 가정을 찾는 일이다. 그러나 신뢰의 섬은 반드시 문장의 마지막 해석에서 살아남을 필요는 없다. 우리가 요구하는 모든 것은 결국 그것이 이 해석을 낳는 처리과정을 촉진한다는 것이다.

HEARSAY는 직렬식 컴퓨터에 이식된 프로그램이다. 그래서 수많은 처리과정의 동시적인 활성을 지원해주는 두뇌와는 달리 HEARSAY는 어떤 가정이 다음에 처리될지 그리고 어떠한 지식원이 그것을 처리하기 위해 소환될 것인지를 결정하는 명백한 스케줄러이다. 이 결정은 각 가정의 유효등급(validity rating)에 기초해서 지식원이 가장 유망한 가정에 할당되도록 한다. 처리과정 후 하나의 가정은, 높은 등급이라서 즉각적으로 그 이상의 처리과정을 받거나 처리된다고 해도 나중에 처리되는 새로운 가정으로 바뀐다. HEARSAY에서, 가정의 창조와 변형을 반영하는 유효등급에서의 변화는 등급정책모듈(RPOL)이라 불리는 하나의 처리기에 의해 흑판을 통해 전파된다. 이 등급은 하나의 스케줄링 처리기에 의해 어떤 가정이 다음에 처리될지 또 어떤 지식원에 의해서 처리될지를 결정하는 기초가 된다. 최종 버전인 HEARSAY-II 시스템에서는 몇몇 지식원은 모듈이라 불리는 연산 요소로 묶여진다. 하나의 모듈 내에서 지식원은 작업영역과 계산경로를 공유한다.

✔ 언어이해의 협동적 계산모델

여기서 제시된 Gigley 모델은 언어이해의 두뇌적 모델을 개발하려는 시도의 일환으로 신경학 분야와도 밀접히 연결되어 있다. 이것은 음성이해의 HEARSAY 모델로부터 출발한 것으로 볼 수 있다. Gigley 모델은 이미 분절되어 있는 일련의 단어(HEARSAY 모델의 출력으로부터 얻는다)를 입력으로 받아들인다.[32] 단어는 쓰기 편리한 몇몇의 음소문자로 기호화 되어 있다. 그렇기 때문에 동음이의어(발음이 같고 뜻이 다른 말)의 문제가 생길 수 있다. 예를 들어 'bark'이 동사인지 명사인지('bark of a tree'와 'bark of a dog' 사이에서 생기는 모호함)를 구분해야 하는 문제가 있다. 이 모델에서는 의미에 대한 단서가 어떻게 모호함을 해결하는지 보여주기에 위해 최소한의 (단어유형과 같은) 단서들로 의미가 축소되어 있다. 다음 그림에서 이 모델의 대략적인 구조를 엿볼 수 있다.

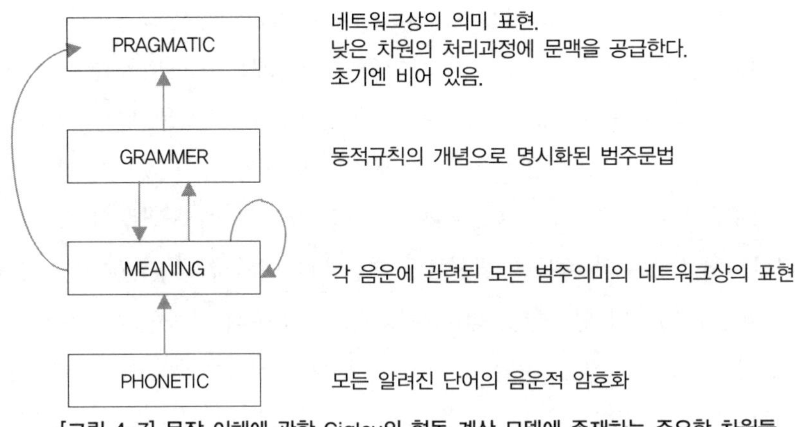

[그림 4-7] 문장 이해에 관한 Gigley의 협동 계산 모델에 존재하는 주요한 차원들

　정보는 네 가지 공간에 암호화되어 있다. '음성(phonetic)'의 공간, '의미 (semantic)'의 공간, '문법(grammar)'의 공간, '화용(pragmatic)'의 공간. 화용 의 공간을 제외하고는 각 공간의 요소는 신경요소처럼 활성화되고, 발사하 고, 불응기에 들어가고 등등의 주기를 거친다. 각 유닛은 그것에 연관된 일정 수준의 활성화 레벨을 가지고 있어서, 마치 HEARSAY 모델처럼 임 의의 시간에 각 공간에서 여러 가지 서로 다른 비중을 지닌 가정이 존재하 게 된다. 그러나 HEARSAY 모델에서와는 달리 이 가정은 동적 처리과정 이고 계산은 직렬식이라기보다는 완전히 분산되어 있다. 각 시간 단계에서 모든 공간의 노드(node)는 그 자신의 활성도 수준을 변화하는 동시에, 다 른 노드의 활성도에도 영향을 미치는 동적 처리과정이다. 시스템은 이러한 병렬식 상호작용을 통해 한 음성단어에 이어 다른 음성단어를 순차적으로 도입하고, 최종적으로 화용공간에서 문장 번역으로 수렴하게 된다. 문장에 서 일련의 단어가 '들림'에 따라 각 단어는 음성공간에서 하나의 유닛을 활 성화시키고 다시 그것은 의미공간에서 대응되는 모든 의미에 대한 유닛의 활성화를 유발시킨다.

　문제는 고차원 화용공간에서의 전체적인 문장 해석을 나타내는 의미망

－핵심개념에 대한 노드의 연결과 그의 관계를 표현하는 연결－으로 끝을 맺는 것이다. 의미공간과 화용공간 사이의 중간단계로는 문법공간이 있는데 문법규칙이 예측 노드로서 암호화 되어 있다. 이 모델은 특정 범주의 단어가 어떻게 한 범주의 항목을 다른 것으로 변환시킬 수 있을지 명시해 주는 범주문법을 이용하고 있다. 우리는 a 범주의 항목이 c 범주의 항목으로 변환되어 b 범주의 항목을 생산하는 것을 나타내기 위해 $a=b/c$라고 쓴다. 이것은 b 범주의 항목이 a 범주의 항목과 c 범주의 항목을 따름으로써 얻어진다는 점을 말하는 문법규칙 $b \rightarrow ac$(/가 일반적인 나눗셈으로 해석될 수 있다는 점을 주목하라)를 다르게 쓴 것이다. 그러나 $a=b/c$라는 범주형식은 "만약 당신이 a를 본다면 b를 형성하기 위해 c를 기대하라."와 같이 구문해석의 예측적인 관점을 강조하고 있다. 예를 들어 명사구 TERM에 자동사구 VIP가 결합하여 생성된 문장의 경우, 문법규칙은 TERM = SENTENCE/VIP 의 형식으로 암호화될 것이다. 즉 "만약 당신이 TERM을 본다면 SENTENCE를 만들기 위해 VIP를 기대하라."는 것이다.

현재 제시된 모델은 이 범주규칙을 동적 스키마(schema)－의미공간에서 명사구 TERM을 인지하자마자 문법공간에서 문장노드를 활성화시키고 다음 발성의 시간간격 동안 동사 VIP의 존재를 예측하는 동적 스키마－로 전환시킨다. 더 정확하게 설명하기 위해 규칙 TERM = SENTENCE/VIP을 암호화하는 항목을 나타내기 위해 X를 이용해보자. 하나의 단어시스템이 명사구로 해석되었다면, 이것은 문법공간에서의 TERM이라는 항목을 발사함으로써 네트워크 상에 나타난다. 이 항목은 문법공간에서 X를 (그리고 형식 TERM = b/c의 규칙을 나타내는 다른 노드도) 활성화시킬 것이고 X는 VIP 노드에 역치값(threshold value) 이하의 자극을 공급해 줄 것이다. 그러므로 만약 음성공간에 들어오는 다음의 단어가 의미공간에서 여러 항목을 활성화시킨다면 자동사 VIP의 부류에 속하는 항목이 아직 준비되지 않은 다른 어떤 항목보다도 활성화될 가능성이 더 높다.

　이것을 신경 언어학적 모델로 만드는 이유는 다음과 같다. 즉, 그것이 전체적으로 시스템의 기능을 자극할 뿐만이 아니라, 몇몇 하위시스템을 제거한 후에도 다양한 손상이 그 시스템의 기능을 자극하기 때문이다. 당연히 이 모델에서 어떤 경우에는 손상 후에 전체적인 화용의 해석이 형성되지 않는다는 점도 예측이 가능하다. 실어증 환자(뇌 손상에 의해 언어적 행동이 변형된 사람)에 의해 만들어지는 이해시험에서 잘려진 표현을 생산할 때 이 모델은 더욱 의미 있을 것이다. 그러나 이러한 종류의 모델을 개발하기 위해서는 많은 자료가 필요하지만, 불행히도 이러한 자료를 제공해주는 실어증 테스트는 거의 찾아볼 수 없다.

　결론적으로 본 방법은 언어처리를 음운에서 시작해 의미, 문법으로 올라가는 연결주의적(혹은 신경회로망적)인 처리방법의 한 예라는 점을 말해준다. 이러한 방법의 특징은 언어처리가 네트워크의 동역학에 의해 분산 처리된다는 점이다. 이때 네트워크는 신경회로망의 각 계산 단위 사이의 흥분 또는 억제성 연결에 따라 결정된다. 또한 모든 자료(음운, 의미, 문법)는 연결주의적 네트워크로 표현된다. 이러한 음운, 의미, 문법계층의 네트워크의 상호작용에 의한 분산처리로 가장 적절한 언어의 뜻을 찾아내게 되는 것이다.

■ 언어처리 및 표상특성 모델

　뇌에서 언어처리 및 표상특성을 연구하기 위해 정상인 및 언어장애자를 대상으로 단어인지 실험을 수행한다. 그 중에서 특히 관심을 끄는 것은 실어증 및 난독증에서 나타나는 현상을 연구해 뇌에서 언어처리의 경로를 분석하고 모델링하는 것이다. 여기에서 실어증과 난독증과 관련된 연구를 살펴보고자 한다.

✔ 실어증 연구

실어증은 일반적으로 왼쪽 대뇌반구에 있는 언어중추의 장애로 인하여 말하기·듣기·읽기·쓰기 등 언어능력이 손상된 장애를 말한다. 그 종류는 매우 다양하지만 명칭성, 이해성, 그리고 표현성과 관련하여 다음과 같이 네 가지로 나누는 것이 일반적이다.[33]

① 브로카 실어증 : 환자가 알아듣기는 해도 말로 표현하지는 못하는 실어증이다. 이것은 말을 산출하는 부위(브로카 부위)가 손상되어 나타난 유형이다. 말이 뚝뚝 끊기고 말 막힘이 잦으며 말하는 모습이 매우 힘들어 보인다. 문장이 짧막짧막하고 조사와 같은 기능어가 생략되면서 주로 내용어만을 말하는 경향이 있고, 어조가 단조로운 편이다.

T : 오늘 기분 어떠세요?　　　　　　　P : 에..참 좋요 좋야 좋요아 차.
T : 전에 한번 이 병원 오신 적 있으세요?　P : 네.
T : 무슨 일로 오셨어요?　　　　　　　P : 에.. 내과, 아냐, 아냐 시 에..
　　　　　　　　　　　　　　　　　　　　아구 내 신경계과.
T : 아, 신경과요?　　　　　　　　　　P : 네.
T : 성함이 어떻게 되세요?　　　　　　P : ○○○(맞는 이름임.)
T : 그러면 아프시기 전에 무슨 일 하셨어요?　P : 교평.. 교평.. 아동 지도.
T : 아, 그러면 어디 국민학교요? 중학교요?　P : 국민학교.
T : 몇 학년?　　　　　　　　　　　　p : 아휴.. 난.. 에.. 에.. 에.. 에..
　　　　　　　　　　　　　　　　　　　　에.. 그렇게.. 1학년 이렇게..
　　　　　　　　　　　　　　　　　　　　에.. 2, 3, 4, 5, 6 이렇게.

[그림 4-8] 브로카 실어증 환자와 대화 내용(T : 검사자, P : 환자)

② 베르니케 실어증 : 환자가 표현을 많이 하긴 하지만 말을 이해하는 능력이 손상된 유형. 브로카 실어증과 반대로 알아듣는 부위에 이상이 오면 환자는 말을 유창하게 하지만 전혀 남의 말을 알아듣지 못하고 동문서답을 하게 된다. 여기서 "말을 유창하게 한다."고 해서 말을 정상인처럼 잘한다는 의미가 아니라 일단 말수가 많으며, 어조 강세가 완벽하고 문장의 길이도

적절하여 얼핏 듣기에 말을 잘하는 것처럼 들린다는 의미이다. 그러나 환자의 말을 받아 적어 보면 이러한 현상들을 금방 이해할 수 있다. 즉, 환자의 말속에 알아듣기 힘든 부분이 있는데, 예를 들어 '사닥다리'를 '파닥자리'로 한다거나(음소 착어증), 전혀 알아들을 수 없는 말(신조어)을 하기도 한다.

T : 성함이 어떻게 되신다구요?	P : 삼.. 삼백 원요?
T : 성함요.	P : 삼월인데 삼월.
T : 이름이 어떻게 됩니까?	P : 예.
T : 이름.	P : 삼월.
T : 삼월요?	P : 예
T : 지금 어디 갔다 오셨어요?	P : 삼.
T : 지금 어디 갔다 오셨습니까?	P : 그 그대로 내긴 거 가튼데요.

[그림 4-9] 베르니케 실어증 환자와 대화 내용(T : 검사자, P : 환자)

③ **전실어증** : 표현도 못하고 알아듣지도 못하는 실어증. 뇌의 병변의 크기가 커서 말을 산출하는 부위와 이해하는 부위가 동시에 손상되면 환자는 언어 기능을 거의 잃게 된다. 실어증의 정도가 가장 심한 경우라고 할 수 있다.

④ **명명 실어증** : 물건 이름을 말하지 못하는 실어증. 즉, 말은 잘하는데 주로 명사에 대한 이름 말하기만을 못하는 환자이다. 실물이나 그림을 보여주면 그물건이 어디에 쓰이는지 매우 잘 알고 있으면서 그 이름을 기억해 내지 못한다. 첫 글자 힌트를 주거나 이름 모두를 가르쳐 주면 "아, 그렇지." 하면서 이름을 댈 수 있으나 몇 분 후에 다시 물어보면 전혀 기억하지 못한다. 그래서 건망성 실어증(amnestic aphasia)이라고 불리기도 한다.

최근에 한국어 구문에 나타난 중의성 문제를 해결하는 연구결과에 따르면, 정상인과 명칭성 실어증 환자의 정보처리 유사성을 확인했고, 실어증 유형별 언어처리 특성연구 결과 표현성 실어증 환자간에 상이한 접속사처리, 명칭성 실어증 환자와 이해성 실어증환자간에 상이한 본 용언 / 보조용

언 처리 및 참조어 정보처리를 관찰했다.

✔ 난독증(dyslexia) 연구

뇌손상에 의한 읽기장애를 난독증이라 하는데 실어증과는 달리 말을 하거나 듣고 이해하는데 큰 지장이 없다. 난독증은 크게 심층난독증(deep dylexia)과 표층난독증(surface dylexia)의 두 부류로 나눈다. 심층난독증은 단어를 올바르게 읽지는 못하지만 이해를 할 수 있는 증상을 말한다. 예를 들어, drama를 play로, sick를 ill로, soccer를 football로 읽는다. 이러한 현상은 단어가 가진 세 가지 정보, 즉 표기, 음운, 의미에서 표기→의미 처리경로는 정상적으로 작동하나 표기→음운 그리고 음운→표기의 처리 경로가 정상적으로 작동하지 못함을 보여준다. 다른 한편으로 표층난독증 은 읽기는 어느 정도 가능하지만 의미와 관련된 처리경로에 문제가 있는 증상이다. 예를 들어, 발음이 규칙적인 단어, desk, hat, dog 등은 제대로 발음하지만 발음이 불규칙적인 단어, cough, yacht, listen 등은 읽지 못 하거나 제대로 발음을 하지 못한다. 즉, 표기→음운을 제외한 모든 경로 에 문제가 있음을 보여준다. 이러한 난독증 연구를 통해 뇌에서 단어처리 의 모델을 분석하고자 시도하고 있다.

신경회로망을 이용한 분석으로 모자와 버만(Mozer and Behrmann)은 모 자의 BLIRNET 단어 인식모델을 기초로 난독증의 일종인 방관 난독증 (neglect dylexia)를 설명했다. 방관 난독증은 선택적 주의에 있어서 문제가 있는 장애로 방관 난독증이 있는 환자는 펼쳐진 책의 왼쪽 부분의 내용을 무시할 수도 있고, 한 줄의 시작 단어나 한 단어의 시작하는 문자를 무시 할 수도 있다. 이러한 환자는 주의 집중한 내용에서 때론 모순되는 자료를 보여준다.

한글 난독증의 예로 최근에 후천성 한글 난독증 환자의 단어처리 현상 을 분석한 결과 추상어에 비해 구체어 수행이 우수해, 구체어와 추상어가 독립적으로 표상 되어 있을 가능성을 발견했다. 또한 영어 연구의 결과와 대조적으로 기본 시각적, 청각적 결함이 다르게 나타난다는 것도 발견했다. 이는 개인이 노출되는 언어의 특징에 따라 난독증의 현상 및 구조적 처리과정도 다를 수 있다는 것을 지지하는 결과이다.

이러한 실어증과 난독증의 연구결과는 뇌에서 일어나는 언어처리 과정을 분석하고 이를 모델링하는 데 기초적인 자료로 이용되고 있다. 이러한 기초적 연구를 통해 뇌연구와 언어처리 연구가 활성화될 것이고, 장차 뇌의 비밀과 언어의 비밀이 밝혀질 날이 올 것이다. 그러면 인간언어를 닮은 컴퓨터의 구현도 현실화될 수 있으리라 믿는다.

3.3. 뇌정보처리의 문제점과 앞으로의 전망

1950년대 초에 개발된 전자식 컴퓨터는 시대를 거치면서 비약적인 발전을 했다. 연산처리의 속도는 10년간 1000배 내지 10000배로 처리용량을 늘렸으며, 최근에는 초당 1000억 개의 명령을 수행하는 초고속 컴퓨터도 등장했다. 이러한 관점에서 컴퓨터가 계산을 빨리 해준다는 측면에서 매우 성공한 방법임에는 틀림이 없다. 또한 많은 자료를 조직적으로 관리해주는 여러 가지 데이터베이스처리(database processing)방법으로 사무자동화 및 조직관리에 크게 기여했다. 그러나 지식처리 및 인공지능의 방법에 있어서 컴퓨터는 소프트웨어의 '경직성'(프로그래밍된 것 이외에는 처리 못한다)으로 인해 아직까지 성공적이지 못하다. 따라서 인간의 지적기능을 구현하는 방법으로 인공신경회로망기술에 기대가 모아지고 있다.

현재 인공신경회로망의 기술은 패턴인식 등의 낮은 레벨에서는 성공적이나 논리나 언어 등의 고차원적 처리에서는 아직 해결해야 할 많은 문제점이 있다. 또한 드레이퍼스는 연결주의에 대해 "인간은 어떤 상황에서 어떤 사상관계를 설정하는 것이 적절한가를 판단하는 총체적 능력을 가지고 있는 반면에 연결주의(혹은 신경회로망)의 방법은 외부로부터 적절하다고 결정된 입력과 출력간의 일정한 사상관계의 실행만을 문제로 삼고 그 안에서 일반화를 이룬다"라고 비판했다. 결국 연결주의 방법은 어떠한 자료가 입력되느냐에 따라 그 성능이 결정된다고 해도 과언이 아니다. 이러한 비판은 현재의 연결주의 방법의 한계를 잘 말해주고 있으나, 실제로 뇌정보처리에서 추구하고자 하는 것은 정확하게 인간의 지능을 구현하는 것보다는 주어진 문제에 대해 현재의 컴퓨터가 좀더 인간에게 친근하게 다가설 수 있도록 하는 데 있다. 즉, 보다 유연한 정보처리, 인간의 생각하는 것과 비슷한 방법으로 정보처리를 하는 데 있다.

■ 컴퓨터와 뇌의 정보처리

기존의 컴퓨터는 주어진 프로그램에 따라 한 번에 하나의 명령을 처리해 정보를 변환하고, 또 이 정보에 기초해 다음에 무엇을 할 것인가를 결정하는 방식이기 때문에 이를 직렬의 정보처리라고 부른다. 이러한 처리의 수학적 기초는 수리논리학에서 제공하고 있다. 반면에 뇌를 생리학적으로 보면 신경세포라고 불리는 작은 세포가 그물과 같이 연결되어 망을 이루고 있다. 각 뉴런은 연결된 다른 신경세포로부터 신호를 받아들이고, 그것을 종합해 흥분 여부를 결정하는데, 신경회로망의 흥분 상태, 이것이 바로 뇌의 상태이고 신경세포간의 상호작용에 의해 흥분 상태가 변화해 가는 다이나믹스가 인간의 사고 과정이며 정보처리 과정이라고 볼 수 있다. 이것이 뇌의 정보 처리 과정으로서, 그 성격은 병렬정보처리이다. 따라서 정보기계로서의 뇌의 본질을 탐구하기 위해서는 뇌가 정보를 내부의 흥분 상태로서 어떻게 표현하는가, 기억을 어떤 형태로 표현하는가, 이 표현을 이용해서 어떻게 사고하는가와 같은 원리를 규명해야 하는 것이 뇌정보처리에 주어진 문제라고 볼 수 있다. 여기서 디지털 컴퓨터와 뇌의 정보처리를 비교하면 다음 표와 같다.

[표 4-2] 디지털 컴퓨터와 뇌의 정보처리 비교

	디지털 컴퓨터	인간의 뇌
정보처리 소자의 개수	주로 1개의 중앙 처리장치에 의해 동작함.	약 1000억 개 정도의 다량의 신경세포에 의해 동작함.
정보처리 소자의 역할	주어진 프로그램에 따라서 0과 1의 기호를 조작해 나감으로서 정보를 처리한다.	주위 신경 세포로부터 받은 입력 신호를 적절히 변환해 연결된 다른 신경세포에 전달함으로써 정보를 처리
정보처리의 방식	중앙 처리장치는 빠르지만 한 번에 한 단계씩 정보를 처리하므로 처리하는 정보량이 뇌에 비해 크지 않음.	개개의 신경세포는 느리지만 많은 수의 신경세포가 동시에 정보를 처리하므로 방대한 양의 정보가 빠르게 처리될 수 있음.
정보처리의 속도	최근의 슈퍼컴퓨터(CRAY Y-MP) : 초당 10^11개 연산	뇌 : 초당 10^16개 이상의 연산

결국 정보처리에는 처음부터 직렬과 병렬의 두 가지 기본원리가 존재했다고 생각할 수 있고 컴퓨터는 직렬의 길을 선택해 기호 조작의 가능을 발전시켰다. 한편 생물은 진화의 과정에서 병렬의 길을 채용해, 인간의 뇌에서 보여주듯 고차 정보 처리의 길을 개척했음을 알 수 있다. 이 과정에서, 인간은 언어에 의한 기호 조작을 필요로 해, 직렬 원리도 포함시켜 이것을 병렬의 하드웨어 상에서 실현했다

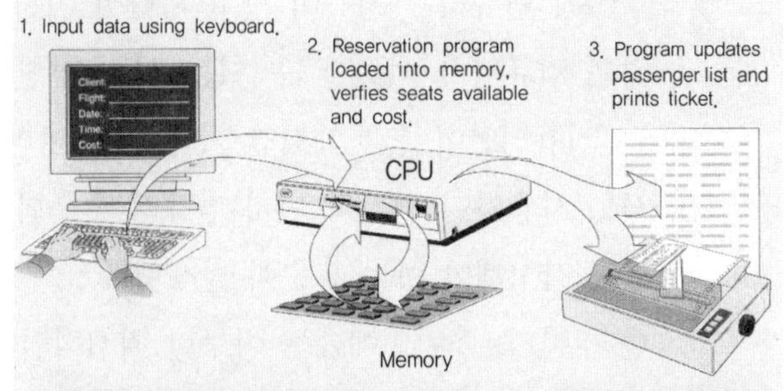

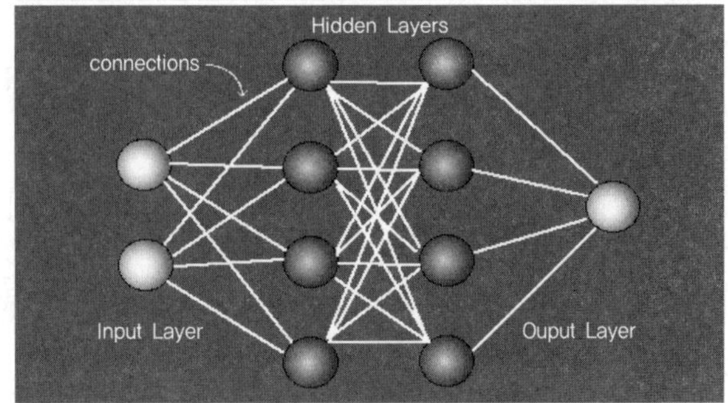

[그림 4-10] 컴퓨터의 구조와 신경 회로망의 구조

고 할 수 있고 의식의 개념도 이러한 발전과정에서 생겨났다고 볼 수 있다.

따라서 미래의 정보 처리 모델, 그것은 인간의 경우와 마찬가지로 병렬 처리의 다이나믹스와 기호 조작의 두 가지에 기초를 두는 것이 바람직한

방향일 것이라고 본다. 앞으로 인공신경회로망의 근본적인 발전을 위해서 뇌의 생물과학, 인지과학, 인공신경회로망 기술, 정보 원리를 추구하는 수리적 모델론, 그리고 하드웨어 연구가 동참해 종래의 생물학의 벽을 넘어설 새로운 학문 분야가 발전되어야 할 것이다. 또한 앞으로의 정보처리는 단순히 계산을 빨리 하기 위한 처리기뿐만 아니라 자료를 보다 효율적이고 지능적으로 관리하기 위한 처리기, 그리고 인간의 지적 기능을 실현하기 위한 처리기가 복합적으로 결합된 형태로 발전할 것이라고 본다.

■ 뇌과학 연구의 추세

아직 컴퓨터는 지능이 낮아 사람이 지시하는 일만 수행하며, 이러한 명령은 컴퓨터가 이해할 수 있는 쉬운 명령어, 즉 포트란(FOTRAN), 씨(C) 등 '컴퓨터언어'를 통해서만 가능하다. 따라서 컴퓨터에 일을 시키기 위해서는 사용자인 인간이 먼저 컴퓨터 수준의 저 지능 언어를 배우고 프로그램을 작성해야 하는 모순이 발생했다. 결국, 컴퓨터는 소수의 전문가를 위한 것이지, 일반인에게는 아무런 직접적인 도움도 주지 못했다. 1980년대 초 이러한 컴퓨터 사용의 어려움이 '제1차 소프트웨어 위기'를 맞게 했고, 이를 극복하기 위해 일본에서는 '제5세대 컴퓨터' 연구사업을 수행했다. 10년 동안 계속된 연구의 결과, 컴퓨터 프로그램 작성 및 사용은 매우 쉬워져서, 컴퓨터의 대중화가 이루어졌다. 그러나 아직도 많은 사람에게 컴퓨터는 문서나 도표 작성기, 인터넷 단말기로만 사용하고 있다.

1990년대 초에 이르러, 진짜 중요한 것은 프로그램 작성이 아니라 프로그램으로 작성되어야 하는 내용 즉 알고리즘이며, 실제 세계에서는 이 알고리즘 자체가 알려져 있지 않은 문제가 많다는 '제2차 소프트웨어 위기'에 봉착했다. 즉, 기존의 컴퓨터가 고속 정밀 계산이나 대용량 자료의 저장에는 인간의 능력을 뛰어넘는 큰 성공을 거두고 있으나, 음성 인식 및 합성, 문자 및 영상 인식, 복잡한 시스템의 적응 제어, 여러 변수의 최적화 및 기획 등 일상생활과 관련된 문제에서는 인간 능력에 훨씬 못 미치고 있다. 컴퓨터 프로그램을 위해서는, 하고자 하는 일을 수식과 기호로 표현하는 '수학적 모델' 또는 '알고리즘'이 필요하나, 이것 자체가 알려져 있지 않기 때문에 프로그램을 시작할 수조차 없다. 예를 들면, 어떻게 하면 시끄러운 주위 환경으로부터 친구의 목소리를 구별해 알아들을 수 있는지, 복잡한 배경 영상으로부터 작은 목표물을 분리해 내는지, 크기·질량이 계속 바뀌는 로봇을 제어하는지 등은 알려져 있지 않다. 반면에, 인간은 수학적 모델이 없어도, 부모, 동료, 경험 등으로부터 스스로 배우는 적응 학습을 통해 이러한 기능을 효율적으로 수행하고 있다. 따라서, 인간의 두뇌작용을 모방해 이를 달성하고자 하는 신경회로망(또는 뇌정보처리) 연구가 활발히 진행 중에 있다.

이상에서 살펴본 바와 같이 미래에는 '인간다운 기능의 기계'를 위한 기술의 필요성이 높아질 것으로 전망된다. 이 기술의 목표는, 인간 고유의 기능 중 비교적 단순한 기능을 기계에 부여해, 인간은 보다 창조적이고 고부가가치 업무에 몰두할 수 있게 하자는 데 있다. 이 인간기능 기계와 인간의 인터페이스는 인간과 인간 사이의 인터페이스와 유사한 자연언어로, 기계 사용을 위한 별도의 노력이나 훈련이 불필요할 것으로 판단된다. 예를 들어, 인공 시스템이 비서, 전화교환·안내원, 운전사, 가정부, 간호사, 가정교사 등의 역할을 하는 것이 21세기 초에는 가능할 것이라고 본다. 이를 '컴퓨터' 또는 '지능형 기계'라 부르건, '인간기능 시스템'이라 부르건, 정보의 홍수 속에서 고임금 고령화로 접어드는 현대 사회의 필요 불가결한 구성 요소의 하나가 될 것이다. 이것은 산업혁명과 컴퓨터혁명에 이은 제3의 혁명으로 인식되고 있으며, 이러한 연구를 통칭해 '뇌과학'이라고 말하고 있다. 이러한 인간기능 시스템의 핵심은 생물학적 두뇌작용을 모방하는 신경회로망이라고 할 수 있다.

인간은 주위 환경과 상호 작용해 성장하는데, 판단이나 행동을 명확한 법칙으로 설명하기 어려운 경우가 많다. 또한 인간의 두뇌는 예를 보여 주면 그 속의 법칙을 스스로 찾아내는 학습 기능을 갖고 있다. 또한, 실세계 응용에서는 발생할 수 있는 경우의 수가 무수히 많으며, 이 각각의 경우에 대해 법칙을 마련할 수도 없다. 또한, 인간기능 시스템, 즉 지능을 구현하기 위해서 방대한 기억 소자와 고속 계산이 요구된다. 예를 들면, 인간의 두뇌에는 약 1000억 개의 신경세포(neuron)가 1000개 정도씩 상호 연결되어 약 100조 개의 신경 연결고리(synapse)가 있으며, 초당 100번 정도의 곱셈을 병렬로 수행하는 것으로 알려져 있는데, 세계 최고속 슈퍼컴퓨터의 약 100만 배의 계산 능력에 해당한다. 이는 기존 컴퓨터의 저장 및 계산 능력을 훨씬 상회하는 것으로, 신경회로망의 대단위 병렬성을 살리는 새로운 구조의 하드웨어가 연구되어야 한다.

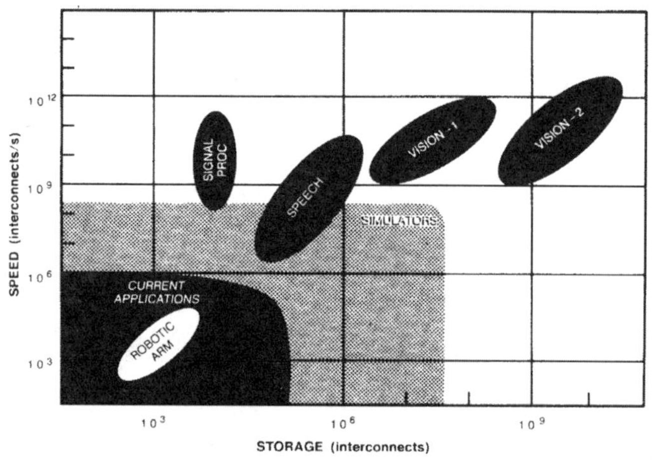

[그림 4-11] 인간기능에서 시각 및 청각에 필요한 계산 요구량

앞서 살펴본 뇌정보처리 메커니즘의 이해, 구현 및 실세계 응용기술 연구가 뇌과학을 구성하고 있다. 이러한 원리를 밝히기 위해서는 수학, 물리, 화학, 생물, 심리, 공학, 의학 등 모든 분야의 협력이 필수이다. 뇌과학 연구의 주요 내용은 다음과 같다.

[표 4-3] 뇌기능 이해의 연구내용

뇌기능의 이해와 관련된 세부 연구분야	연 구 내 용
분자수준 신경과학 연구	신경세포가 어떻게 발생하고 분화하는가, 신경세포간에 정보가 어떤 식으로 전달되는가, 유전자 발현 및 전사조절인자에 대해 심층 탐색함. 또한, 신경회로망의 구조적, 기능적 가소성의 세포-분자적 메커니즘을 규명함.
시스템 수준 신경과학 연구	뇌 기능의 원리를 이해하기 위해서 신경계 활동의 시간적, 공간적 분포를 이해하는 것에서 출발해 감각신호(화학적, 전기적)가 처리되는 방식, 신경망이 작동하는 원리 등, 생체 신경망의 실체를 밝힘.
인지과학	뇌의 인지적 정보처리 특성의 규명을 위해, 감각기에 수집된 정보가 뇌에서 표상되어 상징적 해석이 도출되는 과정을 지각, 기억, 언어의 세 수준에서 밝힘. 또한, 이 표상이 통합되는 과정을 규명하며, 관련 인지모형을 개발하고 이를 활용토록 하는 기반기술을 구축함.

[표 4-4] 뇌기능 구현의 연구내용

뇌기능의 구현 및 응용과 관련된 세부 연구 분야	연 구 내 용
인공 시청각 시스템 연구	인간의 망막 및 청각의 역할을 수행하는 기본소자의 연구와 더불어, 지능 시스템에서의 시각 및 청각기능 구현에 효과적으로 적용할 수 있는 인공시각 및 청각칩을 구현하는 것을 목표로 연구함.
신경 회로망 모델링	생물학적 원리에 기초한 신경망과 뇌 기능의 모델링을 통해 인간기능 시스템에 필요한 시청각 정보처리, 추론, 지능형 시스템의 구현에 필요한 요소기술을 연구함.
하드웨어 구현 연구	현재의 디지털 컴퓨터는 소수의 빠른 처리장치가 직렬적으로 정보를 처리하는 데 비해 다수의 신경세포가 병렬적으로 정보를 처리하는 구조의 하드웨어 설계, 구현 및 응용을 연구함.
적응제어 응용 연구	기계 지능화의 핵심 요구기술이며 다른 응용 분야에 지대한 기술적인 파급효과를 갖는 분야를 연구개발의 주요 목표로 삼고, 지능형 자율 이동 시스템 개발, 지능형 자율제어 시스템 개발 및 산업적 응용, 그리고 자율 분산형 로봇 군 제어 시스템 개발하고자 함.

　앞으로 이러한 연구를 통해 뇌기능을 모방한 인간기능 시스템으로, 현재는 인간이 수행하는 지적인 업무의 일부가 기계에 의해 수행이 가능할 것이다. 예를 들면, 다음과 같은 인간기능 시스템이 뇌기능 구현의 응용사례로 21세기에 등장할 것이다.

- 인공 비서(현 비서, 자문역의 모든 역할)
- 인공 전화 교환원, 안내원
- 인공 운전수(목적지만 말하고 휴식)
- 인공 가정교사, 보모(학업지도, 인격지도 등 현 가정교사와 부모 역할)
- 인공 가정부, 간병인 등

- 기타 인간 고유 기능 중 비교적 단순 기능을 대신해, 인간을 보다 창조적인 업무만 수행할 수 있게 한다.

이와 같은 기술의 발전을 위해 뇌기능 모델의 가장 핵심적인 분야인 인공신경회로망의 근본적인 발전이 필요하고 이를 위해 뇌의 생물과학, 인지과학, 인공신경회로망 기술, 정보 원리를 추구하는 수리적 모델론, 그리고 하드웨어 연구가 동참해 종래의 생물학의 벽을 넘어설 새로운 학문 분야가 발전되어야 할 것이다. 또한 앞으로의 정보처리는 단순히 계산을 빨리 하기 위한 처리기뿐만 아니라 자료를 보다 효율적이고 지능적으로 관리하기 위한 처리기, 그리고 인간의 지적 기능을 실현하기 위한 처리기가 복합적으로 결합된 형태로 발전할 것이라고 본다.

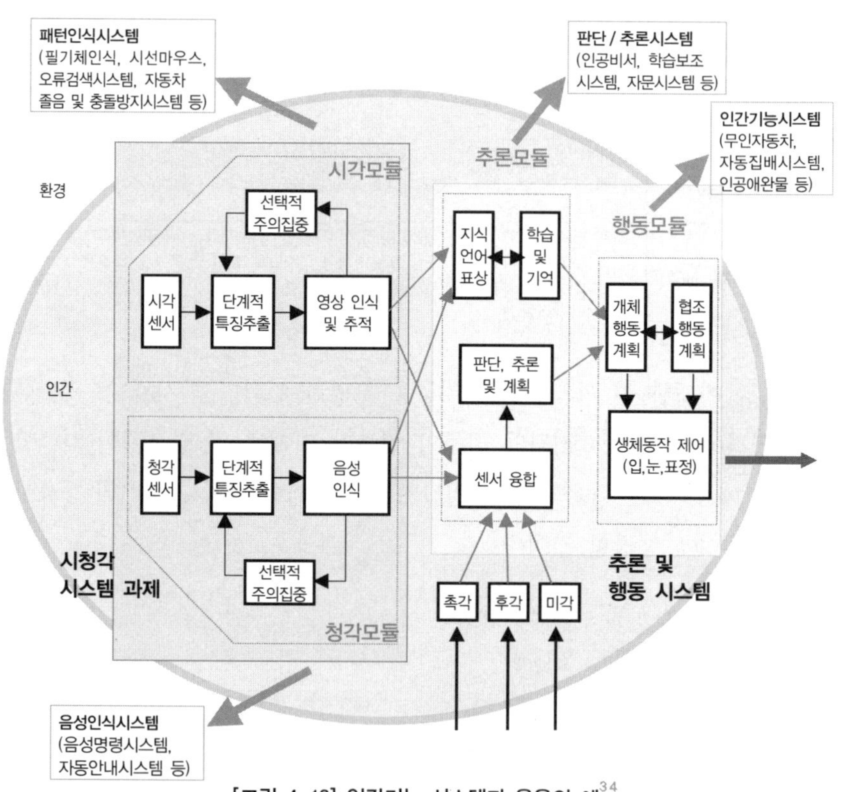

[그림 4-12] 인간기능 시스템과 응용의 예[34]

✔ 각국의 뇌연구 동향

현재 세계 주요 국가에서는 21세기 정보처리 시업과 관련하여 뇌의 정보처리 기법에 기초한 정보처리기술 및 그 기초연구를 활발하게 진행시키고 있다(한국, 미국, 일본의 뇌연구 비교표 참조).

미국의 경우 1990년 1월 의회가 뇌연구의 중요성을 인식해 뇌연구 10년(Decade of the Brain)을 선언했고, 이를 실천하기 위해 국립보건원(NIH)은 뇌연구에 대규모 연구비를 투자하고 있고 2000년부터 2단계 인간두뇌과제(The Human Brain Project)를 시작했다. 그리고 과학재단(NSF)은 2000년도 예산신청에서 주요항목 8개 중 학습·기억·사고 등 뇌 관련 3개 항목의 중요성 천명했고, 신경과학과 정보과학의 학제적 연구의 중요성을 인식하여, 학습 및 지능 시스템(Learning and Intelligent Systems)을 주요 연구과제로 제시했다.

일본의 경우 과기청은 이화학연구소 소속 뇌과학종합연구소에 연간 약 100억 엔을 투자해 뇌의 이해·보호·창조를 추진하고 있고 문부성은 뇌과학종합연구소 연구비 총액 수준의 연구비를 대학의 뇌연구 분야에 지원하고 있다. 이밖에 민간기업은 신경회로망칩의 개발에 적극적으로 투자하고 있다. 뇌과학과 관련된 일본의 주요 업체의 개발내용은 다음과 같다.

① NTT : 초고속 신경회로망 칩과 영상처리 시스템 개발
  (초당 수백 장의 진단용 의료영상 처리에 적용)
② 히타치 : 영상·음성 감지부와 신호처리부의 집적화 기술개발
  (음성인식, 자동번역 등)
③ 후지쯔 : 물체의 윤곽을 고속으로 인식하는 시각칩 개발
  (자동차 추돌사고 방지 시스템 등)
④ NEC : 말하는 심부름꾼 로봇 개발(영상과 음성 인식 / 합성)

한국의 경우 과기부에서 1998년부터 뇌연구촉진을 위해 Braintech21 과제를 시작했고 이의 지속적인 지원을 위해 뇌연구촉진 관련법이 1999년

에 의회에서 통과되었다. 현재 Braintech21 과제 아래 뇌의약학, 뇌과학, 뇌공학의 분야에서 연구가 진행 중인데, 뇌의약학은 뇌와 관련된 질병의 치료를, 뇌과학은 뇌기능의 이해를, 그리고 뇌공학은 뇌의 기능을 공학적으로 구현하는 것(예를 들면 인간기능 시스템)을 목적으로 하고 있다. 또한 한일간에 뇌과학관련 협력을 위해 1999년에 일본 RIKEN BSI(뇌연구소)와 한국 뇌과학연구센터 및 뇌의약학연구센터 간의 협력각서를 교환했고, 공동 워크숍, 인력교류 및 공동연구를 활발하게 진행시키고 있다. 최근에는 국내에서도 신경회로망 기법을 도입한 상품을 출현하고 있다. 예를 들면 푸른기술은 위조지폐감식기를 개발해 시판 중이고 한국엑시스는 음성인식 기능을 내장한 장난감 개발해 주목을 끌고 있고, 필기체 문자인식 시스템이 금융기관의 전표 자동처리에 채택되고 있다. 앞으로 뇌과학 관련 기술의 상품화가 점차 활발해지리라고 예상된다.

이밖에 미국, EC, 일본, 한국을 위시해 19개국 참여하는 OECD 세계과학포럼(Global Science Forum)은 신경정보학(Neuroinformatics) working group을 발족해 2000년 5월에 이태리 제노아에서 회의를 갖고 신경과학과 정보과학의 결합 및 범세계적인 신경정보 데이터베이스의 구축(신경과학 실험자료, 분석 소프트웨어, 뇌기능의 수학적 모델 등)을 추진하고 있다.

[표 4-5] 한국, 일본, 미국의 뇌연구 비교

구 분	미 국	일 본	한 국
법적 근거	• 선언문 형태의 "Decade Of the Brain" (공법 101-8, 1989. 7)	• 과학기술 기본법	• 과학기술혁신 특별법 • 뇌 연구 촉진법
장기 비전	• 1990년대를 "뇌의 10년"으로 선포	• "뇌의 21세기"	• Braintech21
총 투자비	• 국립위생연구소(NIH) : 연간 8천 5억 원	• '97년부터 20년간 2조엔(약 16조 원) −'97년 예산 150억 엔	• '98년부터 10년간 약 3800억 원 내외

주요 연구 프로 젝트	• 과학재단(NSF)의 "학습과 지능에 관한 학제적 연구" (1997년부터 10년간)	• 과학기술청의 "Brain Science Reserch Pro- ject" • 이화학연구소(RIKEN)의 "Brain Science Program" • 통산성의 "신정보처리기술과제"('92년부터 10년간)	• 국책 생명공학기술개발 사업 및 보건의료기술개발 사업 등 세부과제로 산발적 수행 • Braintech21에 의한 학제적 뇌연구프로그램 수행중
연구 기관	• 별도의 뇌연구 종합연구소는 없음 • 국립보건연구원(NIH) 및 대학의 연구소 등에서 개별적으로 추진	• 이화학연구소(RIKEN) 부설로 뇌과학총합연구센터 설립예정('97. 10) −연구원 165명으로 발족 • 통산성 공업기술원 −쓰꾸바 연구확원 도시에 뇌연구 공동이용시설 설치 예정	• 설치 논의
연구 인력	• 신경과학회원 25,000여 명	• 약 3,000명 정도	• 1,200~1,300명 정도로 추산 (신경생물학회, 한국신경과학회, 대한전기·전자 공학회 회원 등)

* 미국 과학재단(NSF)의 "학습 및 지능시스템(Learning and Intelligent Systems)" 과제는 1997년 예산이 1950만 불로 책정되어 있으며, 보건연구소(NIH)의 Human Brain Project는 규모가 훨씬 큰 것으로 알려져 있음.

4. 결론 및 토의

컴퓨터는 정보처리 기능을 수행하고 있으며, 최근에 컴퓨터를 이용하여 지능을 구현하고자 하는 시도가 이루어지고 있다. 특히, 컴퓨터의 정보처리 기능을 이용하여 탐색에 의한 문제를 해결하려는 시도가 가장 대표적인 것이다. 컴퓨터는 튜링머신으로 설명이 가능하지만, 튜링머신의 정지문제에서 보듯이 튜링머신으로 풀 수 없는 문제가 여전히 존재한다. 결국 컴퓨터는 인간의 일부 지적인 임무를 수행하는 것이지 인간의 지능과는 같을 수는 없다는 점을 강조했다.

인간의 언어사용이 언어처리 절차라면 컴퓨터는 규칙이나 처리절차의 과학성과 효율성을 특정할 수 있는 최선의 도구인 것이다. 생성문법학자들은 언어구조에서 통사부를 주축으로 생각하므로 언어처리에 있어서도 같은 원칙을 적용하여 언어이해의 단위를 문장으로 보고 그 기준을 문법규칙에 둔다. 이에 컴퓨터로 하여금 자연언어를 자동적으로 처리하게 하는 데 통사적 분석이 선행되고 문장 안에서 단어들이 구성되는 통사적 이해를 다루게 된다. 따라서 구구조문법은 문맥자유언어를 인식하고 생성하는 데 효과적인 알고리즘을 제공하게 되어 자연언어 자동처리 분야에서 대표적인 것이 되었다. 이러한 자연언어처리를 위해서 언어학 이론에 따라 생성문법, 어휘기능문법, 일반구구조문법 및 핵중심구구조문법에 대한 특성과 방법들을 분석하여 조사하면서 컴퓨터언어를 자연언어로 효과적으로 처리하여 컴퓨터언어의 처리가 자연언어처리로 진화가능한지를 살펴보았다.

컴퓨터언어처리에 기초한 자연언어처리의 방법은 컴퓨터가 처리하는 문맥자유언어인 정규언어의 관점에서 진행되기 때문에 중의성 문제가 대두될 수밖에 없다. 이를 해결하기 위한 여러 가지 보완 방법이 제시되었지만 중의성 문제의 근본적인 해결책이 될 수는 없었다. 이러한 측면에서 뇌의 정보처리방법에 기초한 자연언어처리방법이 시도되었다. 이들 대부분은 뇌의 신경세포를 본뜬 계산유니트, 즉 뉴론에 기초한 인공 신경회로망을 이용한 것이다. 이러한 방법의 특징은 언어처리가 신경회로망에서 뉴론과 뉴론 사이의 흥분 또는 억제성 연결에 따라 결정되는 네트워크의 동역학에 의하여 분산 처리되는 것이다. 또한 자료는 연결주의적 네트워크로 표시된다. 이러한 연결주의적 네트워크는 학습에 의하여 구성이 가능하다. 이 경우 학습에 의하여 입력되고 학습되지 않은 문제에 대하여 이제까지 학습된 결과에 따라 자연스럽게 유추된 결과를 낸다. 이러한 일반화 성능과 앞서 설명한 신경회로망의 상호작용에 따른 분산처리는 언어처리에 있어서 중의성을 해결하는 데 도움을 줄 수 있다. 그리고 신경회로망의 최적화는 진화연산의 개념으로 해결할 수 있다. 그러나 이러한 언어처리를 위하여 매우 큰 크기의 신경회로망이 필요하며, 이에 따라 이의 최적화를 위한 진화

연산의 적용도 많은 시간을 요한다. 더욱이 어려운 점은 실제 정보(예를 들면 음운, 의미, 문법 등)가 신경회로망에서 어떠한 형태로 표시되는가, 즉 표상에 대한 이해가 전무한 실정이다. 앞으로 신경학, 생물학, 전산학, 언어학 등의 학제적인 연구를 통하여 뇌의 정보처리 과정의 규명과 모델링을 통한 구현이 이루어진다면 보다 많은 계산양과 보다 유연한 정보처리가 가능해 질 것이고, 그렇다면 중의성 문제에 대한 근본적인 해결방법이 나올 것으로 기대할 수 있다.

미주

제 1 장 언어란 무엇인가?

01 양동휘(1994), 『문법론』, 한국문화사, pp.10~17.

02 조성식 편(1990), 『언어학사전』, 신아사, pp.639~640.

03 필립 존슨 레어드 원저, 이정모 · 조혜자 역(1991), 『컴퓨터와 마음』, 민음사, p.26.

04 이러한 상징체계는 세 가지 요소를 갖는다. 첫째는 기본 요소적 상징의 집합으로, 여기에서 복합상징을 구성할 수 있는 어떤 원리도 포함된다. 둘째는 상징화되는 영역을 구성하는 실체의 집합이고, 셋째는 상징화되는 실체와 상징을 연결시키는 해석방법이다. 필립 존슨 레어드 원저, 이정모 · 조혜자 역(1991), 『컴퓨터와 마음』, 민음사, pp.36~37.

05 P. Marler(1975), "On the Origin of Speech from Animal Sounds", in J. Kavanagh and J. Cutting eds., *The Role of Speech in Language*. Camb., Mass. : The MIT Press. pp.45~47.

06 두 가지 춤 이외에 '낫춤'이라는 것을 기본춤 안에 포함시키는데, 그 모양이나 기능이 꼬리흔들기춤의 한 변형에 지나지 않아서 제3의 기본형으로 내세울 필요가 없는 것 같다.(V. Fromkin and R. Rodman(1983). *An Introduction to Language*. N.Y. : Holt, Rinehart and Winston, pp.41~44.)

07 K. Von Frisch(1972), *Bees, Their Vision, Chemical Senses, and Language*. Ithaca, N. Y. : Cornell University Press. pp.65~75.

08 김진우(1992), 『인간과 언어』, 집문당, pp.112~115.

09 D. Caldwell and M. Caldwell(1977), "Cetaceans", in T. Sebeok ed. *How Animals Communicate*. Bloomington : Indiana University Press, pp.794~800.

10 김진우(1992), 『인간과 언어』, 집문당, pp.122~124.

11 Bellugi & Klima(1982) 참조.

12 D. Bickerton, 김윤경 역(1996), 『언어와 행동』, 한국문화사, pp.29~35.

13 필립 존슨 레어드 원저, 이정모 · 조혜자 역(1991), 『컴퓨터와 마음 : 인지과학이란 무엇인가』, 민음사, pp.38~42.

14 필립 존슨 레어드 원저, 이정모 · 조혜자 역(1991), 『컴퓨터와 마음 : 인지과학이란 무엇인가』, 민음사, pp.42~45.

15 Derek Bickerton, 김윤경 역(1996), 『언어와 행동』, 한국문화사, pp.108~120.

16 Steven Pinker, 김한영 외 역(1998), 『언어본능』, 그린비, pp.105~119.

17 윤현섭(1994), 『언어심리학』, 한신문화사, pp.55~56.

18 조성식 편(1995), 『영어학사전』, 신아사.

19 Allwood 외 저, 전병쾌 · 윤희수 역(1987), 『논리언어학』, 한신문화사, pp.28~30.

20 Allwood 외 저, 전병쾌 · 윤희수 역(1987), 『논리언어학』, 한신문화사, pp.65~68.

21 Allwood 외 저, 전병쾌 · 윤희수 역(1987), 『논리언어학』, 한신문화사, pp.121~122.

22 논리학자에 따라 M, N을 M, L이나 가능기호 ◇, 필연기호 □ 등으로 달리 표시하기

도 한다.

23 J, Hopcroft and J. Ullmann(1979), *Introduction to Automata Theory, Languages, and the Theory of Computation*. Addison-Wesley 참조.

24 Thagard.P.(1996), *Mind : Introduction to Cognitive Science*. Cambridge, MA : MIT Press. pp.10~12.

25 필립 존슨 레어드 지음, 이정모·조혜자 옮김(1991), 『컴퓨터와 마음 : 인지과학이란 무엇인가』, 민음사.

26 이정모·이홍철(1994), "정보처리 패러다임의 특성", 『인지심리학의 제문제 I – 인지과학적 연관』, 성원사, pp.58~59.

27 이정모·이홍철(1994), "정보처리 패러다임의 특성", 『인지심리학의 제문제 I – 인지과학적 연관』, 성원사, pp.60~61.

28 J. Konorski (1967), *Intergrative activity of the brain*. Chicago : University of Press.
   C. Martindale (1981), *Cognition and consciousness*. Pacific Grove, CA : Books / Cole.

29 Colin Martindale 저, 신현정 역(1994). 『인지심리학』, 교육과학사, pp.69~70.

30 최정훈 외(1993), 『인간행동의 이해 : 심리학』, 법문사, p.192.

31 Colin Martindale 저, 신현정 역(1994), 『인지심리학』, 교육과학사, p.30.

32 F.I.M.Craik & Lockhart, R.S.(1972), "Levels of processing : A framework for memory research." *Journal of Verbal Learning and Verbal Behavior* 8. pp.240~247.

33 Colin Martindale 저, 신현정 역(1994), 『인지심리학』, 교육과학사, pp.82~83.

34 최정훈 외(1993), 『인간행동의 이해 : 심리학』, 법문사, p.199.

35 최정훈 외(1993), 『인간행동의 이해 : 심리학』, 법문사, pp.201~202.

36 J. Warford(1991), *Computer Science*. Heath. pp.3~22.

제 2 장 언어는 어떻게 발전하였는가?

01 소홍렬(1994), "인공지능과 자연지능", 『과학사상』, 1994, 8호, pp.10~13.

02 김진우(1992), 『인간과 언어』, 집문당, p.90.

03 Fromkin, V. & R, Rodman(1983), *An Introduction to Language(third edition)*, CBS Colledge Publishing, p.19.

04 Fromkin, V. & R, Rodman(1983), *An Introduction to Language(third edition)*, CBS Colledge Publishing, p.21.

05 Roy Harris(1996), *The Origin of Language*, Thoemmes Press : England, Introduction 참조.

06 김방한(1992), 『언어학의 이해』, 민음사, pp.28~29.

07 김진우(1985), 『언어』, 탑출판사, pp.44~45.

08 Marvin Harris(1989), *Our Kind*. 김찬호 역(1995), 『작은인간』, 민음사, p.52.

09 Marvin Harris(1989), *Our Kind*. 김찬호 역(1995), 『작은인간』, 민음사, pp.55~61.

10 Marvin Harris(1989), *Our Kind*. 김찬호 역(1995), 『작은인간』, 민음사, pp.74~75.

11 Marvin Harris(1989), *Our Kind*. 김찬호 역(1995), 『작은인간』, 민음사, pp.91~95.

12 Galaburda와 Pandya(1982)에서는 브로카 영역이 오직 인간의 두뇌에서만 발견될 수 있는 특수한 영역이라는 주장을 반박한다. 그들은 인간 두뇌의 진화과정을 연구하던 중 리서스 침팬지의 두뇌 안에서 세포조직상 브로카 영역과 일치하는 부위를 발견하

게 된다. 그러나 그들이 찾아낸 것은 그 영역의 크기나 위치나 생태 등이 인간의 브로카 영역과 상당히 다르다(김진우, 1992, 『인간과 언어』, 집문당, p.174).

13 Galaburda와 Pandya는 베르니케 영역도 인간의 두뇌에만 존재하는 것이 아니라 리서스 침팬지의 두뇌에도 그와 일치하는 부위가 있다고 주장한다. 세포조직상으로 이 두 곳 사이에 약간의 유사성이 있을지 모르나 그 부위의 크기와 위치는 서로 다르다(김진우, 1992, 『인간과 언어』, 집문당, p.176).

14 Penfield와 Roberts(1959)는 전기자극식 실험을 통하여 우리의 좌반구에는 브로카 영역, 베르니케 영역 그리고 보조운동영역 등 세 가지 중요한 언어 영역이 있다고 한다. 보조운동영역을 통해 브로카 영역이 언어를 생성함에 있어서 신경운동적으로 여러 발성기관을 지휘하고 통제하고 있는 곳이라는 것을 알 수 있다(김진우, 1992, 『인간과 언어』, 집문당, pp.181~183).

15 A. Akmajian, R. A. Demers and R. M. Harnish(1979). *Linguistics : An Introduction to Language and Communication*. Camb., Mass : The MIT Press. pp.312~313.

16 Marvin Harris(1989), *Our Kind*. 김찬호 역(1995), 『작은인간』, 민음사, pp.88~89.

17 김진우(1985), 『언어』, 탑출판사, p.50.

18 김진우(1985), 『언어』, 탑출판사, p.52.

19 Marvin Harris(1989), *Our Kind*. 김찬호 역(1995), 『작은인간』, 민음사, p.90.

20 김진우(1992), 『인간과 언어』, 집문당, pp.160~163.

21 D. Bickerton, 김윤경 역(1996), 『언어와 행동』, 한국문화사, p.67.

22 D. Bickerton, 김윤경 역(1996), 『언어와 행동』, 한국문화사, p.82.

23 제니(Genie)는 미국 로스앤젤레스에서 발견되었는데 불행한 가정환경으로 골방에 갇혀 있어서 13세의 소녀임에도 영어를 한마디도 하지 못했다(김진우, 1987, 『현대언어학의 이해』, 한신문화사, p.39).

24 J. Piaget(1955), *The Language and Thought of the Child*. N.Y. : Meridian Book. Chapter 3.

25 N. Chomsky(1965), *Aspects of the Theory of Syntax*. Cambridge : The MIT Press. pp.30~59.

26 김진우(1992), 『인간과 언어』, 집문당, p.24.

27 김진우(1992), 『인간과 언어』, 집문당, p.219.

28 김진우(1992), 『인간과 언어』, 집문당, pp.219~239.

29 P. H. Wolff(1966), "The Natural History of Crying and Other Vocalizations in Early Infancy," in B. M. Foss(ed.). *Determinants of Infant Behavior*, Vol 4. London : Methuen. pp.81~109.

30 김진우(1992), 『인간과 언어』, 집문당, p.225.

31 D. I. Slobin(1979), *Psycholinguistics*. Oakland, N.J. : Scott, Foresman and Co. pp.86~87.

32 J. Watson(1961), *Behaviorism*. Chicago : Phoenix Books. The University of Chicago Press, pp.223~226.

33 R. Jakobson(1968), *Child Language, Aphasia and Phonological Universals*.(translated by A. Keiler), The Hague : Mouton.

34 N. Chomsky(1964), *Current Issues in Linguistic Theory*. The Hague : Mouton.

35 김진우(1992), 『인간과 언어』, 집문당, p.311.

36 S. Pinker(1979), "Formal Models of Language Learning", *Cognition*. No. 7. pp.218~220.

37 N, Stern and R. Stern(1993), *Computing in the Information Age*. Wiley 참조.

38 N. Stern and R. Stern(1993), *Computing in the information age*. Wiley, pp.318~316.

제3장 언어는 어떻게 구성되어 있는가?

01 김진우(1985), 『언어』, 탑출판사, p.71.
02 조성식 편(1990), 『영어학사전』, 신아사, p.1101.
03 이익환(1985), 『의미론개론』, 한신문화사, p.12.
04 김진우(1985), 『언어』, 탑출판사, p.221.
05 이익환(1985), 『의미론개론』, 한신문화사, p.67.
06 이기동·신현숙 역(1996), 『언어학개론』, 한국문화사, p.189.
07 조성식 편(1990), 『영어학사전』, 신아사, p.942.
08 이기동·신현숙 역(1996), 『언어학개론』, 한국문화사, p.213.
09 조성식 편(1990), 『영어학사전』, 신아사, p.889.
10 조성식 편(1990), 『영어학사전』, 신아사.
11 Stillings N. etc.(1995), *Cognitive Science*, Cambridge, M.A. : MIT Press, p.215.
12 Chomsky(1957), *Syntactic Structure*. The Hague : Mouton.
　 Chomsky(1995), *The Minimalist Program*. Cambridge, M.A. : MIT Press.
13 양동휘(1996), 『최소이론의 전망』, 한국문화사, pp.1~7.
14 고병암(1998), 『최적이론』, 도서출판 동인, pp.28~32.
15 전상범(1995), 『형태론』, 한신문화사, pp.559~562.
16 고병암(1998), 『최적이론』, 도서출판 동인, pp.53~56.
17 J, Hopcroft and J. Ullmann(1979), *Introduction to Automata Theory, Languages, and the Theory of Computation*. Addison-Wesley 참조.

제4장 컴퓨터언어가 자연언어로 접근 가능한가?

01 와타다 사쿠이치로(1988), 『인공지능의 ABC』, 전파과학사, pp.101~150.
02 요시나가 요시마사(1993), 『괴텔, 불완전성 정리』, 전파과학사, pp.141~187.
　 김영정(1996), 『심리철학과 인지과학』, 현실과철학사, pp.187~214.
03 정보전자연구회 편(1993), 『자연언어처리입문』, 대광서림, p.17.
04 접사도약(의무적 변형규칙)

	X	Affix	V	Y
SD :	1	2	3	4
SC :	1	∅	#3+2#	4

　　 (N. Chomsky (1965). *Aspects of the Theory of Syntax*. Camb., Mass. : The MIT Press.)
05 J. Bresnan ed. (1982), *The Mental Representation of Grammatical Relations*. Camb., Mass. : The MIT Press.
06 김영택(1994), 『자연언어처리』, 교학사, pp.344~346.
07 송도규(1996), 『인지언어학과 자연언어자동처리』, 홍릉과학출판사, pp.181~183.
08 G. Gazdar, E. Klein, G. K. Pullum, and I. A. Sag(1985), *Generalized Phrase Structure Grammar*. Oxford : Blackwell.
09 송도규(1996), 『인지언어학과 자연언어자동처리』, 홍릉과학출판사, p.194.

10 송도규(1996), 『인지언어학과 자연언어자동처리』, 홍릉과학출판사, pp.198~200.
11 송도규(1996), 『인지언어학과 자연언어자동처리』, 홍릉과학출판사, p.201.
12 Carl Pollard and Ivan A. Sag (1987), *Information-based Syntax and Semantics, Vol. 1. Fundamentals.* Stanford University : Center for the Study of Language and Information.
13 Carl Pollard and Ivan A. Sag(1994), *Head-Driven Phrase Structure Grammar.* Chicago : The University of Chicago Press.
14 송도규(1996), 『인지언어학과 자연언어자동처리』, 홍릉과학출판사, pp.218~219.
15 김영택(1994), 『자연언어처리』, 교학사, p.305.
16 김영택(1994), 『자연언어처리』, 교학사, p.307.
17 송도규(1996), 『인지언어학과 자연언어자동처리』, 홍릉과학출판사, p.230.
18 송도규(1996), 『인지언어학과 자연언어자동처리』, 홍릉과학출판사, pp.232~233.
19 남지순·최기선(1997), 「어절정보사전을 이용한 형태소 분석의 중의성 해결」, 제9회 한글 및 한국어 정보처리학술대회.
20 J. Searle(1969), *Speech Acts.* Cambridge University Press.
21 남지순·최기선(1997). 「검색엔진의 색인모듈의 문제와 합성어사전 및 구문정보사전의 필요성」, 한국정보관리학회학술대회.
22 S. Amari 원저, 방승양 역(1990), 『신경회로망의 기초』, 교학사, pp.1~11.
23 D. Hebb(1949), *Organization of behavior.* Wiley.
24 D. Rumelhart, G. Hinton, and R. Williams (1986). "Learning representation by backpropagating errors." *Nature.* 323 : 533~536.
25 J. Hopfield(1982), "Neural networks and physical system with emergent collective computational abilities." *Proc. of the National Academy of Sciences.* 79 : 2254~2258.
26 T. Sejnowski and C. Rosenberg(1986), *NETtalk.* Johns Hopkins Univ. Dept. of EE and CS Technical Report. JHU / EECS-86 / 01
27 D. Rumelhart and J. McClelland(1982), "An interactive activation model of context effects in letter perception." *Psychological Review.* 89 : 60~64.
28 G. Hinton, D. Ackley, and T. Sejnowski(1984), *Boltzmann machines.* Carnegie-Mellon Univ. Dept. of CS Technical Report. CMU-CS-84-119
29 S. Grossberg and E. Mingolla(1985), "Neural dynamics of perceptual grouping". *Perception and Psychophysics.* 38 : 141~171.
30 이 부분은 Reilly and Sharkey(1992), Connectionist Approaches to NLP, Hillsdale, NJ : Erlbaum, pp.1~12와 Miikkulainen(1993), *Subsymbolic NLP*, Cambridge, MA : MIT Press, pp.3~30을 주로 참조했다.
31 V. Lesser, R. Fennel, L. Erman, and D. Reddy(1975), "Organization of HEARSAY-II speech understanding system." *IEEE Tr. ASSP.* 23 : 11~23.
32 H. Gigley(1982), *A processing model of English language comprehension.* Ph.D. Thesis, Dept. of CS, Univ. of Massachusetts at Amherst.
33 나덕렬(1992), "실어증 환자의 언어 장애 검사와 치료", 『새국어생활』 2-3.
34 뇌과학연구센터 http://bsrc.kaist.ac.kr

참고문헌

강범모·김성도 공역(1998), 『언어와 과학 : 그림으로 이해하는 언어와 정신의 세계』, 민음사.
고창수(1999), 『한국어와 인공지능』, 태학사.
과학사상(1994), 『인공지능 특집호』, 1994년 봄(제8호).
김방한(1992), 『언어학의 이해』, 민음사.
김양순·박연미(1994), 『영어 통사론 강의』, 형설출판사.
김영정(1996), 『심리철학과 인지과학』, 철학과현실사.
김영택(1994), 『자연언어 처리』, 교학사.
김진우(1985), 『언어 : 그 이론과 응용』, 탑출판사.
김진우(1987), 『현대언어학의 이해』, 한신문화사.
김진우(1988), 『언어와 심리』, 한신문화사.
김진우(1992), 『인간과 언어』, 집문당.
나덕렬(1992), "실어증 환자의 언어 장애 검사와 치료", 『새국어생활』 2-3.
남기심·이정민·이홍배(1984), 『언어학개론』, 탑출판사.
남지순·최기선(1997), "검색엔진의 색인모듈의 문제와 합성어사전 및 구문정보사전의 필요성", 『한국정보관리학회학술대회』.
남지순·최기선(1997), "어절정보사전을 이용한 형태소 분석의 중의성 해결", 『제9회 한글 및 한국어 정보처리학술대회』.
노금숙(1996), 『제2언어교수이론』, 한신문화사.
노희영(1996), 『컴파일러 구성론』, 상조사.
도이치 준이치 원저, 최기선 역(1992), 『그림으로 풀어본 인공지능입문』, 미래사.
박영순(1997), 『개고판 현대 한국어 통사론』, 집문당.
서상규·한영균(1999), 『국어정보학 입문』, 태학사.
소흥렬(1992), 『자연주의적 유신론 : 우주의 마음, 사람의 마음, 컴퓨터의 마음』, 서광사.
소흥렬(1994), "인공지능과 자연지능", 『과학사상』 1994, 8호.
송도규(1996), 『인지언어학과 자연언어 자동처리』, 홍릉과학출판사.
시정곤(1998), "국어학과 인지과학", 『어문논집』(안암어문학회) 37.
시정곤(1998), 『국어의 단어 형성 원리(수정판)』, 한국문화사.
시정곤(2000), 『영 / 한 기계 번역 성능 평가 방안 연구(연구보고서)』, 학술진흥재단.
신지영·시정곤(1999) "외래어의 속성으로 바라본 전문용어의 유형—음성학 분야의 전문용어를 중심으로—" 『제2회 전문용어언어공학 심포지움발표논문집』.
양동휘(1994), 『문법론』, 한국문화사.

양동휘(1996), 『최소이론의 전망』, 한국문화사.

와타다 사쿠이치로 저, 김현숙 역(1988), 『인공지능의 ABC』, 전파과학사.

요시나가 요시마사 저, 김승원 역(1993), 『괴델, 불완전성 정리』, 전파과학사.

이건효(1997), "인지과학의 응용 : '인간-환경 상호작용'의 지능화", 수고본.

이기동 · 신현숙 역(1996), 『언어학개론』, 한국문화사.

이성모(1998), 『최적이론』, 도서출판 동인.

이익환(1985), 『의미론 개론』, 한신문화사.

이인식(1992), 『사람과 컴퓨터』, 까치글방.

이정모(1994), "인지과학 : 개념적 기초", 『인지심리학의 제문제 I-인지과학적 연관』, 성원사.

이정모 · 이홍철(1994), "정보처리 패러다임의 특성." 『인지심리학의 제문제 I-인지과학적 연관』, 서울 : 성원사.

이정민(1994), "언어와 인지", 장석진 엮음 『현대언어학 지금 어디로』, 한신문화사.

이초식(1993), 『인공지능의 철학』, 고려대학교 출판부.

전상범(1995), 『형태론』, 한신문화사.

정 광(1996): 『국어 어휘 데이터베이스 구축에 대한 연구(최종보고서)』, 국립국어연구원.

정경일 외(2000), 『한국어의 탐구와 이해』, 도서출판 박이정.

정보전자연구회 편(1993), 『자연언어처리입문』, 대광서림.

조명한 외(1989), 『인지과학 : 마음, 언어, 계산』, 민음사.

조성식 편(1990), 『영어학사전』, 신아사.

최기선(1998), 『국어 정보처리 기반 구축을 위한 연구 보고서』, 한국과학기술원.

최정훈 외(1993), 『인간행동의 이해 : 심리학』, 법문사.

퍼트남 저, 김영정 역(1993), 『표상과 실재』, 이화여자대학교출판부.

필립 존슨 레어드 원저, 이정모 · 조혜자 역(1991), 『컴퓨터와 마음』, 민음사.

홍재성 외(1998), 『21세기 세종계획-전자사전 개발-(연구 보고서)』, 문화관광부.

홍재성 · 김현권 외(1997), 『현대 한국어 동사 구문 사전』, 두산동아.

홍종선 · 고창수 · 시정곤 편역(1993) 『장벽이후의 생성문법』, 집문당.

황도삼 · 최기선 · 김태석(1998), 『자연언어처리』, 홍릉과학출판사.

Akmajian, A. & R. A. Demers & R. M. Harnish(1979), *Linguistics : An Introduction to Language and Communication.* Camb., Mass : The MIT Press.

Allwood 외 저, 전병쾌, 윤희수 역(1987), 『논리언어학』, 한신문화사,

Amari, S. 저, 방승양 역(1990), 『신경회로망의 기초』, 교학사.

Arbib, M.(1989), *The Metaphorical Brain 2 : Neural Networks and Beyond.* Wiley.

Archangeli, D. & D. Langendoen eds.(1997), *Optimality Theory.* Malden, Mass. : Blackwell.

Bates, E.(1976), *Language and Context : The Acquisition of Pragmatics.* N.Y. : Academic Press.

Berko, J.(1958), "The Child's Learning of English Morphology", *Word* 14.

Bever, T. G.(1970), "The Integrated Study of Language Behavior", in John Morton ed., *iological and Social Factors in Psycholinguistics.* Urbana, Chicago : University of Illinois Press.

Bloom, L.(1970), *Language Development : Form and Function in Emerging Grammars.* Cambridge, Mass : MIT Press.

Bloomfield, L.(1933), *Language,* N.Y. : Holt.

Bobrow, D. G. ed.(1994), *Artificial Intelligence in Perspective.* Cambridge, Mass. : The MIT Press.

Braine, M. D.(1963), "On Learning the Grammatical Order of Words", *Psychological Review* 70.

Braine, M. D.(1963), "The Ontogeny of English Phrase Structure : The First Phase", *Language* 39 : 1.

Bresnan, J. ed.(1982), *The Mental Representation of Grammatical Relations.* Cambridge, Mass. : The MIT Press.

Brown, R.(1973), *A First Language : The Early Stages.* Cambridge, Mass : Harvard University Press.

Cairns, H. S & C. E. Cairns(1976), *Psycholinguistics : A Cognitive View of Language.* N.Y. : Holt, Rinehart and Winston.

Caldwell, D. and M. Caldwell(1977), "Cetaceans", in T. Sebeok ed. *How Animals Communicate.* Bloomington : Indiana University Press. pp.794~800.

Caplan, D.(1988), "The Biological Basis of Language", in F. J. Newmeyer ed., *Linguistics : The Cambridge Survey III : Language : Psychological and Biological Aspects.* Cambridge : Cambridge University Press.

Chomsky(1995), *The Minimalist Program.* Cambridge, M.A. : MIT Press.

Chomsky, C. S.(1969), *The Acquisition of Syntax in Children from 5 to 10.* Cambridge, Mass. : The MIT Press.

Chomsky, N.(1957), *Syntactic Structures.* The Hague : Mouton.

Chomsky, N.(1959), "A Review of B.F. SKinner's Verbal Behavior" *Language* 35.

Chomsky, N.(1964), *Current Issues in Linguistic Theory.* The Hague : Mouton.

Chomsky, N.(1965), *Aspects of the Theory of Syntax.* Cambridge, Mass. : The MIT Press.

Chomsky, N.(1972), *Language and Mind.* N.Y. : Harcourt Brace Jovanovich Inc.

Chomsky, N.(1977), "On *Wh*-Movement," in P.W. Culicover, T.Wasow and A. Akmajian eds., *Formal Syntax*. N.Y. : Academic Press.

Chomsky, N.(1980), "On Cognitive Structures and Their Development,", in M.P. Palmarini ed., *Language and Learning : The debate between Jean Piaget and Noam Chomsky*. London : Routledge & Kegan Paul.

Chomsky, N.(1981), *Lectures on Government and Binding*. Dordrecht : Foris.

Chomsky, N.(1982), *Some Concepts and Consequences of the Theory of Govenment and Binding*. Cambridge, Mass. : MIT Press.

Chomsky, N.(1986), *Knowledge of Language : Its Nature, Origin, and Use*. N.Y. : Praeger.

Chomsky, N.(1993), "A Minimalist Program for Linguistic Theory", in *The View from Building 20 : Essays in Linguistics in Honor of Sylvain Bromberger*. eds., K. Hale and S. Keyser. Cambridge, Mass. : The MIT Press.

Chomsky, N.(1995), *The Minimalist Program*. Cambridge, Mass. : The MIT Press.

Clancey, W. J., S. W. Smoliar & M. J. Stefik(1993), *Contemplating Minds*. Cambridge, Mass. : The MIT Press.

Colin Martindale 저, 신현정 역(1994), 『인지심리학』, 교육과학사.

Collins, A. & E. E. Smith(1988), *Readings in Cognitive Science : A Perspective from Psychology and Artificial Intelligence*. San Mateo, Calif. : Morgan Kaufman.

Craik, F. I. M. & R. S. Lockhart(1972), "Levels of Processing : A Framework for Memory Research", *Journal of Verbal Learning and Verbal Behavior* 8.

Craik, F.& R. Lockhart(1972), "Levels of processing : A framework for memory research", *Journal of Verbal Learning and Verbal Behavior* 8. pp.240~247.

Crane L. Ben, Edward Yeager, and Randal L Whitman 원저, 이기동, 신현숙 역(1994), 『언어학개론』, 한국문화사.

Demers, R. A.(1988), "Linguistics and Animal Communication", in F. Newmeyer ed., *Linguistics : The Cambridge Survey III : Language : Psychological and Biological Aspects*. Cambridge : Cambridge University Press.

Eckhardt, B.(1993), *What is Cognitive Science?* Cambridge, Mass. : The MIT Press.

Edelman(1988), Neural Darwinism. Basic Books.

Feldman, J. A. & D. H. Ballard(1982), "Connectionist Models and Their Properties", *Cognitive Cognition* 28.

Flanagan, O.(1991), *The Science of Mind* 2nd. ed. Cambridge, Mass. : The MIT Press.

Fodor, J. A. & Z. W. Pylyshyn(1988), "Connection and Cognitive Architecture : A Critical Analysis." *Journal of Mind and Behavior* 8.

Fogel, D.(1995) *Evolutionary Computation.* IEEE Press.

Fogel, L., A. Owens and M. Walsh(1966), *AI through Simulated Evolution.* Wiley.

Frisch, K. Von(1972), *Bees, Their Vision, Chemical Senses, and Language.* Ithaca, N.Y. : Cornell University Press.

Fromkin and R. Rodman(1983), *An Introduction to Language.* N.Y. : Holt, Rinehart and Winston.

Fromkin, V. & R, Rodman(1983), *An Introduction to Language(third edition),* CBS Colledge Publishing.

Fromkin, V. & R. Rodman(1983), *An Introduction to Language.* N.Y. : Holt, Rinehart & Winston.

Galaburda, A. M. and D. N. Pandya(1982), "Role of Architectonics and Connections in the Study of Primate Brain Evolution", in E. Armstrong and D. Falk eds., *Primate Brain Evolution : Methods and Concepts.* N.Y. : Plenum.

Gardner, H.(1985), *The Mind's New Science : A Hstory of Cognitive Revolution.* N.Y. : Basic Books.

Garnham, A.(1991), *The Mind in Action : A Personal View of Cognitive Science.* London : Routledge.

Gazdar & Klein & Pullum & Sag(1985), *Generalized Phrase Structure Grammar.* Oxford : Blackwell.

Gazdar, G.(1987), "Applicability of Indexed Grammars to Natural Languages", in Reyle, U. and C. Rohrer eds., *Natural Language Parsing and Linguistic Theories.*

Gigley, H.(1982), *A Processing Model of English Language Comprehension.* Ph. D. Thesis, Dept. of CS, Univ. of Massachusetts at Amherst.

Goldberg, D.(1989), *Genetic Algorithms in Search, Optimization, and Machine Learning.* Addison-Wesley.

Goldman, A. ed.(1993), *Readings in Philosophy and Cognitive Science.* Cambridge, Mass. : The MIT Press.

Grice, Paul H.(1975), "Logic and Conversation", in P. Cole and J. Morgan eds., *Syntax and Semantics III : Speech Acts.* N.Y. : Academic

Press.

Grossberg, S. ed.(1988) *Neural Networks and Natural Intelligence.* MIT Press.

Grossberg, S. and E. Mingolla(1985), "Neural dynamics of perceptual grouping", *Perception and Psychophysics.* 38 : 141~171.

Harris, M. 원저, 김찬호 역(1995), 『작은인간』, 민음사.

Harris, R.(1996), *The Origin of Language*, Thoemmes Press : England.

Hawkins, J. & M Gell-Mann eds.(1992), *The Evolution of Human Languages.* Reading, Mass. : Addison-Wesley Publishing Company.

Hebb, D.(1949), *Organization of behavior.* Wiley.

Herz, J., Krogh, A., and Palmer, R.(1991) *Introduction to the Theory of Neural Computation.* Addison-Wesley.

Hinton, G. & D. Ackley, & T. Sejnowski(1984), *Boltzmann machines.* Carnegie-Mellon Univ. Dept. of CS Technical Report. CMU-CS-84-119

Hobbes, T.(1958), *Leviathan.* N.Y. : Liberal Arts Press.

Hockett, C. F.(1960), "The Origin of Speech", *Scientific American* 203.

Holland, J.(1975), *Adaptation in Natural and Artificial Systems.* Univ. of Michigan Press.

Hopcroft, J. and J. Ullmann(1979), *Introduction to Automata Theory, Languages, and the Theory of Computation.* Addison-Wesley.

Hopfield, J.(1982), "Neural networks and physical system with emergent collective computational abilities", *Proc. of the National Academy of Sciences.* 79 : 2254~2258.

Jakobson, R.(1968), *Child Language, Aphasia and Phonological Universals.* (translated by A. Keiler), The Hague : Mouton.

Jakobson, R.(1968), *Child Language, Aphasia, and Phonological Universals.* The Hague : Mouton.(Originally published in 1941).

James, W.(1890), *The Principle of Psychology.* N.Y. : Holt, Rinehart & Winston.

Keenan, E. L.(1971), "Two Kinds of Presupposition in Natural Language", in C. J. Fillmore and D. T. Langendoen eds., *Studies in Linguistics Semantics.* N.Y. : Holt, Rinehart and Winston, Inc.

Konorski, J.(1967), *Intergrative Activity of the Brain.* Chicago : University of Chicago Press.

Ladefoged, P.(1982), *A Course in Phonetics.* 2nd ed. N.Y. : Harcourt Brace Jovanovich Inc.

Lakoff, G. & M. Johnson(1980), *Metaphors We Live by.* Chicago : University of Chicago Press.

Lenneberg, E. H(1967), *Biological Foundations of Language.* N.Y. : John Wiley.

Lewis, M. M.(1951), *Infant Speech : A Study of the Beginnings of Language.* London : Routledge & Kegan Paul.

Lieberman, P., S. Crolin, and D. H. Klatt(1984), *The Biology and Evolution of Language.* Cambridge, Mass. : Harvard University Press.

Locke, J.(1983), *Phonological Acquisition and Change.* N.Y. : Academic Press.

Luger, G. F.(1994), *Cognitive Science : The Science of Intelligent Systems.* N.Y. : Academic Press.

Marler, P.(1975), "On the Origin of Speech from Animal Sounds", in J. Kavanagh and J. Cutting eds., *The Role of Speech in Language.* Camb., Mass. : The MIT Press. pp.45~47.

Martindale, C.(1981), *Cognition and Consciousness.* Pacific Grove, CA : Books Cole. 신현정 역 (1994), 『인지심리학』, 교육과학사.

McNeill, D.(1970), *The Acquisition of Language.* N.Y. : Harper & Row.

Menyuk, P.(1964), "The Role of Distinctive Features in Children's Acquisition of Phonology", *Journal of Speech Hearing Research* 11. pp.138~146.

Messer, S.(1967), "Implicit Phonolgy in Children", *Journal of Verbal Learning and Verbal Behavior* 6. pp.609~613.

Michalewicz, Z.(1992) *Genetic Algorithms + Data Structures = Evolutionary Programs.* Springer-Verlag.

Miikkulainen, R.(1993), *Subsymbolic Natural Language Processing : An Integrated Model of Scripts, Lexicon, and Memory.* Cambridge, MA : MIT Press.

Minsky, M. and S. Papert(1988), *Perceptrons.* Cambridge, Mass. : The MIT Press.

Moore, K. and A. Meltzoff(1978), "Object Performance, Imitation, and Language Development in Infancy", in F. Minifie and L. Lloyd eds. *Communicative and Congnitive Abilities.* Baltimore, MD : University Park Press.

Mowrer, O. H.(1960), *Learning Theory and Symbolic Processes.* N.Y. : John Wiley & Sons.

Oller, D. K., L. A. Wieman, W. J. Doyle and C. Ross.(1976), "Infant Babbling and Speech", *Journal of Child Language* 3. pp.1~11.

Osherson, D. N. ed.(1990), *An Invitation to Cognitive Science.* Cambridge,

Mass. : The MIT Press.

Penfield, W. & L. Roberts.(1959), *Speech and the Brain Mechanism.* Princeton, N.J. : Princeton University Press.

Perera, K.(1986), "Langauge acquisition and writing", in P. Fletcher and M. Garman(eds.), *Language Acquisition : Studies in first language development.* Cambridge, London : Cambridge University Press.

Piaget, J.(1955), *The Language and Thought of the Child.* N.Y. : Meridian Book. Chapter 3.

Pinker, S.(1979), "Formal Models of Language Learning", *Cognition* 7.

Pinker. S.(1994), *The Language Instinct.* N.Y. : William Morrow and Company, Inc. 김한영 외 역.(1998) 『언어본능』, 그린비.

Pollard, Carl and Ivan A. Sag(1987), *Information-based Syntax and Semantics, Vol. 1. Fundamentals.* Stanford University : Center for the Study of Language and Information.

Pollard, Carl and Ivan A. Sag(1994), *Head-Driven Phrase Structure Grammar.* Chicago : The University of Chicago Press.

Posner, M. I. ed.(1989), *The Foundations of Cognitive Science.* Cambridge, Mass. : The MIT Press.

Ralston, A. and E. Reilly(1992), *Encyclopedia of Computer Science.* IEEE Press.

Rechenberg, I.(1973), *Evolutionstrategie.* Verlag.

Reilly, R. and N, Sharkey ed.(1992), *Connectionist Approaches to NLP,* Hillsdale, NJ : Erlbaum.

Rumelhart, D. & G. Hinton, & R. Williams(1986), "Learning representation by backpropagating errors", *Nature.* 323 : 533~536.

Rumelhart, D. and J. McClelland(1982), "An interactive activation model of context effects in letter perception", *Psychological Review.* 89 : 60~64.

Rumelhart, D. and J. McClelland(1986), *Parallel Distributed Processing : Exploration in the Microstructure of Cognition.* Cambridge, Mass. : The MIT Press.

Rychlak, J. F.(1987), "Can the Strength of Past Associations Account for the Direction of Thought?", *Science* 6.

Sachs, J.(1977), "The Adaptive Significance of Linguistic Input to Prelinguistic Infants", in C. Snow and C. Fergugon eds. *Talking to Children.* N.Y. : Cambridge University Press.

Schwefel, H.(1981), *Numerical Optimization for Computer Models.* Wiley.

Searle, J.(1969), *Speech Acts.* Cambridge University Press.

Searle, John R.(1975), "Linguistics and the Philosophy of Language", in Theo Vennemann and Renate Bartsch. eds., *Linguistics and Neighboring Disciplines.* Amsterdam : North-Holland.

Sejnowski, T. and C. Rosenberg(1986), *NETtalk.* Johns Hopkins Univ. Dept. of EE and CS Technical Report. JHU / EECS-86 / 01

Simpson, P.(1990), *Aritificial Neural Systems : Foundations, Paradigms, Applications, and Implementations.* Pergamon Press.

Slobin, D. I.(1979), *Psycholinguistics.* Oakland, N.J. : Scott, Foresman and Co.

Stern, N. and R. Stern(1993), *Computing in the Information Age.* Wiley.

Stillings, N. A., S. E. Weisler, C. H. Chase, M. H. Feinstein, J. L. Garfield, and E. L. Rissland(1995), *Cognitive Science : An Introduction.* 2nd ed. Cambridge, Mass. : The MIT Press.

Thagard. P.(1996), *Mind : Introduction to Cognitive Science.* Cambridge, Mass. : The MIT Press.

Titchener, E. B.(1910), *A Text-book of Psychology.* N.Y. : Macmillan.

Von Frisch, K.(1972), *Bees, Their Vision, Chemical Senses, and Language.* Ithaca, N.Y : Cornell University Press.

Von Lesser, & R. Fennel, & L. Erman, & D. Reddy(1975), "Organization of HEARSAY-II speech understanding system", *IEEE Tr. ASSP.* 23 : 11~23.

Von Neumann, J.(1966), *Theory of Self-Reproducing Automata.* Univ. of Illinois Press.

Wardhaugh, Ronald.(1992), *Investigating Language.* Oxford : Blackwell.

Warford, J.(1991), *Computer Science.* Heath.

Watson, J.(1961), *Behaviorism.* Chicago : Phoenix Books. The University of Chicago Press. pp.223~226.

Wernicke, C.(1874) *Der Aphasische Symptomen Komplex.* Breslau, Poland : M. Cohn and Weigert.

Wolff, P. H.(1966) "The Natural History of Crying and Other Vocalizations in Early Infancy", in B. M. Foss(ed.), *Determinants of Infant Behavior,* Vol 4. London : Methuen. pp.81~109.

Wolff, P. H.(1966), "The Cause, Controls and Organization of Behavior in the Neonate", *Psychologiacal Issues* 5. pp.1~99.

Wundt, W.(1896), *Lectures on Human and Animal Psychology.* N.Y. : Macmillan.

언어처리 및 국어정보학 관련 사이트

고려대 민족문화연구원 http://kcrc.korea.ac.kr/

고려대 전산과학과 자연언어처리연구실 http://nlp.korea.ac.kr

국립국어연구원 http://www.sejong.or.kr

나라인포테크 http://www.narainfotech.com/nara/intro.htm

나모 http://www.namo.co.kr/

뇌과학연구센터 http://bsrc.kaist.ac.kr

담화인지언어학회 http://www.discog.com/

대한음성학회 http://plaza.snu.ac.kr/~sicops96

동국대 인공지능연구실 http://ai.dongguk.ac.kr

드림씨엔씨 http://www.dreamsell.co.kr/

모비코 http://www.mobico.com/

부산대 데이타 베이스 및 한글 정보 처리 연구실 http://asadal.cs.pusan.ac.kr/index.html

서울대 자연어처리연구실 http://nlp.snu.ac.kr/

시스메타 http://www.sysmeta.com/

언어공학연구소 http://www.trans.co.kr/

언어과학 http://www.eoneo.co.kr/

엘엔텍 http://www.easytran.com/main.html

연세대 언어정보개발연구원 http://lexeme.yonsei.ac.kr

연세대 컴퓨터과학과 자연언어처리연구실 http://december.yonsei.ac.kr

우린정보 http://www.woorin.co.kr/main.cx

원광대 인공지능연구실 http://ailab.wonkwang.ac.kr

유니버셜소프트정보통신 http://www.ussoft.co.kr/

유니소프트 http://www.unisoft.co.kr/

지식발전소 http://www.empascorp.com/

창신소프트 http://www.cssoft.co.kr/kr/

창원대 데이타베이스 연구실 http://dblab.changwon.ac.kr

코아보이스 http://www.corevoice.com/

트랜스컴 http://www.transcom.co.kr/

포항공대 자연언어처리연구실 http://poscal.postech.ac.kr

프로랭스 http://www.prolangs.co.kr/

한국과학기술원 국어정보베이스 http://kibs.kaist.ac.kr/

한국과학기술원 자연언어처리연구실 http://korterm.kaist.ac.kr/nlplab/

한국과학기술원 전문용어언어공학연구센터 http://korterm.kaist.ac.kr/korterm/
한국어학회 http://www.koreanlinguistics.or.kr
한국음성과학회 http://hyomin.dongeui.ac.kr/~bgyang/kass.htm
한국정보공학 http://www.kies.co.kr/
한국IBM http://www.ibm.com/kr/
한글과컴퓨터 http://www.haansoft.com/
한글학회 http://www.hangeul.or.kr/
한민플러스 http://www.han-min.co.kr/
한성대 한국어정보처리연구소 http://members.namo.co.kr/~kochs/family.html
한성대 한글공학연구소 http://ham.hansung.ac.kr/
3soft http://www.3soft.com/
AIDTECH http://www.aidtech.co.kr/
Answerer http://www.answerer.co.kr/
BENCom http://www.bencom.co.kr/
clickQ http://www.clickq.com/index.php
diquest http://www.diquest.com/
Enquest http://www.enquest.co.kr/
ETRI http://www.etri.re.kr/www_05/
HCILab http://www.hcilab.co.kr/
HUBOG http://www.huborg.com/
ITI http://www.iticorp.co.kr/
KONAN http://www.konantech.com/
LNiSoft http://www.lnisoft.co.kr/lv1/default.aspx
Natural Approach http://www.nlpia.com/
NeuroNetism http://www.neuronetism.com/
NIBSoft http://www.nibsoft.com/
noewiz http://www.neowiz.com/
SearchCast http://www.searchcast.net/
SearchMate http://www.searchmate.co.kr/
searchsolutions http://www.searchsolutions.co.kr/
SmarTran(서울대) http://www.smartran.co.kr/
Union Information System http://www.unionis.co.kr/

길이만

서울대학교 전기공학과 졸업
University of Southern California 컴퓨터공학 석사
University of Southern California 컴퓨터공학 박사
국방과학연구소 연구원
한국전자통신연구원 선임연구원
현재 한국과학기술원 응용수학전공 부교수
rmkil@kaist.ac.kr

시정곤

고려대학교 국어교육과 졸업
고려대학교 대학원 국어국문학과 문학석사
고려대학교 대학원 국어국문학과 문학박사
미국 하버드대학교 언어학과 객원연구원
영국 런던대학교 SOAS 객원교수
현재 한국과학기술원 인문사회과학부/문화기술대학원 교수
chungkon@kaist.ac.kr

최숙희

한국외국어대학교 영어학과 졸업
한국외국어대학교 대학원 영어학 석사
한국외국어대학교 대학원 영어학 박사
미국 하버드대학교 언어학과 객원교수
현재 한국과학기술원 인문사회과학부 교수
shchoe03@kaist.ac.kr

인간, 컴퓨터, 언어

초판 인쇄 2006년 12월 11일
초판 발행 2006년 12월 21일

저자 길이만 · 시정곤 · 최숙희
펴낸이 이대현
편집 권분옥

펴낸곳 도서출판 역락
주소 서울 성동구 성수2가 3동 301-80
전화 3409-2058, 2060
팩스 3409-2059
등록 1999년 4월 19일 제303-2002-000014호
홈페이지 http://www.youkrack.com
e-mail youkrack@hanmail.net

값 15,000원
ISBN 89-5556-523-2-93700

파본은 교환해 드립니다.